Mosaik

Ute York

DU NERVST MICH!

Von Affäre bis Zahnpastatube
Die häufigsten Anlässe für einen Streit und wie er sich entschärfen läßt

Illustriert
von Bengt Fosshag

MOSAIK VERLAG

Der Mosaik Verlag ist ein Unternehmen der
Verlagsgruppe Bertelsmann

 / 5 4 3 2 1
Einbandgestaltung: Martina Eisele
Illustrationen: Bengt Fosshag
Layout und DTP: Rita Gerstenbrand
Redaktion: Monika König
Druck und Bindung: Clausen & Bosse, Leck
Printed in Germany
ISBN 3-576-10434-8

Inhaltsverzeichnis

Es fing damit an, daß Lena und Robert Zoff hatten…

Zuerst ist es bei Ingrids Geburtstagskaffee nur um Robert und Lena gegangen. Die beiden redeten seit einer Woche nicht miteinander, weil Robert sich davor gedrückt hatte, mit Lena ins Konzert zu gehen: »Zum dritten Mal hintereinander, wohlgemerkt. Und jedesmal mit einer neuen Ausrede. Ich dürfte doch wissen, daß er völlig überarbeitet sei und sich abends dringend ausruhen müsse. Er müsse an diesem Abend ausnahmsweise noch zu einem wichtigen Termin. Er hätte den ganzen Tag solche Rückenschmerzen gehabt, da wäre es doch eine Zumutung, wenn er abends auch noch auf den harten Stühlen sitzen müßte. Aber wie ich mich fühle, wenn ich immer allein gehen muß – daran denkt er natürlich nicht. Unsere Bekannten im Kulturkreis tuscheln schon, wir ließen uns wohl scheiden, weil sie uns überhaupt nicht mehr zusammen sehen. Aber ich sage euch, lange mache ich seinen Egoismus nicht mehr mit. Soll er doch sehen…«

Wir anderen nickten verständnisvoll. Lena stand nicht allein da. Nicht gerade in ihrem Kampf ums Konzert-Abo (obgleich den die meisten von uns auch schon mal ausgefochten hatten), sondern ganz allgemein: Von den Schwächen unserer Männer, im allgemeinen wie im besonderen, konnten wir allesamt ein Lied singen. Und dann ging's los: Gerhard lernte es einfach nie, die Klobrille runterzuklappen, obgleich Gisela ihn schon hundertmal darum gebeten hatte. Achim, der alte Geizkragen, weigerte sich immer noch beharrlich, den Maler kommen zu lassen, obgleich das Wohnzimmer schon ganz schwarz war. Klaus' chronische Unpünktlichkeit würde nochmal Marias Sargnagel sein. Johannes hatte eines schönen Abends diesen miesen Sexfilm in den Videorecorder geschoben und allen Ernstes gehofft, das würde Karin scharf machen. Und so ging's weiter: die Schlampigkeit von Marcus, die Schwiegermutter von Lilo, die geldgierige Exfrau von Peter... Am Ende waren wir überaus erleichtert, weil es offenbar keiner von uns anders erging – und mal wieder einig: Unsere Männer zu lieben und zu ehren, bis daß der Tod uns scheidet, ist alles andere als eine Kleinigkeit. Meist sind es nicht mal die großen Dinge, die uns das Leben zu zweit bisweilen so mühsam machen. Es ist der ganz normale Alltag, der den meisten Zündstoff für Reibereien gibt: banale, alltägliche Ärgernisse, die deshalb nicht weniger kränken, weil sie offensichtlich fast jeder erlebt.

»Und was kann man dagegen tun?« fragte Lisa empört. »Nichts! Stapelweise habe ich schlaue Bücher über die perfekte Beziehung gelesen. Ich weiß alles über optimale Kommunikationsstile, konstruktive Streittechniken, sexuelle Varianten, die den höchsten Lustgewinn versprechen, und über die sich wandelnde Einstellung der Männer zu berufstätigen Frauen. Aber wie ich Fred davon abbringen kann, jeden Abend vorm Fernseher zu hocken, das verrät mir kein Mensch. Was soll ich machen, wenn der Wasserhahn seit Wochen tropft und er ihn einfach nicht repariert? Was tue ich, wenn er zum vierten Mal in einer Woche vom Büro aus anruft und sagt, er fährt jetzt los – und zwei Stunden später sitzt er immer noch an seinem Schreibtisch, und zu Hause explodiert derweil entweder mein Dampfkochtopf oder ich? Das findest du in keinem schlauen Buch. Da stehst du ganz allein da.«

Und dann fielen die anderen über mich her: »Warum schreibst du das nicht mal? Material bekommst du von uns genug. Warum findest du nicht mal raus, wie man konkrete Situationen ganz handfest lösen kann – falls es eine Lösung gibt. Pfeif auf frühkindliche

Prägung, vorzeitig gelöste Mutterbindung, ödipale Phase. Kann ja sein, daß das alles stimmt – aber was hilft einem das? Schreib statt dessen ganz konkret, was man tun kann, wenn er jeden Abend vorm Fernsehen einschläft. Wenn er sich samstags regelmäßig auf den Tennisplatz verzieht, anstatt mal mit den Kindern baden zu gehen. Oder warum er zu Hause den Mund nicht aufmacht – aber kaum ist er irgendwo eingeladen, spielt er den großen Entertainer. Das wollen doch alle wissen!«

Also habe ich mich an die Arbeit gemacht und zunächst mal die klassischen Anlässe für die typischen Kräche zwischen Mann und Frau gesammelt. Das war kinderleicht, meine »Quellen« sprudelten nur so. Dabei sind mir verschiedene Dinge aufgefallen:

• Wir sind in unseren Krächen längst nicht so originell, wie wir es uns möglicherweise einbilden. In den meisten Beziehungen sind es immer dieselben Eigenschaften und immer die gleichen Situationen, über die wir uns bei unserem Partner schwarz ärgern.

• Jeder Krach hat seine zwei Seiten. Meistens sind wir gar nicht so eindeutig im Recht, wie wir uns das gern einbilden. Deshalb kommen in unseren »Krisenberichten« auch immer beide Partner zu Wort.

• Emanzipation hin, Gleichberechtigung her: Es gibt immer noch eine Reihe von »typisch männlichen« und »typisch weiblichen« Eigenschaften, die zum Krach führen. (Kein Wunder, meint der amerikanische Ehetherapeut Dr. John Gray, von dem noch öfters die Rede sein wird: Männer kämen schließlich vom Mars, Frauen von der Venus...) So wie wir Frauen beim Sammeln der ehefeindlichen männlichen Schwachstellen einhellig aufgejubelt haben (»Fußball!« »Schulmeistern!« »Sex!« »Hochzeitstag!«), so triumphierend (und unisono!) schlugen die Männer mit den weiblichen Schwachstellen zurück: »Nörgeln!« »Klatsch!« »Nichts zum Anziehen!« »Zu müde!« »Anschaffungen!« »Gute Ratschläge!« und was da sonst noch an universellen Krisenpunkten aufs Tapet kam.

Die »Top 60« der Streitverursacher habe ich dann unter die Lupe genommen und versucht, zunächst die möglichen Ursachen herauszufinden und ganz praktische, handfeste Lösungsmöglichkeiten auszutüfteln. Das war Schwerstarbeit. Etliche Fälle sind scheinbar hoffnungslos. Selbst ein Heiliger wäre mit einer konstruktiven Lösung überfordert. Da kann man wirklich nur losschreien, Teller werfen, einschnappen – oder zur Eheberatung oder zum Psychotherapeuten gehen. Aber andere Krisenherde lassen sich mit ein bißchen Geschick und einer Spur Einfühlungsvermögen durchaus entschärfen. Und zwar ohne daß einem ein Zacken aus der Krone fällt. Manchmal langt es sogar schon, wenn man versteht, warum er (oder sie) sich so »unmöglich« verhält: Er (oder sie) hat oft kaum eine andere Möglichkeit! Wenn man das schon früher gewußt hätte, wäre einem so mancher Ärger erspart geblieben! Doch vielleicht schaffen Sie es mit diesem Wissen zumindest in Zukunft, über das, was Sie jahrelang zur Verzweiflung gebracht hat, mit einem Mal zu lächeln – das ist doch schon die halbe Beziehung. Hier sind sie also, die gesammelten Erfahrungen aus insgesamt gut tausend Jahren Ehe (oder Beziehung, oder Lebensgemeinschaft: verheiratet oder nicht – die Krisen sind überall gleich): Alle, aber wirklich alle Freunde, Nachbarn, Kollegen haben mitgeholfen, und wenn sich mancher Fall auch wie ein Klischee anhören mag, dann ist unser Leben wohl wirklich voller Klischees. (Die Namen in den Fallgeschichten sind natürlich frei erfunden!)

Dorothee Peters, eine langjährige Freundin, Psychologin und Familientherapeutin von Beruf, hat überprüft, ob man die Tips, die dabei zusammengekommen sind, mit gutem Gewissen veröffentlichen kann. Sie sagt, sie hat es gern getan und mit großem persönlichen Nutzen: Zwar ist sie Psychologin von Beruf – aber privat »eine von uns«.

Also, packen wir sie an, die großen und die kleinen Krisen. Wäre doch gelacht!

P.S. Übrigens: Beim Schreiben habe ich festgestellt, welche Wortakrobatik man betreiben muß, wenn man die etwas spießbürgerlichen Begriffe »(Ehe-)Mann« bzw. »(Ehe-)Frau« vermeiden möchte, um modern, aufgeschlossen und liberal zu klingen. Welche Alternativen hat man schon? »Partner« klingt nach Anwaltskanzlei. »Lebensgefährtin« klingt nach bürgerlichem Gesetzbuch. »Gspusi« klingt zu bayerisch. »Freund« zu unverbindlich. »Meine bessere Hälfte« zu anbiedernd. Deshalb habe ich mich in den meisten Fällen kurzerhand für das schlichte »Mann« und »Frau« oder »er« und

»sie« entschieden. Ob diejenigen, die in diese Kategorie fallen, nun mit oder ohne Trauschein zusammenleben, ist völlig gleichgültig. Die Probleme sind über kurz oder lang ohnehin die gleichen.
Also, schlagen Sie nach. Und wenn Sie das eine oder andere Problem nicht haben: Sehen Sie, es könnte ja alles noch viel schlimmer sein!

Abgewöhnen

»*Ich werde ihn schon noch ändern!*«

Sabine, 26, Telefonistin: Ich dachte, ich hätte mit Norbert das große Los gezogen. Er war humorvoll, gescheit, großzügig, ein toller Liebhaber – ich schwebte im siebten Himmel. Natürlich hatte er schon damals ein paar schlechte Angewohnheiten: Er rauchte. Er war entsetzlich schlampig. Er rief ein wenig zu oft bei seiner Mutter an. Und er war ziemlich unsportlich. Aber ich dachte, das werde ich ihm schon noch abgewöhnen! Ich habe wirklich alles versucht. Aber er ist überhaupt nicht bereit, sich mir zuliebe auch nur ein bißchen zu ändern. Er raucht sogar im Wohnzimmer, obwohl er genau weiß, wie sehr ich den Gestank von Zigaretten hasse. Seine Schlampigkeit ist sogar noch schlimmer geworden, obwohl ich gedacht habe, das sei gar nicht möglich. Er läßt alles, aber auch alles, stehen und liegen, und wenn ich mich über das Chaos beschwere, sagt er: »Ich find's gemütlich so.« Und unsportlich ist er! Was habe ich nicht schon alles versucht, um ihn ein bißchen auf Trab zu bringen. Er ist noch nicht mal dreißig und hat schon einen Bauch.

Am Anfang war er auch ganz willig. Aber nach ein paar Wochen war alles wieder beim alten. Seine Trägheit macht mich noch ganz krank!

Norbert, 29, Taxifahrer: Warum kann sie mich, verdammt nochmal, nicht einfach in Ruhe lassen? Du kannst dir nicht vorstellen, wie sie mir mit ihrem ständigen Gemeckere auf den Geist geht. Irgend etwas an mir stört sie immer. Im Moment hat sie sich wieder auf mein Rauchen eingeschossen: »Mußt du schon wieder rauchen? Du weißt doch, wie ungesund das ist.« Neuerdings ist sie auf dem Psycho-Trip und versucht es mit tiefgründigen Erklärungen wie: »Norbert, ich habe gelesen, daß 80 Prozent aller Raucher nur deshalb rauchen, weil sie eine gestörte Mutterbindung haben« oder ähnlichem Gelabere. Ganz schlimm ist es, wenn sie gerade mal wieder auf dem Fitneß-Trip ist. Dann schleppt sie eine Jogging-Ausrüstung für mich an, und ich muß morgens mit ihr durch den Stadtpark laufen. Ich hasse Jogging! Wenn es ihr Spaß macht, warum läuft sie dann nicht alleine los und läßt mich in Ruhe weiterschlafen? Ich bin doch kein kleiner Junge, an dem sie dauernd herumerziehen kann!

Daran liegt's: Einen Menschen zu ändern ist unglaublich schwer. Fast noch schwerer ist es, es nicht zumindest ständig zu versuchen. Dabei steht der Aufwand meist in einem krassen Mißverhältnis zum Erfolg.

• Menschen ändern sich in der Regel nicht, und wenn, dann nur ganz allmählich, kaum spürbar. Wir alle bestehen, wie ein Puzzle, aus vielen Einzelteilen. Sie zusammen machen unseren Charakter aus. Wer einzelne Teilchen in diesem Gefüge austauschen will, bringt oft das ganze System durcheinander.

• Außer dem änderungswütigen Partner gibt es meist noch eine ganze Reihe anderer Menschen, die ebenfalls von uns erwarten, daß wir uns in gewissen Punkten ihren Vorstellungen anpassen – der Chef, die Kollegen etc. Wer allzu bereitwillig auf diese Forderungen eingeht, riskiert, daß sein Charakter nicht mehr »rund« ist, weil da plötzlich Widersprüche auftauchen.

• Selbst wenn die Änderungsbemühungen fruchten, ist das Ergebnis oft unbefriedigend. Menschen, die sich leicht ändern (lassen), sind oft unsicher und unberechenbar.

• Wenn man jemanden genau kennt, weiß man wenigstens, worauf man gefaßt sein muß. Stabilität ist ein wichtiger Faktor im alltäglichen Zusammenleben.
Deshalb widerstehen die meisten Menschen der Forderung, sich zu ändern, selbst dann, wenn sie es insgeheim gerne würden. Manche ändern sich tatsächlich ein bißchen, aber das ist fast immer nur die Anpassung an eine bestimmte Situation: Menschen, die verliebt sind, wachsen gelegentlich über sich selbst hinaus; Menschen, die befürchten müssen, den Partner sonst zu verlieren, gehen Kompromisse ein. Aber solche unfreiwilligen Korrekturen halten, allen guten Vorsätzen zum Trotz, fast nie lange vor. Bei der nächstbesten Gelegenheit ist wieder alles wie früher.

Was tun?

• Vielleicht möchte Ihr Partner selbst auch das Rauchen aufgeben oder zehn Kilo abnehmen – aber auf seine Weise! Wenn Sie ihn ständig drängen, lassen Sie ihm keine Chance, seine eigene Lösung zu finden. Er braucht viel zuviel Energie, um auf Ihre Erziehungsversuche zu reagieren!
Anstatt Ihren Partner zu ändern, versuchen Sie es lieber bei sich selbst – oder noch besser: Versuchen Sie, die Situation zu ändern. Ein einfacher Wechsel der Einstellung wirkt sich oft viel positiver auf die Beziehung auf als das ohnehin meist zum Scheitern verurteilte Bemühen, ihm seine vemeintlichen oder tatsächlich vorhandenen Untugenden abzugewöhnen.
• Er raucht oder ißt oder trinkt zuviel? Sicher ist das ungesund, aber das weiß er ebensogut wie Sie. Und außerdem gibt es Millionen Dinge mehr, die ebenfalls ungesund, schädlich etc. sind.
• Er ist entsetzlich schlampig, und Sie müssen ihm alles nachräumen? Schon, aber dafür meckert er auch nie, wenn mal keine frischen Socken im Schrank sind oder der Kühlschrank leer ist, weil Sie keine Zeit zum Einkaufen hatten.
• Er geht nicht skifahren und ist für jeden Sport zu träge? Eine wunderbare Gelegenheit, allein oder mit einer Freundin zu laufen – und er paßt derweil auf die Kinder auf. Vermutlich wird er das bereitwillig machen – solange er nicht Ihnen zuliebe mit auf die Piste muß.
• Sie können es ihm einfach nicht abgewöhnen, daß er sonntagsmorgens mit seinen Freunden beim Frühschoppen sitzt, anstatt Ihnen bei der Gartenarbeit zu helfen? Machen Sie in der Zeit auch was

Schönes – und verschieben Sie die Gartenarbeit auf den Nachmittag. Es sind häufig nur Kleinigkeiten, die Sie ihm abgewöhnen wollen, und da steht der Aufwand in keinem Verhältnis zum Ergebnis. In größeren Dingen können Sie die Hoffnung ohnehin aufgeben: Der Frauenheld, der Einzelgänger, der Hobbyflieger, der Weltenbummler, das Muttersöhnchen: Er mag streckenweise guten Willen zeigen, aber ändern wird er sich durch Druck sicher nicht.

Bloß nicht: Merke: Die Beziehung sollte keine Institution zur Änderung oder charakterlichen Verbesserung des Partners sein!

Außerdem sollte man sich die Frage stellen, ob man das Recht hat, einen Menschen zu ändern – auch wenn man's noch so gerne würde. Schließlich liebt man den anderen ja trotz (oder vielleicht gerade wegen?) seiner kleinen Macken.

Affären, chronische

»*Sie hat es die ganze Zeit gewußt – und sich nichts anmerken lassen!*«

Peter, 45, Vertreter: Ich hatte über ein Jahr lang diese Affäre mit Sonja. Am Anfang war ich noch überaus vorsichtig, damit meine Frau nicht dahinterkam. Aber sie schien wirklich keinen blassen Schimmer zu haben, nicht mal, als ich mit der Zeit immer leichtsinniger wurde. Nun ja, und dann stand eines Tages Sonja vor der Haustür, meine Frau hat aufgemacht. Sonja hat einen dramatischen Auftritt inszeniert und gefordert, sie solle mich freigeben. Ich würde sie, meine Frau, schon lange nicht mehr lieben. Ich saß gerade im Wohnzimmer vorm Fernseher, als sie Sturm klingelte, und hab alles mitgekriegt. O Mann, dachte ich nur, jetzt sitze ich ganz schön in der Tinte. Aber Annemarie reagierte völlig cool. Sie hat nur gesagt, daß sie das doch lieber von mir selbst hören möchte. Und dann habe ich erfahren, daß sie schon fast von Anfang an von der Geschichte mit Sonja wußte. Sie hat kein Theater gemacht. Sie war nicht mal sauer. Sie hat sich überhaupt nichts anmerken lassen! »Und wieso hast du nie etwas gesagt?« habe ich völlig verblüfft gefragt. Weißt du, was sie geantwortet hat? »Weil ich ziemlich rasch gemerkt habe, daß mir dieses naive Mädchen nie und nimmer gefährlich werden könnte.« Sie hat natürlich recht. Ich habe niemals daran gedacht, Annemarie und die Kinder wegen Sonja zu verlassen. Das hat sich Sonja wohl nur eingebildet. Aber wieso konnte Annemarie so sicher sein? Ich bin mir jedenfalls vorgekommen wie ein kleiner Junge, der mit der Hand im Bonbonglas erwischt wird. Naja, die Affäre mit Sonja war danach beendet. Und ich habe seitdem auch nichts anderes mehr angefangen. Wer hat schon Spaß an solchen Geschichten, wenn die Ehefrau gelassen zuschaut?

Annemarie, 40, Hausfrau: Eigentlich habe ich mich am meisten darüber geärgert, daß Peter mich für so dumm hielt. Hat er sich wirklich eingebildet, ich hätte seine miesen kleinen Täuschungsmanöver und Ausreden geglaubt? Ganz abgesehen davon war das schon die dritte Affäre, von der ich Wind bekommen habe. Peter glaubt, daß er das seiner Männlichkeit schuldig ist. Beim ersten Mal war ich noch völlig verunsichert, weil ich ja keine Ahnung hatte, wie er reagieren würde. Aber mittlerweile weiß ich ja, daß er die Kinder und mich nie verlassen würde. Dazu ist er viel zu bequem. Es geht ihm ja nicht schlecht in unserer Ehe. Warum sollte er eine bequeme Ehefrau gegen ein neue, viel forderndere eintauschen? Also tue ich so, als wüßte ich von nichts. In gewisser Weise profitiere ich sogar von seinen Affären. Im Bett läßt er mich ziemlich in Ruhe, und weil er doch ein schlechtes Gewissen hat, ist er dann besonders nett und großzügig zu uns. Warum sollte ich ihn da verlassen?

Daran liegt's: In alten Zeiten, in denen Ehen nicht aus Liebe geschlossen, sondern als Zweckgemeinschaft betrachtet wurden, waren Affären mit stillschweigender Duldung der Ehefrau gang und gäbe. Heute, wo viele Menschen vorgeben, »aus Liebe« zu heiraten, ist es dagegen meist so, daß ein Ehebruch als bittere Kränkung angesehen wird – selbst dann, wenn der Sex in der Beziehung zur Routine erstarrt oder ganz ad acta gelegt worden ist. Wer es trotzdem riskiert, muß es schlau einfädeln und in jedem Fall den Schein wahren. Und so erwächst ein großer Teil des Prickelns, das mit einer heimlichen Affäre verbunden ist, aus eben der Tatsache, daß die Sache äußerst riskant ist und man deshalb schon besonders clever sein muß, um zwischen zwei Frauen jonglieren zu können. »Was bist du doch für ein toller Hecht« ist bei vielen Männern das Gefühl, das zumindest unbewußt hinter vielen heimlichen Affären steht. Die Entdeckung, daß ihre Partnerin in Wirklichkeit nicht nur viel klüger, sondern auch viel souveräner war, als sie vermutet haben, ist der eine herbe Schlag für das männliche Selbstbewußtsein. Der zweite ist der Schock darüber, daß sie nichts dagegen unternommen hat. Die anfängliche Erleichterung, mit einem blauen Auge davon gekommen zu sein, weicht bald einem Gefühl von Scham und unterdrücktem Zorn: Bin ich es nicht mal wert, daß sie um mich kämpft? Der Mangel an Selbstbewußtsein, in vielen Fällen ohnehin der Grund, Bestätigung außerhalb der Ehe zu suchen, wird durch diese Erfahrung nicht eben behoben. Und selbst wenn diese Affäre im Sande verläuft, weil sie ohne die damit verbundene Heimlichkeit reizlos geworden ist: Die Erkenntnis, daß der Partner wieder einmal Oberwasser hatte, führt über kurz oder lang zu dem Bedürfnis, die Machtverhältnisse im Hause durch eine neue und diesmal erfolgreich verheimlichte Affäre klarzustellen. Und dann droht der Beziehung wirklich Gefahr!

Was tun? Hier und da (aber selten) kann ein Ehebruch wirklich dazu beitragen, daß eine Beziehung durch die gemeinsam durchgestandene Krise gefestigt wird und besser funktioniert als zuvor. Das setzt aber voraus, daß beide Partner die Affäre des einen zum Anlaß nehmen, aufrichtig und selbstkritisch nach den wahren Ursachen zu suchen, die – außer der »guten Gelegenheit« – für den Ehebruch verantwortlich sind. So überlegen und souverän der betrogene Ehepartner auch wirken und so bequem diese Haltung für den Ertappten zunächst auch sein mag: Wenn die Mauer echter oder gespielter Gleichgültigkeit nicht zum Einstürzen kommt, sind die Machtverhältnisse in der Ehe – die durch die Affäre eigentlich verändert werden sollten – betoniert. Was bleibt, ist nur noch Resignation.

Bloß nicht: Seien Sie nie zu sicher, daß seine Affären im Grunde bedeutungslos sind. Ihre moralische Überlegenheit könnte ihn möglicherweise in Versuchung führen, Ihnen das Gegenteil zu beweisen!

Andere, der/die

»Mein Mann hat eine andere!«

Silvia, 35, Kosmetikerin: Bernd hat eine andere. Er betrügt mich seit zwei Jahren mit einer jungen Kollegin aus seiner Firma. Seit zwei Jahren, und ich habe niemals auch nur das geringste gemerkt! Ich bin nur zufällig dahintergekommen. Er hat sie mit auf eine Geschäftsreise genommen, und das Hotel, in dem die beiden übernachtet haben, hat die Rechnung versehentlich an seine Privatadresse geschickt. Und in der ganzen Zeit spielt er den mustergültigen Ehemann und Vater, ist aufmerksam, liebevoll, schläft mit mir, geht mit den Kindern zum Schwimmen – und gleichzeitig mit einer anderen ins Bett.
Er sagt, er weiß nicht, ob er sie liebt, aber er weiß auch nicht, ob er sie aufgeben kann. Ich bin unendlich verletzt. Nicht mal so sehr, weil er mich betrogen hat, sondern weil er mich seit zwei Jahren systematisch belügt. All die Ausreden, die Geschäftsessen, die Treffen mit alten Studienkollegen, die Überstunden – und ich habe ihm alles geglaubt! Ich fühle mich wie der letzte Dreck. Ich lasse mich scheiden!

Bernd, 38, Prokurist: Ich befinde mich in einer total verfahrenen Situation. Ich möchte Silvia und die Kinder auf keinen Fall verlieren, aber ich kann auch Karin nicht aufgeben. Durch sie habe ich das Gefühl, wieder zu leben. Ich bin bei ihr nicht nur die Summe meiner Rollen – Geschäftsführer, Ehemann, Vater, Ernährer, Mitglied im Tennisverein –, nein, ich bin ein Mensch, der spontan, verrückt, zärtlich, ausgelassen, leidenschaftlich und auch ruhig mal müde sein darf. Karin erwartet nichts von mir – sie liebt mich so, wie ich bin. Ich habe beiden Frauen gegenüber ein schlechtes Gewissen: Keine von ihnen hat das verdient. Aber ich kann die Entscheidung, wie es weitergehen soll, nicht treffen. Ich schaffe es einfach nicht.

Daran liegt's: Das ist die Krise, vor der keine Beziehung sicher ist: Plötzlich ist da jemand anders: der/die Dritte. Jemand, der dem Partner so wichtig ist, daß er daran denkt, ihm zuliebe die Familie

zu verlassen. Die Lügen haben aufgehört, das Leid auf beiden Seiten ist groß, ebenso der Haß und die Verzweiflung.
Diese Situation kann in jeder Lebensphase auftreten, aber erfahrungsgemäß kommen die ernsten Affären am häufigsten um die Lebensmitte herum vor. Die Motive liegen auf der Hand: sexuelle Leidenschaft natürlich, aber auch Sehnsucht nach Liebe. Das Gefühl: War das schon alles? Langeweile, der Wunsch, aus der freudlos gewordenen Ehe auszubrechen, die Sehnsucht danach, nochmal jung und lebendig zu sein.
Nun taucht der/die Dritte so gut wie niemals aus heiterem Himmel auf. Auch wenn Sie es nicht gern wahrhaben wollen – in Ihrer Beziehung war in irgendeiner Form der Wurm drin, als Ihr Partner ausbrach und sich neu verliebte. (Andererseits: In welcher Beziehung ist nicht mal zeitweise der Wurm drin, ohne daß es zu solch verheerenden Folgen kommt?) Der betrogene Partner merkt es bloß lange Zeit nicht, weil das Leben in eingefahrenen Bahnen verläuft und die atmosphärischen Störungen im Alltag untergehen. Und natürlich auch, weil der, der fremdgeht, plötzlich Weltmeister im Erfinden von Ausreden wird. Wach wird der/die Betrogene erst, wenn der Dritte plötzlich aus dem Hintergrund tritt und im Leben der Ehepartner präsent ist. Dann setzen sich die vielen kleinen Puzzlesteinchen plötzlich zu einem Bild von Verrat und Betrug zusammen. Hätte man die Signale erkennen müssen? Wieso war man so blind? Wut, Trauer, Haß, Verzweiflung, die ganze Welt stürzt ein. Doch nicht nur das Opfer leidet, auch der »Täter«, der Partner, der in diesem Drama die Rolle des Bösewichts innehat, ist ins Chaos gestürzt. Aber er hat den besseren Part, denn trotz aller quälenden Auseinandersetzungen schwebt er auf rosaroten Wolken. Er hat wieder entdeckt, wieviel Spaß das Leben machen kann, das Lachen, das Zärtlichsein, das Fernsein vom Alltag, natürlich auch der Sex. Er fühlt sich jünger, schöner, attraktiv, begehrenswert – wie einem Jungbrunnen entstiegen – und hat zugleich ein miserables Gewissen. Heimlichkeit, Lügen, Angst, daß alles auffliegt, das Jonglieren zwischen den zwei Partnern, bis schließlich die Wahrheit auf dem Tisch ist. Bleibt die Frage: Wie geht es weiter?

Was tun?

- Fressen Sie Ihren Kummer nicht in sich hinein. Suchen Sie jemanden, dem Sie Ihr Problem anvertrauen können.

• Lassen Sie bei Ihrem treulosen Partner Dampf ab, wenn es Ihnen gut tut – aber erwarten Sie nicht, daß Sie mit Ihren Vorwürfen und Anklagen etwas erreichen. Und tun Sie nichts, was Ihre Selbstachtung, die ohnehin schon ins Wanken geraten ist, zusätzlich gefährden könnte: kein Hinterherspionieren, kein dramatischer Auftritt vor der Rivalin.

• Legen Sie sich in aller Ruhe eine Strategie zurecht, wie es weitergehen soll: Wollen Sie weg? Will er weg? Falls er Sie nicht verlassen will – was sind Ihre Forderungen? Probezeit? Trennung? Sofortige Entscheidung? Sobald Sie die Bedingungen gestellt haben, muß Ihr Partner reagieren. Also überlegen Sie es sich reiflich.

• Denken Sie darüber nach, ob eine Paar-Therapie zu diesem Zeitpunkt nützlich sein könnte und ob Ihr Partner dazu bereit wäre.

• Verlassen Sie Ihr schwarzes Loch der Niedergeschlagenheit und tun Sie etwas für sich. Nur für sich. Machen Sie sich schön. Ziehen Sie sich toll an. Jetzt erst recht. Nicht, um Ihrem Partner zu beweisen, was er alles aufs Spiel setzt, sondern einzig und allein, weil Sie sich dadurch besser fühlen.

• Überlegen Sie es sich reiflich, ob Sie noch mit ihm ins Bett gehen. Aller Voraussicht nach wird sich dadurch an Ihrer Beziehung nichts ändern; Sie werden sich danach nur noch benutzter und verlassener fühlen.

• Sagen Sie sich, daß Sie weder die erste sind noch die letzte sein werden, der so etwas passiert – auch wenn Sie das in Ihrem Fall niemals für möglich gehalten hätten.

• Sehen Sie das Ganze als Krise an, die auch Chancen bietet, und nicht automatisch als Ende.

Bloß nicht: Auch wenn die Wut noch so groß ist: Überlegen Sie es sich zweimal, ehe Sie alle seine Anzüge zur Kleidersammlung geben, seine wertvolle Briefmarkensammlung in den Müll werfen, sein Bankkonto bis über die Kreditgrenze hinaus abräumen. Rache, so süß sie sein mag, ist überaus kurzlebig und oft genug der Anfang vom Ende und das Startzeichen zu einer besonders schmutzigen Scheidung. Wenn es Ihnen gut tut, den Treulosen in Ihrer Phantasie in Öl zu sieden, genüßlich mit einem Brotmesser zu kastrieren oder zu demütigen, indem Sie mit seiner gesamten Firma ins Bett gehen, vom Laufjungen bis zum Chef – nur zu. Lassen Sie Ihren Phantasien freien Lauf, aber verzichten Sie auf die praktische Durchführung. Es steht zuviel auf dem Spiel. Alles, was Sie jetzt tun, kann nämlich (in einem eventuellen Scheidungsprozeß) gegen Sie verwendet werden. Außerdem ist es äußerst fraglich, ob Sie sich nach der vollbrachten Racheaktion wirklich besser fühlen; vermutlich werden der Schmerz und die Wut dadurch nur noch größer.

Arbeitslos

»Wie kann sich ein Mensch nur so hängenlassen!«

Friedrich, 45, Projektleiter in einem Meinungsforschungsinstitut: Der Konkurs kam so plötzlich, daß nicht einmal die Geschäftsleitung davon informiert war. Einer der beiden Inhaber unseres Instituts hatte sämtliche Firmenkonten abgeräumt und war ins Ausland geflohen. Von heute auf morgen saßen wir auf der Straße: dreißig feste Mitarbeiter, über hundert freie. Keine Kündigungsfrist, keine Abfindung – nichts. Als der erste Schock vorüber war, habe ich es als Herausforderung angesehen: Ein Mann mit meiner Erfahrung – das müßte doch mit dem Teufel zugehen, wenn ich nicht bald eine neue Stelle hätte. Das ist jetzt acht Monate, dreißig Bewerbungsschreiben, zwölf Vorstellungsgespräche und zwölf Absagen her. Niemand stellt mehr einen Mann von 45 ein. Große Geldsorgen haben wir zur Zeit noch nicht. Noch bekomme ich Arbeitslosenunterstützung, und Katharina ist Lehrerin, Beamtin auf Lebenszeit. Aber seelisch bin ich am Ende. Mir fällt die Decke auf den Kopf. Die Kinder gehen mir auf die Nerven, sie machen schon einen großen Bogen um mich. Im Sommer habe ich noch viel im Garten gearbeitet, aber das fällt nun auch aus. Ich kann Katharinas mitleidige Blicke nicht mehr ertragen, wenn wieder eine Absage kommt. Ich werde verrückt vor Neid, wenn sie morgens zur Schule geht.

Am schlimmsten ist es, wenn ich frühere Kunden oder alte Kollegen treffe, die nicht wissen, was mit unserer Firma passiert ist. Diese hilflose Schweigen, wenn sie's erfahren. Diese aufmunternden, nichtssagenden Floskeln. Ich verkrieche mich fast nur noch im Haus, ziehe mir schon morgens die Seifenopern im Fernsehen rein und könnte vor mir selbst kotzen.

Katharina, 40, Grundschullehrerin: Ich weiß, daß er in einer schweren Krise steckt, und ich bin fest entschlossen, sie mit ihm gemeinsam durchzustehen. Aber es ist überaus hart. Das ist nicht mehr der Mann, mit dem ich seit vierzehn Jahren verheiratet bin. Er ist abwechselnd aggressiv und depressiv, und manchmal schlichtweg gemein. Und er läßt sich total gehen. Wenn ich mittags aus der Schule komme, sitzt er im Bademantel vorm Fernseher, unrasiert, ein Bild des Jammers. Das Schlimmste ist sein Selbstmitleid. Wenn mir mal aus Versehen rausrutscht, wie anstrengend der Tag in der Schule war, schaut er mich mit schneidender Verachtung an: »Ja, ja, unsere Beamten brauchen sich um ihre Jobs keine Sorgen zu machen, die können noch so unfähig sein – sie sind unkündbar!« Die Kinder gehen ihm aus dem Weg. Und viele unserer Bekannten lassen sich nicht mehr blicken, weil sie sein Selbstmitleid auch nicht mehr ertragen können. Was ist nur aus diesem stolzen, selbstbewußten Mann geworden! Bezieht ein Mann sein Selbstbewußtsein denn ausschließlich aus einer erfolgreichen Karriere?

Daran liegt's: Die wahre Geliebte eines Mannes ist seine Arbeit: Das hat ein renommierter Psychologe gesagt; es klingt zwar ein wenig zynisch, aber es scheint etwas dran zu sein. Wenn man unter Männern eine Umfrage durchführt, was für sie Glück bedeutet, so steht die Antwort meistens mit ihrer Arbeit in Beziehung. Frauen definieren sich zwar heutzutage auch über ihre beruflichen Erfolge, aber längst nicht so stark wie Männer. Unglücklich im Beruf oder, noch schlimmer, arbeitslos zu sein, ist einer der schlimmsten Schicksalsschläge, die einem Mann widerfahren können. Mehr Männer bringen sich um, wenn sie gekündigt werden, als wenn ihre Frau sie verläßt. Nach Arbeitslosigkeit oder unfreiwilliger Pensionierung sind Männer im höchsten Grade anfällig für Depressionen, psychosomatische Krankheiten, Impotenz etc. Die Ursache liegt im Verlust ihres Status, ihrer Rolle, mit der sie sich am meisten identifizieren. Neben dem Statusverlust – seine Rolle als Ernährer und Familienoberhaupt ist bedroht – quält ihn auch die finanzielle Unsicherheit, die einem Verlust an Freiheit gleichkommt. Seine tiefe Verzweiflung, seinen Verlust an Macht und Prestige überdeckt er durch Haß, Selbstmitleid und Aggressivität.

Was tun? Wer mit einem arbeitslos gewordenen Partner zusammenlebt, hat möglicherweise große Existenzsorgen. Aber verglichen mit den anderen Problemen, die in dieser Situation auftauchen, ist das häufig ein Pappenstiel. Da ist eine Fülle widersprüchlicher Empfindungen, mit denen Sie fertigwerden müssen. Neben Sorge, Traurigkeit und Mitgefühl werden Sie vermutlich auch Ärger und Angst empfinden: Ärger über sein Verhalten. Was heißt Ärger – eine Stinkwut haben Sie! So sehr Sie dagegen ankämpfen (schließlich ist es nicht seine Schuld, daß er keine Arbeit mehr hat), der Ärger läßt Sie nicht los. Dazu kommt Angst, weil Sie nicht wissen, was in Zukunft mit ihm geschehen wird.

- Hüten Sie sich davor, in diesen schwierigen Zeiten nur den Ärger zu zeigen und nicht zugleich auch die Angst und die Ungewißheit, die Sie selbst beunruhigen.
- Sprechen Sie miteinander über die Gefühle – so schwer das allen beiden auch fallen mag. Wenn Sie versuchen, sie zu verbergen, werden die Spannungen zwischen Ihnen nur noch größer.
- Treffen Sie alle anfallenden Entscheidungen gemeinsam: Wo muß gespart werden. Wieviele Abstriche macht er bei einem eventuellen neuen Jobangebot. Welche Pflichten übernimmt er, solange er zu Haus ist. Treten Sie ihm einen Teil Ihrer Aufgaben ab. Von der neuen Arbeitsteilung profitieren Sie unter Umständen auch dann alle beide, wenn er wieder eine Stellung gefunden hat.

Bloß nicht: Geben Sie nur aus Mitgefühl und um in seiner Nähe zu sein niemals Ihr eigenes Leben auf, denn sonst ist die Gefahr groß, daß Sie mit ihm in die Krise rutschen. Gerade jetzt braucht er einen starken Partner!

Autofahren

»Dann fahr doch gefälligst selber!«

Heike, 32, Steuerberaterin: Das war das letzte Mal, daß ich Auto gefahren bin, wenn der danebensitzt! Lieber fahre ich mit dem Zug! Vierhundert Kilometer sitze ich freundlich auf dem Beifahrersitz, schütte ihm Kaffee aus der Thermosflasche ein, schäle Orangen, füttere ihn mit Traubenzucker, halte die Kinder auf dem Rücksitz in Schach und verkneife mir jeden Kommentar, wenn er hundertachtzig fährt, wo hundert erlaubt sind. Ich schweige wie ein Grab, wenn er auf der Lichthupe steht, bloß weil der kleine Fiat vor uns mal einen Milchtransporter überholen will. Ich sage nichts, wenn er auf das Auto vor uns so dicht auffährt, daß man bei denen die Tankuhr ablesen kann. Ich werde nicht mal sauer, wenn er den Fuß nicht vom Gas nimmt, obgleich ich schon vor achtzig Kilometern gesagt habe, daß ich mal muß. Und dann hält er plötzlich an einer Tankstelle und sagt vorwurfsvoll: »Ich bin todmüde. Wieso muß *ich* eigentlich die ganze Strecke fahren? Schließlich sind wir mit *deinem* Auto unterwegs.« – »Kein Problem«, sage ich, »ich fahre weiter. Du kannst ein bißchen schlafen.« Und dann geht's los: Kaum sitze ich am Steuer, ist er plötzlich hellwach: »Achtung, da kommt einer auf der linken Spur. Vorsicht, du fährst zu dicht auf. Paß auf, du fährst zu weit in der Mitte. Schalten, Heike, schalten!!! Hast du eigentlich noch nie gehört, daß dieses Auto einen fünften Gang hat?« Und so geht's weiter. Solange, bis ich stinksauer anhalte und ihn wieder ans Steuer lasse. Aber die nächsten dreihundert Kilometer redet keiner ein Wort. Dies ist mein Auto, wohlgemerkt, und ich fahre seit 14 Jahren unfallfrei!!!!

Wolfgang, 35, Wirtschaftsprüfer: Sie fährt ja eigentlich auch recht gut. Aber sie ist doch immer nur in der Stadt unterwegs und hat auf langen Strecken wenig Fahrpraxis! Ich glaube, sie hat noch niemals den vierten Gang benutzt. Du konntest förmlich hören, wie das Getriebe gestöhnt hat! Und dann hat sie diese gefährliche Neigung, immer ganz nah am Mittelstreifen zu fahren. Bei dem schnellen Wagen ist das wirklich nicht ungefährlich. Ich will sie ja gern fahren lassen, damit sie ein wenig Übung bekommt. Aber typisch: Nach achtzig Kilometern ist sie beleidigt ausgestiegen!

Daran liegt's: Wenn es ums Auto geht, kennen Männer nichts. Das ist eines der letzten Reviere, in denen sie ihre männliche Überlegenheit demonstrieren können. Da können sie zeigen, wie souverän, technisch versiert, erfahren und kompetent sie sind – den Frauen eindeutig überlegen. Studien, die das Gegenteil beweisen wollen, verunsichern sie nicht im geringsten. Wenn Wissenschaftler behaupten, Männer am Steuer seien gefährlicher als Frauen, weil sie ein erhöhtes Aggressionspotential hätten und in kritischen Situationen gern die Flucht nach vorn ergriffen: Ja, was denn sonst? Jeder weiß doch, daß Angriff die beste Verteidigung ist! Und was heißt das schon, daß Frauen angeblich weniger Unfälle verursachen als Männer? Sie fahren ja auch viel weniger, oder? Entweder sind alle diese Studien methodisch falsch angelegt oder von Frauen durchgeführt worden, oder der Leiter der Studie hat noch niemals neben ihrer Frau auf dem Beifahrersitz gesessen! Ihre Frau braucht am Steuer jedenfalls dringend ein bißchen Nachhilfe. Und so ist es reine Großzügigkeit seinerseits, wenn Männer auf größeren Strecken das Steuer aus der Hand geben, damit sie ein wenig Fahrpraxis bekommt... Leider wissen die wenigsten Ehefrauen das zu schätzen.

Was tun?

• Lassen Sie ihn fahren, wann immer und so lange er möchte. Wenn Kinder dabei sind, die auf der Rückbank ihre Territoriumskämpfe ausfechten, löst sich das Problem meist ganz von allein. Erstens muß er den Kindern beweisen, daß Papa der beste Fahrer der

Welt ist. Und zweitens kriegen ihn keine zehn Pferde von dem krümelfreien und relativ ruhigen Fahrersitz (»Laßt Papa ihn Ruhe, er muß sich konzentrieren!«) auf den unmittelbar daneben gelegenen Posten des Löwenbändigers und Keksausteilers.

• Verzichten Sie darauf, sich die Ihnen möglicherweise tatsächlich fehlende Erfahrung auf Langstrecken in Gegenwart Ihres Lebensgefährten anzueignen. Sie setzen dadurch völlig unnötig Ihre Beziehung aufs Spiel.

• Wenn er müde und erschöpft ist, bewundern Sie ihn, wie umsichtig und zügig er gefahren ist, ermuntern Sie ihn, eine verdiente Pause einzulegen – und dann lassen Sie ihn frisch erholt weiterfahren.

• Lesen Sie ihm die Zeitung vor, versorgen Sie ihn mit kleinen Erfrischungen und bewundern Sie regelmäßig seinen Fahrstil. Dadurch bleibt er fit und hat nicht das Bedürfnis, am Steuer abgelöst zu werden.

• Wenn er trotzdem irgendwann vorschlägt, daß Sie ihn ablösen, treffen Sie eine Vereinbarung: Nach der dritten unerbetenen Einmischung fahren Sie auf den nächsten Parkplatz und bitten ihn freundlich, aber bestimmt, das Steuer zu übernehmen – oder, falls er zum Fahren zu müde ist, eine Pause zu machen.

Bloß nicht: Versuchen Sie nie, ihn mit seinen eigenen Waffen zu schlagen. Kritisieren Sie seine Fahrweise nie. Je inständiger Sie ihn bitten, langsamer zu fahren, desto stärker drückt er aufs Gas. Schließlich muß er sich und Ihnen beweisen, daß er sich in punkto Autofahren von Ihnen nichts sagen läßt. Eine Frau ist durch die Nörgeleien und Belehrungen ihres ehelichen Beifahrers genervt – ein Mann ist dagegen bis ins Mark in seinem Selbstwertgefühl verletzt. Ebensogut können Sie einem Pfau seine Schwanzfedern ausreißen...

Ehevertrag

»Die trauen mir bloß nicht!«

Roland, 32, Diplom-Ingenieur: Karin und ich lieben uns, und wir wollen heiraten. Aber ihre Eltern bestehen darauf, daß wir vorher einen Ehevertrag unterschreiben. Sie haben Geld und möchten sicherstellen, daß ich nicht an Karins Vermögen komme, wenn unsere Ehe schiefgeht. Ich halte das für taktlos und mißtrauisch mir gegenüber. Schließlich bin ich kein Mitgiftjäger und auch kein armer Schlucker. Ich habe zwar im Gegensatz zu ihr keine reichen Eltern, aber immerhin einen angesehenen Beruf und ein gutes Gehalt. Karin ist Kindergärtnerin und verdient gerade mal ihr Taschengeld. Wenn wir einmal Kinder haben, wird sie ihren Beruf mit Sicherheit an den Nagel hängen, und dann leben wir ohnehin alle von meinem Geld.

Karin, 24, Kindergärtnerin: Ich stamme aus der zweiten Ehe meines Vaters. Er zahlt seiner geschiedenen Frau immer noch hohen Unterhalt, und das seit 25 Jahren, obgleich die beiden nur fünf Jahre verheiratet waren. Darüber ärgert er sich tagtäglich schwarz. Er meint, mit einem Ehevertrag wäre das nicht passiert. Ich finde es zwar auch ein bißchen unromantisch, sich schon vorher darüber Gedanken zu machen, daß die Ehe in ein paar Jahren schiefgehen könnte. Aber andererseits ist das heutzutage gar nicht so von der Hand zu weisen. Und mit einem Vertrag haben wir dann jedenfalls klare Verhältnisse.

Daran liegt's: Was den einen geschmacklos erscheint, ist für die anderen nur ein Beweis von Vernunft. Jede dritte Ehe wird geschieden, Tendenz steigend. Ohne einen Ehevertrag gelten für den Fall einer Scheidung die gesetzlichen Regelungen: halbe-halbe beim Zugewinn und den erworbenen Rentenanwartschaften aus der Ehezeit sowie gegenseitige Unterhaltspflicht der geschiedenen Eheleute. Das bestehende Scheidungsrecht basiert immer noch auf der klassischen Ehe: Junges, mittelloses Paar, er verdient das Geld, sie bleibt zu Hause und versorgt Kinder und Haushalt. Für diesen Fall reicht das Gesetz aus: Frau und Kinder sind bei einer Scheidung optimal abgesichert. Aber immer weniger Familien leben nach diesem traditionellen Muster. Es gibt zunehmend Zweitehen, Doppelverdiener-Ehen und in vielen Fällen die Aussicht auf ein beträchtliches Erbe. In solchen Fällen können Eheverträge, so unromantisch sie auch sein mögen, tatsächlich vor finanziellen Nachteilen schützen.

Was tun? Ein fairer Vertrag schützt Eheleute davor, im Falle einer Scheidung Hab und Gut zu verlieren. Allerdings sollte die Betonung auf dem Wort fair liegen. Standardvordrucke wie bei Mietverträgen gibt es nicht.

- Sorgen Sie dafür, daß Sie den Vertragstext genau kennen, bevor der Notar Ihnen diesen zur Unterschrift vorlegt. In vielen Fällen weiß der Partner gar nicht, was alles im Vertrag steht, und dann ist es häufig zu spät.
- Vorsicht vor Knebelverträgen. Das sind völlig einseitige Verträge zugunsten eines Partners. Ganz abgesehen davon, daß ein solcher Vertrag für den anderen ein Grund sein dürfte, die geplante Eheschließung noch einmal zu überdenken – wenn Sie den Verdacht haben, daß Sie durch den Vertrag übers Ohr gehauen werden, lassen Sie sich von dem Notar genau beraten. Er ist verpflichtet, Sie über mögliche Fallstricke aufzuklären, und darf sittenwidrige Verträge nicht zulassen. Aber Sittenwidrigkeit ist in dehnbarer Begriff. Im Notfall kann auch ein Gericht den Streitfall übernehmen. Nur heißt es in diesem Fall vermutlich: Hochzeit ade!
- Glauben Sie Ihrem Partner nicht, wenn er Sie mit der Behauptung ködern will, ohne Ehevertrag hafte ein Partner automatisch für den anderen und der Vertrag diene nur dem Schutz vor möglichen finanziellen Belastungen. Das ist ein weitverbreiteter Irrglaube.

• In den Ehevertrag kann neben den finanziellen Vereinbarungen jeder aufnehmen lassen, was er vereinbart haben möchte, von der Häufigkeit der Erfüllung der ehelichen Pflichten bis hin zu der Forderung, daß es niemals Spinat mit Spiegeleiern geben darf. Allerdings sind solche Vereinbarungen selten einklagbar. Sie können höchstens bei einer Scheidung als Indiz für eine zerrüttete Ehe gelten.

Bloß nicht: Wenn vieles für einen Ehevertrag spricht, lassen Sie sich nicht von dem Argument abhalten, ein solcher Vertrag sei unromantisch und rechne mit dem Schlimmsten. Gleiches läßt sich auch von einer Lebensversicherung behaupten. Und in vielen Fällen ist der Ehevertrag nicht mehr und nicht weniger als ein Akt der Vernunft.

Eifersucht

»Ist doch krank, wie sie sich aufführt!«

Hannes, 33, Techniker: Lange halte ich das nicht mehr aus! Ich liebe Sabine immer noch. Aber mit ihrer Eifersucht macht sie unsere Beziehung kaputt. Daß sie durchdreht, wenn ich auf einer Party ein Wort mit einer anderen Frau rede, habe ich mittlerweile kapiert. Ich weiche ihr schon seit Jahren nicht mehr von der Seite. Auf der Straße schaue ich weg, wenn ein hübsches Mädchen vor uns hergeht, weil Sabine mir sonst die Hölle heißmacht. Aber sie ist längst nicht nur auf andere Frauen eifersüchtig, sondern auf alles, was mir in meinem Leben außer ihr wichtig ist. Auf meine Arbeit zum Beispiel: Wenn ich mal eine Stunde später aus dem Büro komme, tobt sie schon und glaubt, ich war mit der Telefonistin im Bett. Auf meine kleine Tochter aus erster Ehe, die einmal im Monat ein Wochenende bei uns verbringt. Wenn Kathrinchen da ist, schmollt Sabine regelmäßig. Auf meine Freunde aus dem Hockeyclub. Dabei habe ich schon lange aufgehört zu spielen, weil Sabine sich nicht für Hockey interessiert. Ohne sie spielen? Das wäre eine Katastrophe! Sabine ist normalerweise eine ruhige, liebenswerte, intelligente und sensible Frau. Aber wenn sie ihre Eifersuchtsanfälle kriegt, macht sie sich und mir das Leben zur Hölle. Sie ruft zwanzigmal am Tag im Büro an, und wenn meine Nummer besetzt ist, glaubt sie, ich spreche mit einer anderen Frau. Sie spioniert mir sogar nach, wenn ich mit dem Hund rausgehe, weil sie denkt, ich rufe von einer Telefonzelle aus heimlich bei meiner Exfrau an. Sie durchwühlt meine Taschen und sucht Beweise für meine angebliche Untreue, und wenn sie eine Telefonkarte findet, überprüft sie am nächsten Telefon, wieviel noch drauf ist, und dann will sie wissen, wen ich angerufen habe. Wenn ich ihr dann sage, sie ist verrückt, bestraft sie mich entweder mit endlosen Vorwürfen (»Du liebst mich nicht mehr!«, »Wie kannst du mir so etwas antun, nach allem, was ich für dich getan habe!«) oder, noch schlimmer, mit langem, vorwurfsvollem Schweigen. So lange, bis ich Reue zeige und Buße tue. Dabei weiß ich oft nicht mal, was ich eigentlich getan haben soll. Dann geht es wieder eine Weile gut – bis zum nächsten Mal. Aber manchmal denke ich, ich will dieses Spiel nicht mehr mitmachen. Ich kann nicht mehr!

Sabine, 30, medizinisch-technische Assistentin: Ich geb's ja zu, ich bin nun mal eifersüchtig, aber ich leide darunter mindestens genauso wie Hannes. Ich glaube nämlich, er liebt mich nicht so wie ich ihn. Alles ist ihm wichtiger als ich. Seine Arbeit, seine Tochter, sogar sein Sport. Er sagt, er müsse abends oft Überstunden machen, aber ich glaube, er spielt heimlich Hockey, mit seinen alten Freunden. Ich sitze zu Hause und warte auf ihn. Denn ich finde, wenn man sich wirklich liebt, dann macht man doch alles gemeinsam. Ich bin ja auch immer für ihn da. Wieso braucht er denn noch andere Menschen? Ich tue doch alles für ihn! Wenn ihm das nicht genügt, heißt das doch, daß er mich nicht so liebt wie ich ihn.

Daran liegt's: Der englische Dichter John Dryden hat Eifersucht die »Gelbsucht der Seele« genannt. Liebe und Eifersucht sind eng miteinander verwandt, und nicht nur das: Oft wird Eifersucht mit Liebe verwechselt. Beides sind sehr starke Gefühle, die nahezu alles andere in den Hintergrund drängen können. Aber: Zu dem Gefühl von Liebe darf man (meistens) stehen. Zur Eifersucht nicht, damit darf man höchstens kokettieren.

Eifersucht hat etwas mit Besitzanspruch zu tun und ist deshalb ein »Untergrund-Gefühl«, eines, dessen wir uns eigentlich schämen müßten. Eifersüchtig zu sein gilt als kindisch, unreif und selbstsüchtig. Aber es kann nichtsdestoweniger unglaublich weh tun.

Eifersucht, sagen die Psychologen, ist die klassische Reaktion auf einen wirklichen oder eingebildeten Liebesentzug: Liebe, Nähe, Zuwendung, ungeteilte Aufmerksamkeit; etwas, das unserer Meinung nach ganz allein uns zusteht, wird uns möglicherweise weggenonmen. Sexuelle Eifersucht ist dabei nur ein Aspekt, wenn auch der bekannnteste: Sexuelle Treue gilt in unserer Gesellschaft als Gradmesser der Liebe und ist deshalb der Maßstab für unser Selbstwertgefühl. Aber in Wirklichkeit hat Eifersucht weniger mit der Angst zu tun, daß der andere fremdgeht, als vielmehr mit der Angst vor dem Verlust von Nähe. Eifersucht ist die Angst, im eigenen Selbstwertgefühl gekränkt zu werden. Eifersucht bringt das mühsam aufgebaute Selbstbewußtsein zum Einstürzen. Wissenschaftler haben übrigens herausgefunden, daß Frauen eher zu Eifersucht neigen als Männer. Aber wenn Männer erst einmal eifersüchtig sind, reagieren sie oftmals mit Gewalttätigkeiten und heftigen Ausbrüchen, denen dann häufig Phasen von Depressionen, Grübeln und Durchhängen folgen. Männer schieben dem »Widersacher«, dem (vermeintlichen) Konkurrenten gern die Schuld zu, während Frauen die Schuld eher bei sich selbst suchen. Und: Eifersüchtige Männer denken meist an den sexuellen Aspekt der Beziehung, Frauen an den emotionalen. Die Ursachen sind:

- Mangel an Selbstbewußtsein, die Angst, nicht liebenswert genug zu sein,
- Angst vorm Alleinsein,
- Angst vor Veränderungen.

Am Anfang einer Beziehung ist die Erfahrung, daß der Partner eifersüchtig ist, sogar oft recht schmeichelhaft. Ein tolles Gefühl, so geliebt zu werden, daß der andere es nicht ertragen kann, wenn man sich für kurze Zeit jemand oder etwas anderem zuwendet. Aber bald wird es nur noch eine Last.

Übrigens: Wenn Männer eifersüchtig sind, denken Sie an Sex. Platonische Affären ihrer Frauen interessieren sie nicht besonders und beunruhigen sie nicht sehr. Frauen dagegen sind am eifersüchtigsten, wenn ihr Partner einer anderen Frau Gefühle entgegenbringt. Eine Sexeskapade wird notfalls toleriert, vorausgesetzt, er verliebt sich nicht. Eifersüchtige Männer neigen zu Aggressionen, Frauen hingegen zu Depressionen.

Was tun?

Leider läßt es sich nicht verhindern, daß die Ratschläge zum Umgang mit eifersuchtsgequälten Partnern allesamt ein bißchen fromm klingen. Versuchen wir's trotzdem, denn Othellos spontane Reaktion auf Desdemonas vermeintlichen Betrug – sie mußte mit ihrem Leben zahlen – zählt zwar zur Weltliteratur, ist jedoch im Alltag eher nicht empfehlenswert. In vielen Fällen von krankhafter Eifersucht ist der Partner hoffnungslos überfordert. Dann kann nur eine Psychotherapie helfen, die Beziehung zu retten. Hier ein paar Tips für den Alltag:

- Nutzen Sie seine/ihre Eifersucht nicht aus, indem Sie mit dem Feuer spielen.
- Geben Sie ihm/ihr immer wieder zu verstehen, daß Sie Verständnis für sein/ihr Gefühl haben, aber daß er/sie keinen Grund dafür hat, weil Sie ihn/sie lieben.
- Hören Sie genau hin, wenn er/sie mal wieder einen Anfall von Eifersucht hat. Weisen Sie den Verdacht, die Beschuldigungen, so absurd sie auch sein mögen, nicht empört von sich (»Du spinnst ja, das ist doch völlig aus der Luft gegriffen!«), sondern hören Sie genau hin und beschwichtigen Sie ihn/sie mit gezielten Argumenten. Sie brauchen sich jedoch nicht zu verteidigen!
- Rufen Sie ihn/sie vom Arbeitsplatz aus immer mal wieder zwischendurch an, um ihm/ihr das Gefühl zu geben, daß Sie an ihn/sie denken.
- Wenn Sie wissen, daß er/sie auf Parties zum Durchdrehen neigt: Bleiben Sie in seiner/ihrer Nähe, oder nehmen Sie zumindest gelegentlich Blickkontakt auf, lächeln Sie ihm/ihr zu.
- Tun Sie alles, um sein/ihr Selbstvertrauen zu stärken.

Bauen Sie bei jeder Gelegenheit sein/ihr Selbstbewußtsein auf. Geben Sie ihm/ihr das Gefühl, für Sie ist sie/er immer die absolute Nummer eins.

• Vermeiden Sie nach Möglichkeit all die zähen Diskussionen, in denen es um berechtigte oder unberechtigte Eifersucht geht.

Bloß nicht: Lassen Sie sich nicht von seiner/ihrer Eifersucht in Ketten legen. Verzichten Sie deswegen nicht auf Teile Ihres Lebens, die Ihnen wichtig sind: Ihr Kind, Ihre Familie, den Tennisclub, die alten Freunde. Wenn Sie sie seinet/ihretwegen aufgeben, werden Sie ihm/ihr das zumindest unbewußt schwer verübeln.

Essen

»Wenn sie kocht, ist sie unberechenbar!«

Max, 44, Erfinder: O Mann, früher hattens die Männer gut. Da brauchten sie nie zu überlegen, was sie gern essen würden. Solange ich mich zurückerinnern kann, gab's bei uns samstags Rindfleischsuppe, sonntags Schweinebraten, montags Spinat mit Spiegelei, freitags Fischfilet mit Kartoffelsalat. Da wußte man wenigstens, woran man war, auch wenn einem nicht alles schmeckte. Und was ist heute? »Liebling, was willst du denn heute abend essen?« fragt morgens meine Gattin Marianne. Woher soll ich das denn wissen? Aber weil ich ihr eine Freude machen will, zermartere ich mir mein Hirn und sage: »Rindergulasch.« Wenn ich dann nach Hause komme, gibt's dann aber nicht etwa Rindergulasch, sondern Schweinefilet, das war im Sonderangebot, oder Rouladen, die waren frischer. Nie gibt's das, was ich mir gewünscht habe. Und dann ist sie sauer, wenn ich auf ihre allmorgendliche Frage antworte: »Ist mir doch wurscht!« Was mir noch stinkt, ist, daß sie dauernd auf einem anderen Trip ist. Erst gibt's wochenlang nur thailändisch, weil das angeblich so gesund ist. Was macht's da schon, daß mir die Flammen aus dem Hals schlagen? Dann kocht sie plötzlich makrobiotisch. Dann gibt es nur noch diesen Naturreis, und in der Küche liegen überall Tütchen mit Algen und anderen höchst seltsamen Zutaten rum. Oder sie ist in der vegetarischen Phase: Dann bekommen wir nur noch Grünkernbuletten oder Tofu, der als Schweinebraten verkleidet ist. Und dann wundert sie sich, wenn ich manchmal unten bei meiner Mutter esse. Da weiß ich zumindest: Heute ist Mittwoch, da gibt's abends Bratkartoffeln mit saurem Preßsack!

Marianne, 40, Sekretärin: Ich könnte ihm den Hals umdrehen! Weißt du, wie hoch sein Cholesterinspiegel ist? Hat er dir gesagt, daß ihm sein Arzt einen Herzinfarkt prophezeit hat, wenn er so weitermacht? Also tue ich alles, damit er sich möglichst gesund ernährt. Ich habe mir eine Reihe moderner Kochbücher angeschafft und probiere nun alles mögliche aus. Das macht richtig Spaß, nachdem ich für die Kinder jahrelang nur Spaghetti, Pommes mit Ketchup und Fischstäbchen mit Kartoffelsalat machen mußte. Aber du solltest mal Max' Gesicht sehen, wenn er samstags mittags in die Küche kommt und feststellt, daß es keine Rindfleischsuppe gibt wie bei Muttern, sondern irgend etwas Vegetarisches. Weißt du, daß er das Essen gestern nicht mal probiert hat? »Ich hab Mutter versprochen, daß ich heute bei ihr esse«, hat er gesagt – und ist verschwunden. Tausendmal hab ich meine Schwiegermutter schon gebeten: »Bitte koch nicht für ihn mit, das ist nicht gut für sein Herz!« Aber da rede ich genauso gegen Wände, wie wenn ich ihr sage: »Gib den Kindern vorm Mittagessen bitte keine Schokolade!« Ab morgen streike ich. Sollen sie sehen, woher sie was zu essen kriegen! Aber ich fürchte, ich weiß schon wo: Dann landen sie doch alle nur ein Stockwerk tiefer, und meine Schwiegermutter triumphiert!

Daran liegt's: Essen dient in erster Linie dazu, den Körper mit Nährstoffen zu versorgen, und damit dieses Ziel erreicht wird, sollte Essen ein erfreulicher, genußvoller Vorgang sein. Aber die Realität sieht oft anders aus: Die Mahlzeiten dienen nur am Rande der Nahrungsaufnahme und sind im übrigen die Arena für einen Machtkampf erster Güte. Dabei fängt es oft ganz harmlos an: Die meisten Frauen haben von ihren Müttern gelernt und im Laufe der Jahre verinnerlicht, daß Liebe durch den Magen geht. Und daß man die Bestie füttern muß, damit sie bei Laune bleibt. Für ihn zu kochen, ist für sie ein Liebesbeweis. Deshalb setzten sie ihren ganzen Ehrgeiz darein, ihm durch ihre Kochkunst zu gefallen, und zwar längst nicht nur die hauptberuflichen Hausfrauen: auch gestandene Karrierefrauen sind geradezu versessen darauf, ihm zumindest gelegentlich zu beweisen, daß sie auch in der Küche über erstklassige Referenzen verfügen. (Merkwürdigerweise sind Frauen, wenn es ums Kochen geht, oft viel erfinderischer als beim Sex). Das Dumme ist nur: Er hat die Macht zu entscheiden, ob ihm etwas schmeckt oder nicht. Und deshalb geht es bei der Bewertung ihrer Leistung oft um viel mehr als um die simple Tatsache, ob eine Mahlzeit gut geraten ist oder nicht. Da prallen Launen, Welten und Ideologien aufeinander. Im Machtkampf ums Essen gibt es diverse Fronten. Hier nur eine kleine Kostprobe:

- Mir schmeckt nicht, was du kochst.
- Ich habe keinen Hunger.
- Ich habe schon in der Kantine gegessen.
- Bei dir gibt es immer nur Fertigessen.
- Denk an meinen Cholesterinspiegel.
- Denk an deinen Cholesterinspiegel.
- Du kochst wie deine Mutter. Nie probierst du was Neues!
- Ständig probierst du was Neues!
- Kannst du nicht mal so kochen wie meine Mutter?
- Denk an deine Figur.

Was tun?

- Wappnen Sie sich gegen unberechtigte Kritik: Auch mit wenig Ahnung schafft man es in verhältnismäßig kurzer Zeit, zumindest einigermaßen kochen zu lernen. Das gibt Ihnen bei möglichen Reklamationen mehr Selbstbewußtsein. Ob es ihm schmeckt oder nicht, ist dann eine Frage seines Geschmacks – und nicht Ihres Könnens.
- Vermeiden Sie es, den Eßtisch zur Beschwerdestelle für die Probleme des Tages werden zu lassen. Anpfiffe, Gespräche über Erziehungsprobleme, Beschwerden über Vernachlässigung etc. tragen in aller Regel nicht dazu bei, die Freude am Essen zu erhöhen.
- Denken Sie realistisch: Niemand kocht immer gleich gut. Mit dem Essen ist es wie mit dem Sex: mal exquisit und mal Hausmannskost.
- Vorsichtig mit Experimenten. Viele Männer sind in punkto Essen ungefähr so experimentierfreudig wie in Sachen Kleidung. Schminken Sie es sich ab, ihn im Laufe der Zeit von den Vorzügen der Vollwertküche oder anderer »exotischer Exkurse« überzeugen zu können, wenn er nicht ohnehin schon davon überzeugt ist.

Ganze Legionen von Betriebskantinenwirten verdanken solchen Versuchen stark erhöhte Umsätze.

• Wenn Sie der Meinung sind, ein Lob verdient zu haben, aber keines kommt und Sie sich über mangelnde Resonanz ärgern: Was spricht dagegen, sein Lob herauszufordern? »Habe ich heute nicht wieder wunderbar gekocht? Vielen Dank, das wollte ich nur hören!«

• Wenn er gewohnheitsmäßig mäkelt: Geben Sie's auf, ihm um jeden Preis durch Ihre Kochkunst gefallen zu wollen, und suchen Sie sich die versagte Anerkennung woanders – oder drücken Sie ihm den Kochlöffel in die Hand.

• Er: Loben Sie sie häufig, auch und insbesondere vor anderen. Mit dem Satz »Meine Frau ist eine phantastische Köchin« sammeln Sie bei ihr jede Menge Punkte.

• Unschlagbar ist der folgende Satz: »Kannst du mal das Rezept von dem Essen aufschreiben, das du neulich gemacht hast? Ich hab meinem Kollegen davon vorgeschwärmt, und jetzt möchte der XY, daß seine Frau das auch kocht!«

Bloß nicht: Versuchen Sie nicht, in Konkurrenz mit seiner Mutter zu treten. Mag sein, daß sie tatsächlich besser – oder jedenfalls anders – kocht. Dafür haben Sie andere Qualitäten.

Ex, der/die

»Wenn sie doch endlich einen Neuen hätte!«

Christiane, 29, Grafikerin: Bernd war schon mal verheiratet und hat eine kleine Tochter aus erster Ehe. Aber mit seiner Scheidung habe ich nichts zu tun, das war vor meiner Zeit. Mir hat imponiert, wie er sich mit Feuereifer in unsere Beziehung gestürzt hat. Soviel Power habe ich bei einem Mann noch nie erlebt. Aber jetzt, wo wir verheiratet sind, merke ich nicht mehr viel davon. Manchmal habe ich das Gefühl, ich habe nur Anspruch auf ein Drittel von Bernd. Das zweite hat seine kleine Tochter, die fast jedes Wochenende bei uns ist. Und das letzte Drittel beansprucht seine Exfrau. Versteh mich nicht falsch: Ich bin nicht eifersüchtig auf sie. Ich finde es in Ordnung, daß die beiden sich mittlerweile sogar wieder ganz gut verstehen. Aber es reicht doch, daß sie ihn jeden Samstag sieht, wenn er die Kleine bei ihr abholt. Muß sie ihn außerdem noch wegen jeder Kleinigkeit anrufen und um Rat fragen? Nicht etwa nur, wenn es ums Kind geht, das verstehe ich ja noch! Aber sie ruft ihn an, wenn ihr Auto kaputt ist. Wenn sie Liebeskummer hat. Wenn sie mit ihren Eltern im Clinch liegt. Wenn sie Geld braucht, was ständig der Fall ist – dabei zahlt er ihr wirklich großzügig Unterhalt. Und er reißt sich jedesmal ein Bein aus, um ihr einen Gefallen zu tun. Manchmal komme ich mir direkt als drittes Rad am Wagen vor. Wenn sie doch endlich einen neuen Mann fände!

Bernd, 35, Art-Director: Elke, meine Exfrau, macht im Moment gerade eine Krise durch: Ihr neuer Lebensgefährte hat sich von ihr getrennt. Da ist es doch klar, daß ich ihr zur Seite stehe, schließlich war sie zehn Jahre lang meine Frau. Bloß weil wir nicht mehr verheiratet sind, kann ich doch nicht so tun, als ginge sie mich nichts mehr an! Schließlich soll meine kleine Tochter mit dem Gefühl aufwachsen, daß ihre Eltern sich immer noch gern haben. Deshalb nehme ich aber doch Christiane nichts weg. Sie braucht nicht den geringsten Zweifel zu haben: Ich weiß, wohin ich gehöre. Aber jedesmal, wenn Elke anruft, ist sie sauer. Als ob man zehn Jahre seines Lebens einfach abschütteln könnte!

Daran liegt's: Alte Bindungen lösen sich nicht so schnell auf, ebensowenig Schmerz, Wut und Trauer über das Gefühl, gescheitert zu sein. Im Durchschnitt hält eine Ehe, die vor dem Scheidungsrichter endet, sieben Jahre, und nicht selten dauert es noch einmal sieben Jahre, mit der Scheidung fertig zu werden. Aber nach durchschnittlich drei Jahren sind neun von zehn Geschiedenen schon wieder verheiratet! 90 Prozent von ihnen geben zu Protokoll, ihre zweite Ehe sei viel besser als die erste. Allerdings sind die neuen Frauen geschiedener Männer oft weniger zufrieden als die Männer selbst. Das hat meistens etwas mit Geld zu tun, aber auch mit der Tatsache, daß aus der ersten Ehe, seiner ersten Ehe meist, noch »Altlasten« vorhanden sind: Problem Nummer eins sind die Stiefkinder (siehe dazu auch »Stiefkinder«). Aber auch der/die Ex, mit der/dem er/sie immer noch verfeindet oder, kaum weniger schlimm, immer noch befreundet ist, ist bei vielen immer der/die Dritte im Bunde – vor allem wenn Kinder da sind: Meist geht es um die Kids und/oder Geld. Bewußt oder unbewußt sind die Kinder eine der schärfsten Geschütze im Rachefeldzug gegen den wiederverheirateten Partner. Dieser hat Probleme, die Rollen von Mann und Vater zu trennen, die sich früher überlappt haben. Die Kontakte zur Exfrau und Kindern, zu alten Freunden, Verwandten und viele andere Bausteine aus dem früheren Leben sind die Dinge, auf die er aus verschiedenen guten Gründen weder verzichten kann noch verzichten möchte. Aber der neuen Partnerin machen diese Altlasten das Leben schwer. Und Hinweise wie »Das hast du schließlich vorher gewußt« machen es ihr nicht eben leichter.

Was tun? Gestehen Sie sich ehrlich ein, daß Sie von Anfang an um das Problem gewußt haben. Sie haben es möglicherweise nur nicht für sooo schlimm gehalten. Aber das ist nicht seine Schuld.
• Haben Sie Geduld! Im Laufe der Zeit wird sich die alte Bindung ganz von selbst lockern.
• Sagen Sie sich in Zweifelsfällen immer wieder: Er/sie hat sich für mich entschieden.
• Sagen Sie ihm/ihr in Zweifelsfällen immer wieder: Ich habe mich für dich entschieden. Du bist jetzt die wichtigste Person in meinem Leben!

Bloß nicht: Versuchen Sie niemals, Teile seines früheren Lebens aus Ihrer gemeinsamen Biographie auszuklammern. Das Leben läßt sich nicht zurückdrehen.

Fernsehen

»Er zappt durch die Kanäle und tut so, als wäre ich gar nicht da!«

Friedel, 44, Redakteurin: Jeden Abend die gleiche Misere. Nach dem Abendessen holt er sich ein Bier aus dem Kühlschrank, setzt sich vor den Fernseher, greift nach der Fernbedienung und zappt durch alle Kanäle... Wer räumt inzwischen die Küche auf? Geht mit dem Hund nach draußen? Ich. Und wenn ich dann endlich mit allem fertig bin und auch mal was sehen will, ist er mitten in einer Sportsendung oder in einem Kriminalfilm und weigert sich umzuschalten. Er ist der Programmdirektor, der große Bestimmer, der entscheidet, was gesehen wird und was nicht. Frag mich nicht, wie oft ich sauer ins Bett gehe. Ich träume manchmal von früher. Da haben wir zusammen die Küche aufgeräumt, sind spazieren gegangen, haben Freunde besucht, ein Glas Wein getrunken, mit Nachbarn geredet. Jetzt sitzt er in seiner Fernsehhöhle, zappt mit der Fernbedienung rum und weiß gar nicht, ob ich da bin oder nicht.

Gerhard, 48, Patentanwalt: Ich weiß sehr wohl, ob sie da ist oder nicht. Wenn sie ins Zimmer kommt, wird's nämlich ungemütlich. Dann ist sie der personifizierte Vorwurf: Was bin ich doch für ein langweiliger Trottel, der abends nichts anderes mehr im Sinn hat, als sich die Fernsehkrimis reinzuziehen. Bis sie reinkommt, ist es saugemütlich. Die Kinder hocken bei mir, machen mit einem Auge Schulaufgaben – mit dem anderen sehen sie fern –, sie fragen mich was, lachen über etwas Blödes auf der Mattscheibe, erzählen, was in der Schule los war. Keiner hört richtig hin, was im Fernsehen los ist, ich glaube, wir brauchen das nur als Treffpunkt und Geräuschkulisse. Aber kaum ist Friedel da, geht's los. Sie pfeift die Kinder an, weil sie Fernsehen gucken, anstatt ihre Hausaufgaben zu machen. Sie gibt mir zu verstehen, daß ich eines Tages noch verblöde, wenn das so weitergeht mit meiner Sucht. Ist doch kein Wunder, daß ich durch die Kanäle schalte, damit ich mir ihre Tiraden nicht immer anhören muß. Und wenn ich dann endlich was gefunden habe, das mich tatsächlich interessiert, kommt sie garantiert und will die Talkshow über moderne Literatur auf dem anderen Kanal sehen. Moderne Literatur! Daß ich nicht lache. Dadurch will sie mir nur zu verstehen geben, daß sie mir intellektuell weit überlegen ist.

Daran liegt's: Früher, in den guten alten Zeiten, hatten Männer ein Herrenzimmer, ein Arbeitszimmer oder zumindest eine Stammkneipe, in die sie sich zurückziehen konnten, wenn sie ihre Ruhe haben wollten. Heute haben sie meist nur noch ein Wohnzimmer, in dem ein Fernseher steht. Und der wird ihnen grundsätzlich madig gemacht. Fernsehen hat bekanntlich ein lausiges Image. Es steht im Verdacht, Sprachlosigkeit und Isolation in den Familien zu fördern, dumm und gewalttätig zu machen und ist überhaupt an allem schuld. Das ist außerordentlich bequem: Denn wenn es in der Familie langweilig war oder Krisen gab, steht der Schuldige immer gleich fest. In letzter Zeit ist man sich da allerdings nicht so sicher, ob das vielbescholtene Medium, der Buhmann der Nation, nicht auch seine guten Seiten hat: als eine Art Lagerfeuer der Moderne, um das sich die Familie versammelt, schimpft, lacht, tadelt, sich streitet – kurz: lebt. Es ist mehr als wahrscheinlich, daß unsere Vorfahren am Feuer auch nicht allabendlich stimmungsvolle Lieder sangen und gute Gespräche führten. Die Wahrscheinlichkeit ist groß, daß sie häufig mehr tranken, als ihnen gut tat, und dann nur noch schweigend ins Feuer starrten, bis jemand zum Aufbruch blies. Wie auch immer: Nicht der Fernseher ist schuld, sondern diejenigen, die damit umgehen. Mittlerweile gibt es Frauen, die sagen, daß ihre Ehe längst geschieden wäre, wenn es den Fernseher nicht gäbe. »Dann säße er jeden Abend in der Kneipe, so ist er wenigstens zu Hause, wir sitzen zusammen davor und reden sogar manchmal miteinander.«

Und zumindest in einigen Fällen ist die Ehe durch den Fernsehapparat viel besser geworden. Meine italienische Freundin Titiana zieht sich den ganzen Tag während der Hausarbeit die diversen Serien rein. Durch die vielen Ehegeschichten und das, was sie so sieht, hat sie viel dazugelernt. Sie, die früher ein Mäuschen war, das alles getan hat, um es ihrem Mann recht zu machen, so wie sie es bei ihrer Mutter gesehen hat, weiß jetzt, daß es auch anders gehen könnte. Sie lernt Alternativen kennen und vertritt ihre Forderungen mit einem bislang unbekannten Selbstbewußtsein – im Gegensatz zu Giovanni, ihrem Mann, der den ganzen Tag im Wald Holz fällt und in Sachen Beziehung nicht viel mitbekommen hat. Als ich neulich zu ihnen in die Küche kam – in Italien ist der Fernseher immer in der Küche – stand Giovanni doch tatsächlich mit einem Geschirrtuch neben der Spüle!

Was tun?

• Nicht ihn ändern, ihm das Fernsehen abgewöhnen wollen. Sagen Sie ganz präzise, knapp und freundlich, wenn Sie etwas anderes vorhaben, und bitten Sie ihn um Unterstützung.

• Verkneifen Sie sich die altbekannten Tiraden (»Immer sitzt du vorm Fernseher, du verblödest ja... ich bin nur noch Luft für dich«).

• Vielleicht regen Sie einen fernsehfreien Abend pro Woche an, an dem Sie gemeinsam etwas unternehmen. Jeder bestimmt abwechselnd das Programm. Sich alle zwei Wochen einfallen lassen zu müssen, was er mit seiner Frau statt Fernsehen unternimmt, wird auch einem Süchtigen zumutbar erscheinen.

• Betrachten Sie das Fernsehen nicht als Rivalen, gegenüber dem Sie keine Chance haben. Bekämpfen Sie die Kiste nicht, gehen Sie nicht in Konkurrenz mit ihr. Sehen Sie sie als eine Art Lagerfeuer an – als Platz, an dem man sich trifft. Klar, früher gab es dort auch immer einen, der darüber bestimmen wollte, ob noch ein bißchen mehr Holz aufs Feuer gelegt werden durfte oder lieber nicht. Aber damit kann man in der Regel doch leben – oder aber man verhandelt!
• Wenn Sie einen bestimmten Film sehen wollen, sagen Sie rechtzeitig Bescheid: Um 21 Uhr gibt es »Vom Winde verweht«. Den möchte ich gern sehen.

Bloß nicht:
• Lassen Sie sich nicht auf den Machtkampf um die Fernbedienung ein. Wenn er das Ding als Symbol seiner Macht braucht – so wie früher ein König Zepter und Reichsapfel, wie die Wilden ihre Keule oder die Soldaten ihren Säbel – fein. Den ganzen Tag am Arbeitsplatz hat er vermutlich Anweisungen befolgt. Hier kann nun endlich er entscheiden.
• Stellen Sie keine Forderung nach dem Motto: Entweder der Fernseher oder ich. Es könnte immerhin sein, daß der Fernseher gewinnt...

Fußball

»Als wäre er Beckenbauer persönlich!«

Silke, 49, Kontoristin: Unsportlich bis zum geht nicht mehr. Es ist mindestens zwanzig Jahre her, daß er zum letzten Mal gegen einen Ball getreten hat. Aber theoretisch ist er der Größte. Da ist er nicht zu bremsen. Freitagabends darf man ihn nicht ansprechen, weil er da die ersten Bundesligaspiele anschaut. Samstagnachmittags während der Sportschau herrscht bei uns Redeverbot. Die Schulnoten der Kinder kann er sich nie merken, und meine Telefonnummer im Büro auch nicht, aber die Bundesligaergebnisse der letzten fünf Jahre kennt er auswendig. Und in Zeiten wie neulich während der Fußballweltmeisterschaft kannst du ihn vier Wochen lang ganz vergessen. Da hockt der Mensch, mit dem man sonst zumindest zeitweise ganz vernünftige Gespräche führen kann, entweder in der Kneipe oder mit der Bierflasche vor dem Fernseher, und die einzigen Worte, die aus seinem Mund kommen, heißen »Abseitsfalle«, »Eckball«, »Toooor!!« und »Gibt's kein Bier mehr im Kühlschrank?«, was soviel bedeutet wie »Hol mir ein Bier, ich kann jetzt grad nicht.« Und diese lächerlich wichtigtuerischen »Fach«-Gespräche, die er danach führt – so als wäre er Beckenbauer persönlich. Da kann passieren, was will: Die Kinder und ich, wir sind in seinen Fußballphasen völlig Luft für ihn!

Eberhard, 50, Berufsschullehrer: Ich verstehe nicht, warum sie sich so aufregt. Ich sage ja auch nichts, wenn sie mit unseren Töchtern vor der »Lindenstraße« sitzt. Schließlich bin ich Lehrer. Meine Schüler sind meist junge Männer zwischen 16 und 20. Da ist es doch eine Selbstverständlichkeit, daß ich über die Dinge, für die sich diese jungen Menschen interessieren, Bescheid wissen muß. Da muß man doch mitreden können. Und da nervt es einfach, wenn sie danebenhockt, keine Ahnung hat und sagt: »Der Torwart im blauen Hemd sieht aber vielleicht gut aus!«

Daran liegt's: Fußball gehört offensichtlich zu den letzten Domänen ungestörter Männlichkeit. Da sind sie Mann, da dürfen sie's sein. Sie dürfen Bier aus der Flasche trinken und über Dinge reden, die sie wirklich interessieren – über das Tor von Klinsmann in der WM '94 gegen Bulgarien. Oder das Elfmeterschießen damals, Endspiel Italien gegen Brasilien, wo ausgerechnet der Hoffnungsträger Roberto Baggio beim wichtigsten Schuß übers Tor geschossen hat. Da können alle mitreden. Da kennen sich alle aus... Und die Feststellung, daß sie damals alle gefunden haben, daß die rote Karte gegen XY zu Unrecht gegeben wurde, ein klarer Schiedsrichterfehler, hat etwas ungemein Verbindendes. Da sind sie auf sicherem Terrain, müssen nicht über Beziehungen reden, über Kultur oder über Klein-Clemens' Probleme mit der Deutschlehrerin, die dann letzten Endes sowieso die Frau in Ordnung bringen wird. Zwei Dinge sind es meistens, die Frauen an dieser eigentlich so harmlosen Tätigkeit wurmen:

1. Dieser fachsimpelnde, biertrinkende Fußballfanatiker hat mit dem Mann, den sie geheiratet hat, nicht das geringste gemeinsam, und er gibt sich auch nicht die geringste Mühe, an diesem verheerenden Image, das er bei ihr hat, auch nur irgend etwas zu ändern. Der Mann, der sonst ein vernünftiger, aufgeschlossener und interessierter Partner ist, wird beim Anblick des schwarz-weißen Lederballs bisweilen zum hoffnungslos proletigen Macho, und das offensichtlich mit großem Genuß.
2. Frauen wurmt die Tatsache, daß sie beim Fußball völlig überflüssig sind. Sie dürfen in Gottes Namen daneben sitzen, wenn er sich im Fernsehen ein »wichtiges Spiel« anschaut (Merke: Es gibt nur wichtige Spiele!), aber sie sollen bloß den Mund halten.

Was tun?

• Sie: Nichts. Treten Sie einen ehrenhaften Rückzug an. Wer sagt denn, daß man im Leben alles gemeinsam machen muß? Nehmen Sie die Tatsache, daß in Sachen Fußball weder Ihre Meinung noch Ihre Anwesenheit erwünscht sind, nicht persönlich, und versuchen Sie, ihm seine Männerwelt zu gönnen.

• Stellen Sie ihm genügend Bier kalt, warum denn auch nicht, und nutzen Sie die Zeit, um mit Ihren Freundinnen, die ebenfalls Fußball-Witwen sind, in aller Ruhe Klamotten auszutauschen, ein völlig neues Make-up auszuprobieren, intensive Telefongespräche über die Ehekrisen anderer Leute zu führen, Ihr neuestes Nudelrezept auszuprobieren und all die wunderbaren Dinge zu tun, zu denen Sie fast nie Zeit haben und die Sie ohnehin nicht in Ruhe genießen können, wenn Ihr Partner in der Nähe ist: Dieses mitleidig-überhebliche Kopfschütteln etwa, wenn er versehentlich in die »Lindenstraße« hineinplatzt, verdirbt einem den ganzen Spaß. So etwas ist nun wirklich Frauensache – oder?

• Wenn es Ihnen schwerfällt, über Ihren Schatten zu springen: Wappnen Sie sich zumindest mit Langmut. Eine Weltmeisterschaft ist nach vier Wochen beendet. Und nicht mal die Bundesliga läuft das ganze Jahr über. Über kurz oder lang wird auch der Mann, den Sie seinerzeit geheiratet haben, wieder hinter dem Torpfosten hervorkommen.

• Haben Sie Geduld: Irgendwann ist bei den meisten Männern die Fußball-Intensivphase vorüber. Dann sind die Bundesligaergebnisse mit einem Mal nicht mehr so wichtig. Aber freuen Sie sich nicht zu früh auf die bevorstehende ungestörte Zweisamkeit: Die nächste Sportart, die ins Haus steht, ist vermutlich Tennis (»Das war doch ein klarer Aufschlagfehler!«) oder Golf (»Hast du gesehen, wie der geputtet hat!«)...

Bloß nicht: Verzichten Sie darauf, neben Tisch, Bett und Fernseher auch die Liebe zum Fußball mit ihm teilen zu wollen. Selbst wenn Ihre Begeisterung echt sein sollte: Die Wahrscheinlichkeit ist groß, daß er auf Ihr Interesse ungefähr soviel Wert legt wie Sie darauf,sssss daß er mit Ihnen über Mutter Beimers aktuellste Liebesprobleme diskutiert. Schließlich ist Fußball Männersache! Allerdings: Manchmal ist's auch umgekehrt. Mein Freund Max ist Erfinder, Vater von zwei kleinen Mädchen und Hausmann, während seine Frau arbeiten geht. »Manchmal geht's mir schon auf den Geist, wenn Marianne am Samstag die Fußballergebnisse sehen will. Aber sie sagt, sie ist in ihrer Firma die einzige Frau, und da muß sie am Montag doch mitreden zu können!«

Geld

»Seitdem er Alleinverdiener ist, bläst er sich schrecklich auf!«

Rita, 31, Hausfrau: Ich zähle die Tage, bis Evi in den Kindergarten kommt und ich endlich wieder arbeiten gehen kann. Paul spinnt neuerdings total, wenn es um Geld geht. Daß sich ein Mensch so ändern kann! Dabei war Geld für uns nie ein Thema, solange ich ein eigenes Einkommen hatte. Paul hat zwar immer mehr verdient als ich, aber er hat sich deswegen nie aufgespielt. Doch seitdem er der Alleinverdiener ist, führt er sich auf, als wäre er der Finanzminister persönlich. Sicher, ich habe immer noch Kontovollmacht. Aber er überprüft sämtliche Ausgaben und kommt ständig mit Verbesserungsvorschlägen: Wäre es nicht günstiger, die Windeln im Großmarkt zu kaufen? Habe ich gesehen, daß der Supermarkt um die Ecke Babynahrung im Sonderangebot hat? Er hätte in einem Testbericht gelesen, daß das Waschmittel X bei gleicher Leistung zehn Prozent billiger sei als das Waschmittel Y. Ganz schlimm ist es, wenn ich für Evchen oder mich mal was zum Anziehen kaufe. Dann bekommt er diesen Blick wie früher mein Vater: Mußte das denn sein? Aber für seine Fliegerei, da ist ihm nichts zu teuer. Flugunterricht, die Stunde was-weiß-ich-wieviel Mark, Computerprogramme, mit denen er Starten und Landen üben kann – das fällt unter Fortbildung und ist schließlich etwas ganz anderes.
Mein Gott, wie habe ich früher meine Mutter dafür verachtet, daß sie vom Haushaltsgeld heimlich »Schmugeld« abgezweigt und auf

die hohe Kante gelegt hat. Aber seitdem Paul ein Computerprogramm für Haushaltskosten erstellt hat, mit dem er die Ausgaben lückenlos überwachen kann – »Weißt du, daß wir für Evchens Nahrungsmittel im Mai 15,70 Mark mehr ausgegeben haben als im Jahresdurchschnitt?« (»Natürlich, sie wird ja auch größer, du Depp!«) –, seitdem träume ich von einem heimlichen Sparstrumpf unter der Matratze! Noch 18 Monate und 22 Tage, bis Evchen in den Kindergarten kommt...

Paul, 32, Betriebswirt: Das Problem ist: Rita hat nie gelernt, mit Geld umzugehen. Sie war ein Einzelkind, und ihre Eltern haben sie nach Strich und Faden verwöhnt. Später hat sie dann selbst ganz gut verdient, das Auto hat ihr Vater finanziert, die Miete habe ich bezahlt, als wir zusammenzogen, und so hat sie nie sparen müssen. Aber mittlerweile hat ihr Vater eine neue Frau und seiner Tochter den Geldhahn zugedreht. Sie arbeitet nicht mehr, und wir müssen alle drei von meinem Gehalt leben. Ich verdiene zwar nicht schlecht, aber sie gibt das Geld mit vollen Händen aus! Sie hebt einfach vom Konto ab und weiß nicht mal, wieviel sie im Monat für den Haushalt braucht. Also habe ich vorgeschlagen, daß sie ein Haushaltsbuch führt, und angefangen, zu überprüfen, wo das Geld eigentlich bleibt und wo wir etwas sparen könnten. Seitdem herrscht bei uns in finanziellen Dingen Ordnung. Aber dafür haben wir ständig Krach. Sie will einfach nicht einsehen, daß sie mit Geld nicht umgehen kann.

Daran liegt's: Geld rangiert, neben der Kindererziehung, bei allen Paaren ganz oben auf der Liste der Streitursachen, und zwar unabhängig davon, ob welches vorhanden ist oder nicht, oder wer's verdient. Hier die Ergebnisse einer Umfrage unter deutschen Ehepaaren:

- 66 Prozent streiten sich über Geld.
- 38 Prozent geraten deswegen in eine Dauerkrise.
- 65 Prozent der Männer geht die »Verschwendungssucht« ihrer Frauen auf die Nerven, aber nur 46 Prozent der Frauen beklagen sich über die Verschwendungssucht ihrer Männer.
- 35 Prozent der Frauen klagen über den Geiz des Partners.
- 46 Prozent der Paare setzen auf Kompromißlösungen – gemeinsamer Haushalt, darüber hinaus hat jeder seinen eigenen Etat.

• 57 Prozent aller Männer wollen über größere Anschaffungen allein entscheiden (Geldanlage, Wohnung, Auto).
• 69 Prozent der Frauen verwalten ihr Haushaltsgeld allein.

Man sieht also auf Anhieb, wo der Hase im Pfeffer liegt. Was die Zahlen allerdings nicht so deutlich zeigen, ist dies: Wenn sich der Streit vordergründig ums Geld dreht, geht es in Wirklichkeit fast immer um Macht. Geld bedeutet Unabhängigkeit. Geld bedeutet Macht.

Wer mehr Geld hat, will auch mehr bestimmen. Da gilt immer noch die alte Regel: Wer zahlt, schafft an. Besonders kritisch wird die Situation, wenn es zu einer massiven Verschiebung der Machtverhältnisse kommt und aus der normalen Verteilung »er verdient mehr als sie« der klassische Fall »er verdient alles, sie gar nichts, weil sie wegen der Kinder ihren Beruf aufgibt« wird. In vielen Ehen führt diese neue Rollenverteilung automatisch dazu, daß er zum Finanzminister aufsteigt. Plötzlich werden seine Vorstellungen zum Gesetz. Sein Spartick, seine Pfennigfuchserei, ihre Verschwendungssucht, die Fixierung auf ein Fernziel (ein eigenes Haus, ein neues Auto), seine fixen Ideen über kostensparende Haushaltsführung, Dinge, über die sie bisher manchmal sogar lächeln konnten, werden nun zum Anlaß für den Machtkampf, der seit ewigen Zeiten zwischen Männern und Frauen stattfindet: Er bestimmt, und je härter er die Daumenschrauben anzieht, desto mehr bemüht sie sich, ihn zu überlisten und heimlich eigenes Geld auf die hohe Kante zu legen. (Übrigens beginnen überraschend viele Frauen spätestens dann damit, bevor sie ernsthaft daran denken, ihren Mann zu verlassen.)

Natürlich sind die Frauen an dieser Entwicklung nicht schuldlos. Die Einstellung »Über Geld spricht man nicht«, ist unter Frauen nach wie vor stark verbreitet. Viele wissen immer noch nicht, wie man einen Scheck ausstellt, eine Überweisung schreibt, Steuerformulare ausfüllt etc. und sind nur zu gern bereit, ihm diese lästigen Aufgaben zu überlassen – so wie er nur zu gern bereit ist, finanzielle Dinge von ihr fernzuhalten. Fast genauso verbreitet ist die beinahe masochistische Neigung vieler Frauen, sich dafür schuldig zu fühlen, daß sie »sein« Geld brauchen. Sie haben nie gelernt, ihre Leistung zu verkaufen, nie das Selbstbewußtsein erlangt, daß ihre Tätigkeit auch etwas wert ist. Und so backen sie die kleinen Brötchen, wie sie es von ihrer Mutter gelernt haben, begehren gelegentlich auf und legen im übrigen heimlich Geld für »schlechte Zeiten« auf die hohe Kante.

Was tun?

• Gehen Sie ehrlich mit sich selbst ins Gericht: Ist das Geld nur die Bühne für einen Machtkampf, bei dem es eigentlich um ganz andere Dinge geht?

• Sie: Lernen Sie, für Ihre neue Tätigkeit selbstbewußt Forderungen zu stellen – so wie das Ihr Mann bei seinem Arbeitgeber auch täte. In Frauenzeitschriften liest man in regelmäßigen Abständen Aufstellungen über die Bewertung der Tätigkeit eine Hausfrau und Mutter, die offensichtlich dazu dienen sollen, Frauen zu mehr Selbstbewußtsein zu verhelfen: »... entspricht einem Nettogehalt von 3500 DM.« Das klingt immer sehr eindrucksvoll, aber es erscheint zweifelhaft, ob diese Zahlen wirklich etwas bewirken. Viel wichtiger für ein selbstbewußtes Auftreten ist es, darüber informiert zu sein, was andere Frauen aus dem Bekanntenkreis in vergleichbarer Situation zur Verfügung haben. Wie kommen sie mit ihrem Haushaltsgeld klar? Wie frei können sie darüber verfügen? Wieviel steht ihnen für persönliche Ausgaben zur Verfügung? Frauen gehen heute sehr viel ehrlicher und offener miteinander um als früher, so daß solche Gespräche eigentlich kein Problem mehr sein dürften.

• Gut zu wissen: Bei Eheleuten gehört ein »angemessenes Taschengeld« zum gesetzlich vorgesehenen Unterhalt. Wenn er für beide verdient, hat sie Anspruch auf 5 bis 7 Prozent seines Nettogehaltes. (Umgekehrt verhält es sich natürlich genauso.)

• Wenn Sie Schwierigkeiten damit haben, ihm gegenüber Ihre Forderungen zu stellen, hilft es, wenn Sie sich (nach sorgfältigen Recherchen über die finanzielle Situation in anderen Familien) in einer Art Rollenspiel auf das Gespräch vorbereiten – Sie können dann viel sicherer argumentieren.

• Wenn beide Partner verdienen und es trotzdem häufig zu Konflikten im Zusammenhang mit Geld kommt, hat es sich bewährt, für die gemeinsamen Kosten (Miete, Lebensunterhalt etc.) ein gemeinsames Konto anzulegen; daneben hat jeder zusätzlich ein Privatkonto. Auf das gemeinsame Konto zahlt jeder prozentual zu seinem Einkommen den Anteil für gemeinsame Kosten und Anschaffungen ein.

• Ein häufiger Konflikt ist der Umgang mit dem Haushaltsgeld. Wenn es nie reicht, ist es oft förderlich für den Ehefrieden, sich mit einer neutralen Person zusammenzusetzen und auszurechnen, wieviel Geld pro Woche oder Monat für Lebensunterhalt und Haushaltsführung einkalkuliert werden müssen. Dazu müßten Sie aber bereit sein, eine kleine Mühe auf sich zu nehmen: ein einigermaßen genau geführtes Haushaltsbuch. (Fertige Vordrucke gibt's zum Beispiel beim Beratungsdienst der Stadtsparkassen und bei Verbraucherberatungsstellen.) Oft zeigt es sich dabei, daß sie keinesfalls das Geld mit vollen Händen ausgibt – so wie er es vermutet und ihr immer wieder zum Vorwurf macht –, sondern daß das Leben in der Tat viel teurer ist, als er sich das vorgestellt hat.

Bloß nicht: Wenn das Geld nie reicht: Geben Sie sich niemals der Illusion hin, daß es Ihnen automatisch besser gehen wird, wenn Ihr Mann erst mal mehr verdient oder Sie wieder arbeiten. Erfahrungsgemäß steigen die Vorstellungen über »unbedingt notwendige Ausgaben« meist schneller als das Einkommen.

Gemischtes Doppel

»Nie wieder spiel ich mit dem!«

Juliane, 29, Stewardeß: Ich kann mit ihm schlafen. Ich kann mit ihm essen. Unsere Ehe hat eine gemeinsame Autofahrt nach Venedig überdauert, mit mir am Steuer, und sogar eine ziemlich heiße Affäre, die Viktor mit einer Kollegin von der Alitalia hatte. Aber wenn ich noch einmal ein gemischtes Doppel mit ihm spielen muß, lasse ich mich scheiden. Ich spiele wirklich gern Tennis. Und mit jedem anderen Mann aus dem Club ist es ein Vergnügen, ganz egal, ob wir gewinnen oder nicht. Nur mit meinem eigenen Mann kann ich nicht spielen! Das ist kein Spiel, was er da betreibt, das ist Krieg. Kampf bis aufs Messer! Es ist immer das gleiche: Wir werden zusammen aufgestellt, und dann heißt es: »Aber diesmal, Schatz, streiten wir uns nicht! Das sehen wir ganz locker.« Von wegen locker: Beim ersten Ball, den ich verschlage, zuckt er schon zusammen, aber er sagt noch großmütig: »Na ja, kann ja mal passieren!« Aber wehe, wir sind im Rückstand. Dann heißt es: »Paß doch gefälligst mal auf!« oder » Jetzt konzentrier dich doch endlich mal!« Und wenn wir verlieren, wird er völlig ausfallend, da dreht er total durch: Beim letzten Mal hat er mich doch glatt »blöde Kuh« genannt und allen Ernstes zu mir gesagt: »Du hast viele Qualitäten, aber im Tennis bist du eine Null!« Und das zu mir, obwohl ich Clubmeisterin war und schon Tennis gespielt habe, als er noch nicht mal wußte, wie ein Schläger aussieht! Unter uns gesagt: Er ist nur ein mittelmäßiger Spieler. Nicht annähernd so gut, wie er sich das einbildet!

Viktor, 30, Pilot: Sie spielt ja wirklich gar nicht so schlecht. Wenn sie wollte, könnte sie sogar noch viel besser sein. Aber ihr fehlt jeglicher Ehrgeiz. Manchmal habe ich den Eindruck, es ist ihr völlig wurscht, ob wir verlieren oder nicht! Weißt du, was sie am Sonntag gemacht hat? Sie lächelt der Partnerin vom gegnerischen Team zu und fragt allen Ernstes: »Wo hast du den Rock her, der ist ja vielleicht süß!« Während des Matches, kannst du dir das vorstellen!!! Ich meine, wenn ich schon spiele, dann will ich auch gewinnen. Erst recht gegen diesen arroganten Rechtsanwalt und seine zickige Frau. Und ich denke gar nicht daran, den Sieg aufs Spiel zu setzen, bloß weil meine Ehefrau in Gedanken Sportmoden anprobiert, anstatt auf den Ball zu achten! Wenn andere Frauen Bälle verschießen, kann ich das ja noch hinnehmen. Aber wenn es die eigene ist, denke ich, das ist doch deine Frau, wie kann die nur so blöd sein!

Daran liegt's: Wenn Frauen Sport treiben, geht es ihnen in erster Linie darum, fit zu bleiben – oder sie tun es wegen der Figur, wegen der sozialen Kontakte, weil im Club so nette (oder »wichtige«) Leute sind, oder ganz einfach, weil es ihnen Spaß macht. Selbst bei echten Wettkämpfen sieht man es ziemlich selten, daß sie wütend den Schläger auf den Boden werfen – ganz im Gegensatz zu den Männern. Für Männer sind Sport und Wettkämpfe – so die amerikanische Autorin Cris Evatt – rituelle Ausdrucksformen eines Konflikts. Da geht es nicht um ein Spiel, da geht es um Sieg oder Niederlage. Da können sie ganz ungeniert miteinander in Konkurrenz treten und endlich beweisen, was in ihnen steckt. Männer vergleichen ständig ihre Erfolge und Leistungen: das höchste Gehalt, das dickste Auto, der größte Penis – das sind die Dinge, auf die es ankommt! Um der Erste zu sein, gehen sie im Wettkampf notfalls über Leichen. Hinterher kann man sich ja immer noch wieder miteinander aussöhnen. Selbst wenn Männer über Sport nur reden, nehmen sie eine kämpferische Haltung ein. Sie können sich stundenlang über Regeln, Strategien etc. unterhalten. Einen männlichen Gegner zu schlagen, ist ein Triumph. Eine

Frau zu schlagen, und sei sie noch so gut, beweist gar nichts. Gegen eine Frau zu verlieren, ist dagegen eine tiefe Demütigung. Ein Mann sieht ihren Erfolg als Beweis dafür, daß er versagt hat. Frauen freuen sich zwar über einen Sieg, aber zugleich haben sie Angst, daß ein Sieg ihr Verhältnis zu den Konkurrenten belasten könnte.

Was tun? Die einfachste Lösung: Suchen Sie sich für Wettbewerbe einen anderen Partner. Den Frauen der anderen gegenüber verhalten sich die meisten Männer außerordentlich großzügig. Genießen Sie es, wenn er sogar noch den dritten Doppelfehler mit der Bemerkung »Das macht doch gar nichts« quittiert. Aber ehe Sie in Gefahr geraten, sich in diesen Übermenschen zu verlieben – beobachten Sie ihn beim gemischten Doppel mit seiner Frau!

Bloß nicht: Sollten Sie vorhaben, aus Gründen des Ehefriedens den gemeinsamen Sport künftig aufzugeben und sich ein anderes gemeinsames Hobby zu suchen: Kenner raten dringend vom Kartenspielen ab. Verglichen mit den Dramen, die sich beim bayerischen »Schafkopfen« abspielen, sollen die Eheduelle beim gemischten Doppel harmloses Geplänkel sein.

Gute Ratschläge

»Laß dir das bloß nicht gefallen!«

Gerhard, 55, Kfz-Meister: Sie meint es ja lieb, aber sie macht mich verrückt mit ihren guten Ratschlägen.
»Iß nicht zuviel, du wirst zu dick.«
»Zieh dir was an, du erkältest dich.«

»Das Sakko paßt aber überhaupt nicht zu der Hose. Warum ziehst du nicht das dunkelblaue an?«
»Das ist nicht gut für dich, denk an dein Herz.«
»Laß dir das bloß nicht gefallen.«
»Warum fährst du nicht mit dem Fahrrad in den Betrieb, das ist viel besser für deine Gesundheit.«
Sie behandelt mich wie ein kleines Kind! Als ob ich nicht selbst am besten wüßte, was ich zu tun und zu lassen habe!

Elisabeth, 52, Hausfrau: Ich meine es doch nur gut! Man kann sich kaum vorstellen, wie unvernünftig Gerhard ist. Wenn ich nicht darauf achten würde, daß er sich gesund ernährt und ein bißchen auf sein Gewicht schaut, hätte er jetzt vermutlich schon seinen ersten Herzinfarkt. Und außerdem ist er ja viel zu gutmütig! Er schafft es einfach nicht, nein zu sagen, wenn jemand was von ihm will. Im Betrieb, in der Nachbarschaft, bei unseren Bekannten – jeder, der was mit dem Auto hat, kommt zu ihm: »Gerhard, kannst du nicht mal...« Wenn ich ihn da nicht gelegentlich bremse, läßt er sich von jedem ausnutzen! Aber wenn ich ihm dann mal was sage, fühlt sich sofort angegriffen und ist beleidigt! Empfindlich wie eine Mimose ist der Mann!

Daran liegt's: Die allermeisten Männer verabscheuen es, ungefragt gute Ratschläge zu bekommen. Männer sind stolz darauf, ihre Probleme ohne Hilfe zu lösen, und wenn sie wirklich Rat brauchen, dann bitten sie darum. (Das ist ein großer Vertrauensbeweis!) Für Frauen ist das schwer zu begreifen. Durch ihre angeborene Intuition erkennen sie oft viel früher als Männer, wo das wahre Problem liegt, und sie halten es für einen Beweis von Liebe und Fürsorge, ihm mit Rat und Tat zur Seite zu stehen. Für Männer ist solche Fürsorglichkeit jedoch ein Greuel. Viele Frauen haben keine Ahnung, daß sie einen Mann mit ihren liebevollen (und meist durchaus berechtigten) Ratschlägen hinsichtlich gesunder Lebensführung, Kleidung, Manieren und Auftreten bis ins Mark treffen können. Männer interpretieren diese ungebetenen Ratschläge unweigerlich als einen Mangel an Zutrauen – als Hinweis darauf, daß sie nicht in der Lage sind, ihre eigenen Entscheidungen zu treffen. Sie fühlen sich selbst dann gegängelt, wenn solche Hinweise in liebevollem Ton angebracht werden – ohne die geringste Spur von

Kritik. Kommt dann noch etwas dazu, das sie als süffisanten, herablassenden oder gar kritischen Unterton interpretieren (und die Grenzen zwischen gutem Rat und Kritik sind nun einmal sehr fließend), ziehen sie sich zutiefst verletzt zurück.

Was tun?

• Sie: Wenn er schlürft, zuviel ißt, schlechte Manieren oder eine fatale Neigung zur farblich gewagten Krawatten aufweist: Auch wenn die Versuchung noch so groß ist, kritisieren Sie ihn niemals, wenn er Sie nicht ausdrücklich nach Ihrer Meinung gefragt hat. Versuchen Sie seine Fehlentscheidungen und geschmacklichen Verirrungen so hinzunehmen wie in der ersten Zeit Ihrer Liebe, damals, als seine Krawatten noch nicht »geschmacklos«, sondern »witzig« waren. Er träumt, wie jeder Mensch, davon, daß Sie ihn so akzeptieren, wie er ist, oder, noch besser, ihn in jeder Beziehung für den Größten halten. Je eher Ihnen das gelingt, desto sicherer fühlt er sich – und desto eher wird er sich von sich aus nach Ihrer Meinung erkundigen.

• Wenn Sie allerdings glauben, etwas bemerken zu müssen, weil Sie andernfalls platzen: Bringen Sie das, was Ihnen an ihm nicht gefällt (seine Art sich zu kleiden, seine Sprechweise oder was auch immer) ohne Kritik und Verbesserungsvorschläge an. Noch besser: Drücken Sie es positiv und verbunden mit einem Lob aus: »Ich mag die gestreifte Krawatte viel lieber als die gelbe mit den Papageien.« Wenn er dann trotzdem auf der gelben beharrt: Schwamm drüber. Auch wenn es nicht so aussieht: Er hat die Botschaft verstanden. Diesmal ist er es seinem Stolz schuldig, konsequent zu bleiben – wie ein Mann eben. Aber beim nächsten Mal wird er vielleicht von sich aus nach der dezent gestreiften Krawatte greifen.

Bloß nicht: Wenn Sie ihn unbedingt verbessern müssen, dann niemals vor anderen. Und für den Fall, daß er unerwartete Einsicht zeigt, sollten Sie sich den beliebten Satz »Ich habe es dir doch gleich gesagt« tunlichst verkneifen.

Hausarbeit

»Keinen Finger rührt er im Haushalt!«

Herbert, 38, Kfz-Mechaniker: Meine Mutter hat dreißig Jahre den Haushalt gemacht, ohne daß mein Vater ihr dabei helfen mußte. Er hatte seinen Job, sie ihren. Sie ist ja auch nie in seiner Werkstatt gewesen, um mal eben einzuspringen. Meine Frau besitzt sämtliche modernen Geräte, die ihr die Arbeit erleichtern. Nenn, was du willst – sie hat's. Aber trotzdem: Sie erwartet von mir, daß ich, wenn ich von der Arbeit komme, ihr bei ihrer helfe. Solange sie berufstätig war, habe ich das selbstverständlich getan. Ich kann durchaus mit einem Staubsauger umgehen, und ich weiß sogar, wie man eine Waschmaschine bedient, obgleich alle Frauen immer so tun, als wären wir Männer zu blöd dazu. Aber ich sehe es nicht mehr ein. Ich arbeite hart, um das Geld zu verdienen. Ich beschäftige mich mit den Kindern, helfe ihnen bei den Hausaufgaben und mache viel im Garten. Aber ich sehe nicht ein, weshalb ich einkaufen oder sonstige Dinge tun sollte, die ihr Job sind.
Und was macht sie? Sie liest mir dauernd Zeitschriftenartikel vor, in denen steht, wie Frauen ihre Männer zur Mithilfe im Haushalt bewegen können oder was die Arbeit einer Hausfrau monatlich wert ist. Oder sie erzählt mir, wie toll die Männer ihrer Freundinnen ihre Hemden selbst bügeln, und dann fühle ich mich wie der letzte Neandertaler. Ich finde das nicht fair.

Sibille, 34, Hausfrau: Ich finde das auch nicht fair! Herbert arbeitet 40 Stunden pro Woche. Abends ist er meistens um Viertel nach fünf zu Hause, freitags sogar schon um drei. Dann hat er Pause bis Montag. Ich habe noch nicht zusammengerechnet, wie lang mein Arbeitstag ist. Aber eines ist sicher: Ich arbeite härter und länger als er. Mich wurmt es deshalb einfach, wenn er nach Hause kommt, die Füße hochlegt und sich bedienen läßt: »Gibt's bald was zu essen?«, »Kannst du mir ein frisches Hemd rauslegen?« oder »Wieso habe ich nur noch drei Paar saubere Socken?« heißt es dann. Wir haben die klassische Rollenteilung, gut und schön. Aber das bedeutet doch nicht, daß ich seine Hausangestellte bin, die sich von ihm herumschicken läßt. Ihm würde doch kein Zacken aus der Krone fallen, wenn er nach Hause käme und auch mal den Tisch deckte! Aber das hält er ja für unter seiner Würde!

Daran liegt's: Ob Hausfrau oder berufstätig, ob 1950 oder 1995: Der größte Teil der Arbeit im Haushalt bleibt offenbar immer an den Frauen hängen. Eine kürzlich in über 7000 deutschen Haushalten durchgeführte Untersuchung hat es an den Tag gebracht: Selbst in einer kinderlosen Ehe mit zwei berufstätigen Ehepartnern verbringt die Frau eineinhalbmal soviel Zeit mit Hausarbeit wie ihr Mann. (Was? Mehr nicht?) Jeder Bundesbürger verbringt pro Woche durchschnittlich 28 Stunden mit unbezahlter Hausarbeit, aber nur 22 Stunden mit bezahlter Erwerbstätigkeit, durchschnittlich, wie gesagt. Die Hausarbeit wird dabei zwar abhängig von Alter, Berufstätigkeit und Familienstruktur unterschiedlich aufgeteilt, aber immer zu Lasten der Frau. Eine berufstätige Ehefrau ohne Kind arbeitet pro Tag durchschnittlich fünf Stunden im Haushalt, ihr Mann dagegen nur drei. Kommt ein Kind dazu, steigt die Hausarbeit der Frau auf achteinhalb Stunden. Frauen mit der Doppelbelastung von Vollzeitarbeit und Kindern unter sechs Jahren arbeiten in Beruf und Haushalt zusammen mehr als elfeinhalb Stunden pro Tag. Nun läßt auch diese Studie, so wie die meisten anderen, jede Menge ketzerischer Fragen offen: Zählt es als Arbeit, die Kinder ins Bett zu bringen und ihnen ein Märchen vorzulesen? Oder: Was tut denn ein Mann in den drei Stunden pro Tag, die er angeblich im Haushalt arbeitet? Aber am grundsätzlichen Tatbestand ändert das nichts: Die meisten Männer drücken sich vor der Hausarbeit, und die meisten Frauen lassen das, von gelegentlichen Explosionen mal abgesehen, zu. Warum Frauen so bereitwillig einen Großteil der Lasten auf sich nehmen, kann man nur vermuten. Sei's, daß sie Hausarbeit nach wie vor für »ihre« Domäne halten, sei's, daß ihr Mann es ihnen nicht gut genug macht, sei's, daß sie die Tatsache, daß sie trotz Familie mit seiner Zustimmung arbeiten »dürfen«, als Privileg betrachten oder es nie anders kennengelernt haben – Tatsache ist, daß die Männer sich so erfolgreich vor der Hausarbeit drücken können, weil ihre Frauen sie unbewußt dazu ermuntern. Eine Frau erwartet im Grunde – und wider besseres Wissen –, daß ein Mann ihr freiwillig und ohne Aufforderung hilft – so wie sie das ganz selbstverständlich auch tut, wenn sie irgendwo hinkommt und sieht, daß sie sich nützlich machen kann. Schließlich muß er doch merken, wieviel sie zu tun hat. Sieht er's leider absolut nicht, tritt Stufe 2 in Kraft: Sie jammert über zuviel Arbeit – in der Hoffnung, daß er ihre Botschaft spätestens jetzt versteht und endlich den Mülleimer runterträgt. Stellt sich noch immer kein Erfolg ein, kommt es zu Stufe 3: Sie bittet ihn – schüchtern oder fordernd, aber immer mit ausführlichen Begründungen (»Ich hab's so im Kreuz!«) –, diese oder jene Tätigkeit zu übernehmen. Wenn er dann nicht sofort bereitwillig aufspringt, macht sie's mit Leidensmiene selber. Oder aber sie leitet zu Stufe 4 über, der bei Männern so gefürchteten Nörgelphase (»Nie hilfst du mir« oder »Immer muß ich alles alleine machen«). Alle diese typisch weiblichen Strategien haben eines gemeinsam: Sie funktionieren auf die Dauer nicht. Tatsache ist:

Wenn Sie einen Mann auf die falsche Weise bitten, bei der Hausarbeit mitzuhelfen, bekommen Sie wenig Unterstützung. Sagen Sie nichts, weil Sie denken, er müßte doch sehen, wieviel Arbeit Sie haben, können Sie jegliche Mithilfe in den Wind schreiben. Wenn Sie Wert darauf legen, daß Ihr Partner Ihnen mehr im Haushalt hilft, müssen Sie deshalb Ihre Strategie ändern.

Was tun?

• Wenn der Haushalt eigentlich Ihr Job ist, Sie ihn aber trotzdem um Unterstützung bitten möchten: Reden Sie nicht um den heißen Brei herum, sondern bitten Sie ihn klar und deutlich darum, eine bestimmte Arbeit zu übernehmen. Dabei ist es überaus wichtig zu wissen, wie Sie dabei am besten vorgehen, denn wenn Männer sich kritisiert fühlen, reagieren sie wie Mimosen.

• Nicht in mehr oder minder vagen Andeutungen sprechen: »Mein Gott, der Mülleimer ist ja schon wieder voll!« Männer verstehen das nicht – sie erwarten Klartext: Wenn sie will, daß ich den Müll runtertrage – weshalb sagt sie es dann nicht?

• Nicht klagen: »Mein Kreuz tut so weh, kannst du vielleicht mal den Mülleimer runtertragen?« Sondern: »Bitte sei so nett und trag den Eimer herunter, es paßt nichts mehr hinein.«

• Nicht jammern: »Immer muß ich den Tisch decken, wieso kannst du nicht eigentlich auch mal..?« Sondern: »Bitte sei so nett und deck den Tisch, während ich die Kartoffeln abgieße.«

• Nicht nörgeln: »Immer muß ich die schweren Bierkästen auf dem Fahrrad transportieren!« Sondern: »Wir haben kein Bier mehr im Haus. Holst du bitte einen neuen Kasten?« Achten Sie darauf, daß kein Vorwurf, kein falscher Ton in die Bitte kommt – da ist er überaus empfindlich, und wenn er sich unter Druck gesetzt fühlt, reagiert er mißmutig und weigert sich schlichtweg.

• Achten Sie auf den richtigen Zeitpunkt: Wenn er gerade selbst im Begriff ist, den Müll rauszutragen, bitten Sie ihn nicht noch zusätzlich darum. Er fühlt sich sonst wie ein Befehlsempfänger.

• Wenn Sie merken, daß Ihre Bitte sowieso keine Aussicht auf Erfolg hat, weil er gerade die Zeitung liest oder eine Fußballübertragung anschaut: Warten Sie, bis er damit fertig ist. Auch wenn Sie sich zum hundertsten Mal und zu Recht fragen, wieso eigentlich immer nur Sie arbeiten und er währenddessen die Zeitung liest: Hier geht es nicht um Recht, sondern um Erfolg.

• Wenn er Ihre Bitte erfüllt hat, bedanken Sie sich herzlich. Ein Mann haßt es, wenn man das, was er tut, für selbstverständlich hält. Aber er findet es toll, wenn er seine Bemühungen honoriert bekommt.

Bloß nicht: In vielen schlauen Büchern wird empfohlen, sämtliche Aufgaben aufzulisten, vom Kloputzen bis zum Wochenendeinkauf, und diese Pflichten dann genau aufzuteilen. Mag sein, daß es wirklich Paare gibt, die mit dieser schematisierten Regelung klarkommen. Mir ist jedenfalls kein derartiger Fall bekannt ... und Ihnen?

Haustyrann

»Manchmal habe ich Angst vor meinem eigenen Mann!«

Rose-Marie, 40, Hausfrau, Ex-Hebamme: Ich trau mich kaum, es laut zu sagen, aber manchmal habe ich Angst vor meinem eigenen Mann. Ich hätte es niemals für möglich gehalten, aber er hat sich zu einem echten Tyrannen entwickelt. Wenn er zu Hause ist, verbreitet er nur schlechte Stimmung. Er meckert an allem herum. Er brüllt die Kinder an. Mit nichts ist er zufrieden, und ich bin an allem schuld: Die Kinder haben keine Manieren, die Sauce schmeckt nach Wasser, der Keller ist ein Saustall, ich werde allmählich zu dick, und immer wieder die alte Leier: »Glaubst du eigentlich, ich finde das Geld auf der Straße?« Ich bemühe mich so sehr, ihm alles recht zu machen, aber er hat an allem und jedem etwas auszusetzen. Und wenn ich dann wirklich mal aufmucke, greift er nach seinem Herzen, so als bekäme er jeden Augenblick einen Herzanfall. Ich habe mir fest vorgenommen, dieses Theater nicht mehr länger mitzumachen. Ich spiele mit dem Gedanken, wieder arbeiten zu gehen. Ich habe sogar in meiner alten Klinik schon mal vorsichtig angefragt. Die Chancen sind gar nicht so schlecht. Das wäre wunderbar, dann könnte ich mich morgens wenigstens auf etwas freuen, und finanziell wäre ich auch nicht mehr so abhängig von Reinold. Aber seitdem ich ihm das gesagt habe, ist er noch launischer geworden. Jedesmal, wenn ich mit ihm darüber reden will, sagt er nur: »Unsinn, du hast es doch gar nicht nötig zu arbeiten, was sollen meine Kollegen denken!« oder »Jemanden wie dich nehmen die doch sowieso nicht mehr.«

Reinold, 45, Oberarzt: Rose-Marie kommt in letzter Zeit auf dumme Gedanken. Sie ist ständig unzufrieden. Seitdem die Kinder im Gymnasium sind, ist sie offenbar nicht mehr ausgelastet. Dabei könnte sie sich wirklich etwas mehr um deren Hausaufgaben kümmern. Und im Haus wäre auch immer was zu tun, wenn sie nur mal richtig hinschauen würde. Statt dessen hat ihr aber jemand den Floh ins Ohr gesetzt, daß sie wieder arbeiten gehen soll! Und das nach zwölf Jahren Pause! Soviel, wie sich seitdem in der Geburtshilfe getan hat, kann sie nie aufholen! Außerdem: Wer kümmert sich dann um mich? Soll ich mir die Hemden und Kittel dann womöglich selber bügeln, bloß weil sich meine Frau selbst verwirklichen möchte? Meine Mutter ist ihr ganzes Leben lang Arztfrau gewesen und hat sich nie beschwert. Nur meine eigene Frau hat plötzlich Flausen im Kopf!

Daran liegt's: Der Haustyrann ist leider nicht nur ein Prototyp aus dem Witzblatt, sondern eine relativ häufige Figur vor allem in älteren Ehen. Daß er dort so gern in Erscheinung tritt, hat damit zu tun, daß sich die Rollen »Dominanz« und »Unterwerfung« wie ein roter Faden durch viele, wenn nicht sogar durch die meisten Ehen ziehen – und irgendwann bildet sich der Knoten. Meist ist der Haustyrann männlich, es gibt natürlich auch »Hausdrachen«, aber das Prinzip ist das gleiche. So verläuft die klassische Entwicklung zum Tyrannen: Am Anfang einer Ehe sind die Rollen noch relativ gleichmäßig verteilt. Beide sind berufstätig, allerdings hat meist er den besser bezahlten Job. Nach ein paar Jahren, wenn Kinder kommen, steigt sie aus. Künftig ist er der alleinige Geldverdiener, deshalb gilt seine Rolle in der Familie nach traditionellem Verständnis als die wichtigere. Seine Erfolge werden ihre, seine Gehaltserhöhungen, seine Beförderungen und seine Niederlagen. Sie akzeptiert das in der Regel klaglos, weil sie nie etwas anderes kennengelernt hat. Denn meist tauscht sie mit der Hochzeit die Abhängigkeit von ihren Eltern nur gegen die Abhängigkeit von ihrem Partner ein. Ihr ganzes Sinnen und Trachten ist darauf gerichtet, ihn glücklich zu machen. Und dabei ist sie nicht mal unglücklich, denn Abhängigkeit hat ja auch viele Vorteile:

• Man wird beschützt wie ein kleines Kind.
• Man hat keine Verantwortung.
• Man fühlt sich gut, wenn man es geschafft hat, anderen zu gefallen – »lieb Kind« zu sein.

Gelingt es ihr trotz aller Mühen nicht, ihn zufriedenzustellen, ist er unzufrieden oder mißgelaunt, so hält sie das lange Zeit für ihre Schuld. Die Folge: Er entwickelt sich immer stärker zum Herrscher, sie wird immer mehr zu seiner Sklavin. Glücklich ist sie damit freilich nicht – ebensowenig wie er. Denn im Grunde sehnt er sich nach einer gleichwertigen Partnerin. Nach einigen Jahren kommt es unweigerlich zur Krise: Sie fühlt sich eingeengt, rebelliert, will raus, arbeiten, zurück in den Beruf. Er wird immer mächtiger, dominanter, auch im Beruf. Zunächst unterstützt er sie auch in ihren Unabhängigkeitsbestrebungen, denn die Frau, die immer nur tut, was er will, geht ihm trotz aller Bequemlichkeit auf die Nerven. Aber dann fängt sie allmählich an, sich mehr zu ändern, als ihm lieb ist: Sie sucht eine Stelle, neue Freunde, wird selbstbewußt, freier, widerspricht ihm öffentlich und verlangt Gleichberechtigung. Sie erwartet sogar allen Ernstes, daß er ihr im Haushalt hilft. Diese neue Frau macht ihn unsicher. Er fühlt sich bedroht – mit soviel Selbstbewußtsein hat er nicht gerechnet. Also reagiert er mit der Waffe, die bisher immer funktioniert hat: Daumen drauf. Er impft ihr Schuldgefühle ein (»Denk an die Kinder.« »Du bist nicht mehr die Frau, die ich geheiratet habe.« »Du hast es doch gar nicht nötig zu arbeiten.« »Das schaffst du doch sowieso nicht mehr.«) Wenn das alles nichts nützt, droht er schließlich mit Scheidung. Dann bekommt sie es (meist) mit der Angst zu tun und kehrt wieder in die altgewohnte unterwürfige Rolle zurück. Wenn nicht, gerät die Ehe in Gefahr. Wenn sie sich nicht länger beherrschen läßt, kann es sein, daß er sich eine jüngere, angepaßtere Partnerin sucht, die die Rolle der Untergebenen gern übernimmt und bewundernd zu ihm aufschaut. Oder er übernimmt nun seinerseits den Part des Schwachen, wird krank (»mein Herz«, Allergie) oder trinkt große Mengen Alkohol, droht mit Selbstmord, bemitleidet sich ständig selbst und versucht nun auf diese Weise, seine Frau zu manipulieren. Aber auch wenn sie jetzt die Stärkere ist und sich nicht länger manipulieren läßt – die gegenseitige Abhängigkeit besteht nach wie vor, nur mit vertauschten Rollen, und das Spiel beginnt von vorn: Der dominante Partner (nunmehr sie) ist über kurz oder lang mit dem anderen in der Rolle des Sklaven nicht zufrieden, der letzte Rest von Liebe und Nähe geht verloren. Entweder es kommt zur Scheidung, oder jeder geht seiner eigenen Wege.

Was tun?

• Abhängigkeit »passiert« nicht – damit es zu einem solchen Verhältnis kommen kann, müssen beide Partner mitspielen. Durch Ihre Reaktion unterstützen Sie Ihren Partner in seinem Streben nach Dominanz. Denn seine Methoden wirken nur dann, wenn Sie darauf so reagieren, wie er sich das vorstellt.

• Schreien, brüllen, toben – funktioniert, wenn Sie eine ruhige, schüchterne Person sind, die alles tut, damit es zu Hause ruhig und friedlich ist.

• Sätze wie »Ich gehe« oder »Ich lasse mich scheiden« wirken nur dann, wenn Sie sich davon einschüchtern lassen.

• Schuldzuweisungen nach dem Muster »Wie konntest du nur so etwas tun« oder »Ich verstehe nicht, wieso du...« beeindrucken nur dann, wenn Sie sich den Schuh anziehen.

• Hinweise auf körperliche Beschwerden wie »Mein Herz!« oder »Ich bekomme keine Luft mehr...« verlieren im Laufe der Zeit automatisch an Wirksamkeit.

• Die Schweigemasche funktioniert als Taktik nur so lange, wie Sie darauf reagieren und im Sinne Ihres Partners mitspielen. Gleiches gilt für

• die Tränen-Routine,
• den gepackten Koffer (»Ich gehe zurück zu meiner Mutter!«) und
• die Selbstmorddrohungen (»Ich bringe mich um!«).

All das sind bewährte Strategien, um den anderen in der gewünschten Rolle zu halten. Wenn Sie darauf anspringen, so reagieren, wie es der Partner gerne hätte, geben Sie ihm zu verstehen, daß Sie bereit sind, seine Regeln zu akzeptieren. Aber es ist, wie gesagt, nie zu spät: Wenn der gegängelte Partner sich eines Tages weigert, sich weiterhin manipulieren zu lassen, verlieren die Unterdrückungsmechanismen ganz von selbst ihre Wirksamkeit. Sie können lernen, Ihrem Partner beizubringen, wie Sie behandelt werden möchten. Das kann zeitraubend sein, aber es hat ja auch lange gedauert, bis er/sie Sie so (schlecht) behandelt hat wie jetzt.

• Anstatt zu klagen (»Warum behandelt er/sie mich so schlecht?«), sollten Sie sich fragen: »Was mache ich, daß er/sie sich traut, mich so behandeln?« Konzentrieren Sie sich auf Ihre eigene Reaktion, und versuchen Sie, daran etwas zu ändern.

• Suchen Sie finanzielle Unabhängigkeit.
• Nehmen Sie keine Befehle mehr entgegen.
• Kümmern Sie sich künftig mehr um Ihr eigenes Leben, um eigene Interessen, die Sie mit niemandem teilen müssen.
• Raffen Sie sich auf, auf einer Party mit anderen Menschen zu reden.
• Wenn er nicht ausgehen will, gehen Sie allein.

Bloß nicht: Niemals aufgeben! Autonomie ist der Schlüssel zum Erfolg. Sie werden merken, daß die »Chef-Typen«, von denen Sie abhängig sind, am meisten Bewunderung für die Menschen aufbringen, die genauso unabhängig sind wie sie. Die, die am meisten versuchen, andere klein zu halten, haben für diejenigen, bei denen es ihnen nicht gelingt, höchsten Respekt!

Hobby, seines

»Dafür hat er immer Zeit!«

Kirsten, 29, Friseurin: Wie ich Tennis hasse! Manchmal habe ich das Gefühl, Thomas ist mit seinem Tennisclub verheiratet. Jede freie Minute verbringt er auf dem Platz. Wenn er nicht gerade spielt, schaut er zu, wie andere spielen, plant Turniere, organisiert Tennisreisen oder die Beschaffung eines großen Bildschirms für das Clubhaus, damit alle Mitglieder die großen Übertragungen dort sehen können und ja nicht nach Hause zu ihren Familien müssen. In der wenigen Zeit, die er noch zu Hause verbringt, liest er Tennis-Zeitschriften, Tennis-Bücher, Tennis-Kataloge... Natürlich habe ich am Anfang versucht mitzuhalten, aber ihm ist ja niemand gut genug. Also habe ich aufgehört, was mir ehrlich gesagt auch nicht schwer gefallen ist. Aber wenn ich mal vorsichtig nachfrage, wann er mal Zeit für mich hat, wird er gleich sauer und unterstellt mir, ich würde ihm nicht einmal sein Hobby gönnen. Hobby, daß ich nicht lache! Der Mann ist besessen!

Thomas, 32, Immobilienmakler: Da kann ich wiederum nur lachen. Was macht sie denn alles neben ihrem Beruf? Montags Meisterkurse, dienstags Yoga. Mittwochs hat sie ihren Frauenstammtisch. Donnerstags geht sie zur Kosmetik. An Wochenenden belegt sie Seminare in Sachen Bewußtseinserweiterung. Und so weiter. Und dann tut sie so, als säße sie einsam zu Hause rum und wartete darauf, daß ich endlich nach Hause käme. Hundertmal habe ich ihr schon gesagt: »Mein Hobby ist seit jeher der Sport. Da brauche ich nicht blöd daher zu reden. Da kann ich mich körperlich abreagieren und fühle mich danach wie neugeboren. Außerdem weißt du genau, wie wichtig es für mich beruflich ist, daß ich gute Kontakte zu den Vereinsmitgliedern pflege. Warum nimmst du nicht ein paar Trainerstunden, wenn du schon nichts von mir lernen willst? Dann bekommst du auch mehr Verständnis für Tennis, und wir können sogar mal miteinander spielen.« Aber das will sie ja bitteschön nicht. Bloß weil sie keine Lust auf Tennis hat, laß ich mir von ihr mein Hobby nicht madig machen!

Daran liegt's: Männer haben meist ein viel größeres Bedürfnis nach einem Hobby als Frauen. Sie suchen ständig Wettbewerb und Bestätigung, und wie ihr Beruf dient auch ihr Hobby dazu, sich mit anderen zu messen. Sie haben die größte Bierdeckelsammlung, sie spielen am besten Golf oder Tennis, ihre Eisenbahnanlage ist die tollste, sie besitzen den gepflegtesten Oldtimer oder spielen in der renommiertesten Band. Außerdem ist bei Männern der Spieltrieb stärker ausgeprägt. Sie basteln, tüfteln gern und sind zugleich auf der Suche nach einem Ausgleich zum Berufsalltag. Dagegen haben Ehefrauen in aller Regel auch gar nicht viel einzuwenden. Im Gegenteil: Am Anfang der Beziehung war sein Hobby sogar etwas, das ihn interessant machte: Er fliegt. Er geht auf die Jagd. Er ist Gitarrist in einer Jazzband. Je interessanter das Hobby, desto interessanter der Mann. Kritisch wird es meist erst dann, wenn sein Hobby zuviel von dem verschlingt, was ihrer Meinung nach allein ihr zusteht: Zeit, Geld, Aufmerksamkeit und Zuwendung. Das Gefühl, erst an dritter Stelle zu kommen – nach seiner Arbeit und nach seinem Hobby – nagt insgeheim in ihr. Ganz besonders natürlich dann, wenn sie aus eigener Erfahrung weiß, welch beliebtes Jagdrevier der Tennisclub (oder das Jazzkonzert) für alleinstehende Frauen ist. (Andere Hobbys wie Briefmarkensammeln oder ähnliches sind in dieser Beziehung weniger gefährlich, führen bei ihr aber beinahe zwangsläufig zu der Frage, warum diese albernen Papierschnitzel interessanter sind als sie.) Oft hat sie, nicht mal völlig zu Unrecht, das Gefühl, daß sich hinter seiner Begeisterung für das Hobby die Flucht vor allzugroßer Intimität oder vor der Langeweile in der Beziehung versteckt. Denn es ist außerordentlich bequem, die geliebte Freizeitbeschäftigung als einen allzeit gültigen Vorwand heranziehen zu können, um sich lästigen häuslichen Verpflichtungen – von den Gesprächen bis zur Hausarbeit – zu entziehen. Frauen spüren meist sehr genau, welche Funktion sein Hobby in der Partnerschaft hat – und welches ihr eigener Stellenwert ist, und wehe, wenn sie bei dem Vergleich schlecht wegkommen!

Was tun?

• Sie: Machen Sie ihm sein Hobby nicht madig. Gönnen Sie ihm den Freiraum. Fallen Sie ihm nicht auf die Nerven mit der Forderung, daß er sich in seiner Freizeit vor allem Ihnen zu widmen hat.

• Suchen Sie sich selbst eine Beschäftigung, die Ihnen Spaß macht. In der Zeit, in der er für Sie und die Welt verloren ist, haben Sie ausgezeichnet Gelegenheit, etwas für Ihre Seele, Ihre Figur oder Ihre Bildung zu tun. Es muß ja nicht in den gleichen Fanatismus wie bei ihm ausarten. Aber Sie werden sich phantastisch fühlen, wenn Sie seinem Hobby etwas Interessantes entgegenzusetzen haben.

• Haben Sie Verständnis dafür, daß er sich immer dann, wenn es zu Hause Zoff gibt, besonders intensiv in sein Hobby flüchtet. Er zieht sich in seine »Höhle« zurück. Das ist ein hervorragender Vorwand, den Problemen aus dem Weg zu gehen. Auch wenn es Ihnen schwerfällt: Lassen Sie ihn. Je weniger Sie ihn mit Forderungen und Vorwürfen behelligen, desto eher kommt er freiwillig wieder aus seiner »Höhle« hervor.

• Befassen Sie sich nur dann mit seinem Hobby, wenn es Ihnen ernst ist. Jeder krampfhafte Versuch, sich ihm in dieser Beziehung anzupassen, ist ihm nur lästig. Und nicht nur das: Stellen Sie sich vor, Sie fangen ihm zuliebe mit dem Angeln an – und ziehen auf Anhieb den größeren Fisch an Land!

Bloß nicht: Stellen Sie ihn niemals vor die Wahl: Entweder deine Eisenbahn (dein Tennisclub, deine Fliegerei) oder ich. Selbst wenn es im ersten Augenblick so aussieht, als entscheide er sich für Sie – die Fälle, in denen er das hinterher bereut, sind häufiger, als man denkt.

Hochzeitstag, der vergessene

»Fast so schlimm wie Ehebruch!«

Eva-Marie, 40, Masseurin: Jetzt hat er schon zum dritten Mal unseren Hochzeitstag vergessen! Geschäftliche Termine vergißt er niemals, da ist er penibel bis zum letzten. Aber wenn es um mich geht, kann er es sich ja leisten, gleichgültig und lieblos zu sein. Meine Freundin Karin hat von ihrem Mann zu ihrem Hochzeitstag einen Ring bekommen. Er war in die Serviette eingewickelt, in dem Restaurant, in das er sie abends zum Essen eingeladen hat. Und ich bekomme nicht mal einen Blumenstrauß! Aber ich bin ja das dumme Schaf, das sich alles gefallen läßt. Alles ist ihm wichtiger als ich! Mein Vater mag viele Fehler gehabt haben, aber am Hochzeitstag ist er immer mit einem Blumenstrauß gekommen und hat Mama zum Essen ausgeführt.

Herbert, 45, Versicherungsvertreter: Ich geb's ja zu, ich kann mir den verdammten Hochzeitstag nie merken. Das hat aber doch nichts damit zu tun, daß ich mir nichts mehr aus ihr mache. Erst neulich habe ich ihr einen Strauß Rosen mitgebracht, einfach so. Aber das zählt ja alles nicht. Und mein vorbildlicher Schwiegervater – daß ich nicht lache. Kann ja sein, daß er am Hochzeitstag mit Blumen angekommen ist. Aber dafür hat er dreißig Jahre kein freundliches Wort mit seiner Frau gesprochen! Wenn es Eva-Marie so wichtig ist, daß wir diesen Tag feiern, warum erinnert sie mich nicht rechtzeitig daran? Warum muß denn immer der Mann daran denken?

Daran liegt's: Die Klage vom vergessenen Hochzeitstag als Zeichen von Lieblosigkeit und Gleichgültigkeit ist ein Klischee, ohne das kein Witzbuch auskommt, so verbreitet und auch so dauerhaft wie das von der bösen Schwiegermutter. Seltsamerweise sind es immer nur die Frauen, die sich darüber beschweren. Ich habe in meinem Leben noch nie von einem Mann gehört, der darüber gekränkt war, daß seine Frau den Hochzeitstag vergessen hatte. Aber im Punkte-Katalog der Ehesünden rangiert dieses Versäumnis bei Frauen direkt hinter Ehebruch. Dabei spielt es offensichtlich überhaupt keine Rolle, ob der Entschluß, zu heiraten, rückblickend betrachtet ein Fehler war. Blumen am Hochzeitstag sind für sie eine Art Meßlatte – wenn schon nicht für die Innigkeit der Beziehung, dann zumindest als eine Treueprämie (»So lange habe ich es nun schon mir dir ausgehalten!«) und eine Anerkennung der Leistung als Ehefrau und Mutter. Männer haben Schwierigkeiten, das nachzuvollziehen. Für sie ist der Hochzeitstag eine Wiederholung des Tages, an dem sie geheiratet haben, mag das nun richtig oder falsch gewesen sein. Wenn sie aus unerfindlichen Gründen soviel Wert darauf legt, an diesen Tag einen Blumenstrauß zu bekommen – kein Problem. Sofern er irgendwie an diesen Tag erinnert wird. Es soll Männer geben, die ihren Hochzeitstag nie vergessen. Andere würden ihn zwar immer vergessen, werden aber durch einen gut geführten Terminkalender oder eine zuverlässige Sekretärin regelmäßig daran erinnert. Aber was machen die chronischen Vergesser, die an jedem Jahrestag ihrer Eheschließung eine gekränkte Gattin vorfinden – und wieder mal keine Ahnung haben, was sie jetzt schon wieder falsch gemacht haben?

Was tun?

• Er: Auch wenn Sie nicht recht nachvollziehen können, warum Ihre Frau an diesem Tag so scharf auf den Blumenstrauß oder die Einladung zum Abendessen ist: Halten Sie sich an die Spielregeln.

• Falls Sie zu Vergeßlichkeit neigen und keine Kinder haben, die Sie an diesen Tag erinnern könnten, keinen Terminkalender und auch keine Sekretärin: Blumengeschäfte leben davon, daß sie sich solche Termine notieren und zuverlässig jedes Jahr per Dauerauftrag an diesem bestimmten Tag einen Strauß im vereinbarten Wert abliefern – auf Wunsch auch mit einer Karte, auf der vorgedruckt so liebe und phantasievolle Dinge stehen, wie Sie sie seit Jahren schon nicht mehr zu ihr gesagt haben. Die Pluspunkte, die Sie dadurch sammeln, vereinfachen Ihnen das Leben ungemein, sofern es Ihnen gelingt, einen groben Fehler zu vermeiden: Fragen Sie keinesfalls: »Von wem haben wir denn den hübschen Blumenstrauß bekommen?«

• Sie: Wenn Sie merken, daß er ganz offensichtlich wieder mal den Hochzeitstag vergessen hat – bis Mittag keine Blumen, kein Kuß, kein Anruf –, haben Sie zwei Möglichkeiten: Entweder Sie warten, bis er abends ahnungslos nach Hause kommt, knallen ihm seine Unterlassungssünde um die Ohren und zeigen ihm dann die kalte

Schulter. Oder aber Sie rufen ihn an seinem Arbeitsplatz an, erinnern ihn an die besondere Bedeutung des Tages und fragen, ob er nicht etwas mit ihnen unternehmen möchte. In seiner Verlegenheit und seiner Dankbarkeit darüber, daß Sie ihm sein Versäumnis nicht nachtragen, wird er, verlassen Sie sich drauf, zu allem bereit sein.

Bloß nicht: Er: Wenn Sie den Hochzeitstag trotz allem wieder einmal vergessen haben – kommen Sie bloß nicht mit rationalen Argumenten und Beschwichtigungen wie: »Ich habe einfach den Kopf so voll mit wichtigen Dingen in der Firma. Du weißt doch auch so, daß ich dich liebe!« Solche Ausreden machen alles nur noch schlimmer, denn sie bestätigen ihren Verdacht, daß sie für Sie weniger wichtig ist als Ihre Arbeit. Außerdem: Sie will nicht wissen, daß Sie sie lieben, sie will es hören und sehen. Das einzige, was nun eventuell noch hilft, ist aktive Wiedergutmachung. Und die ist auf alle Fälle teurer als ein Blumenstrauß – und viel zeitaufwendiger...

Karriere

»Ich habe es satt, die Nelke in seinem Knopfloch zu sein!«

Marianne, 36, Hausfrau: Durch Peters berufliche Karriere habe ich den Kontakt zu ihm verloren. Anfangs fand ich es toll, einen so erfolgreichen Mann zu haben; da habe ich mich gern in seinem Glanz gesonnt. Aber mittlerweile bin ich davon überzeugt, daß er seinen Beruf mehr liebt als mich und die Kinder. Nicht nur, daß wir ihn kaum noch zu Gesicht kriegen – er hat sich auch so verändert, seitdem er Chef geworden ist. Er paßt gar nicht mehr zu uns. Er scheint sich nur noch wohlzufühlen, wenn er Anzug und Krawatte trägt, und selbst in Freizeitklamotten benimmt er sich so, als trüge er seinen Schlips. Er fühlt sich sichtbar unbehaglich, wenn er mit der Kleinen Fahrrad fahren üben soll. Bei den Theateraufführungen in der Schule ist er zwar pflichtschuldig anwesend – aber man merkt ihm an, daß er auf heißen Kohlen sitzt. Krisen in der Familie behandelt er wie Personalprobleme. Er ist überkritisch, verlangt ständig Leistung, hat keinen Funken Geduld und fährt sofort aus der Haut, wenn die Kinder mal Unsinn machen. Wenn er wirklich mal zu Hause ist, wirkt er wie ein Fremdkörper, und alle machen einen großen Bogen um ihn. Oder noch schlimmer: Wir hören auf zu reden, wenn er reinkommt – so wie die Sekretärinnen in der Firma, wenn er sie beim Kaffeeklatsch ertappt. Ab und zu merkt er, daß etwas schiefläuft. Dann spielt er den Weihnachtsmann und kommt mitten im Jahr mit teuren Geschenken an, die völlig unangemessen sind und die Kinder nur verwirren. Mich kann er damit sowieso schon lange nicht mehr beeindrucken. Ich will nicht den fünften Brillantring als Belohnung dafür, daß ich ihm den Rücken freihalte. Ich will einen Mann, mit dem ich reden und lachen kann – als gleichberechtigte Partnerin!

Peter, 36, Geschäftsführer: Ich geb ja zu, daß ich kaum noch Zeit für meine Familie habe. Aber Karin hat von Anfang an gewußt, daß ich kein Familienvater bin, der samstags den Reihenhausgarten umgräbt und sonntags mit den Kindern zum Baggersee fährt. Ich bin immer ein Erfolgsmensch gewesen, und die finanziellen Vorteile, die Reisen und was sonst noch mit meinem beruflichen Erfolg verbunden ist, nimmt Marianne ja auch gern mit.
Das Problem ist der Alltag. Aber wenn ich den ganzen Tag über internationale Verhandlungen geführt habe, fällt es mir wirklich schwer, abends mit meinem Sohn das Einmaleins zu üben oder der Kleinen eine Gutenachtgeschichte vorzulesen oder mir von Marianne erzählen zu lassen, was sie tagsüber erlebt hat. Ich gebe ja zu, daß das kein schöner Zug ist – aber ich komme mir dabei albern vor, wie ein drittklassiger Schauspieler. Also komme ich nach Möglichkeit so spät nach Hause, daß die Kinder schon im Bett sind. Marianne ist dann oft sauer. Aber auf den Wohlstand, den meine Karriere mit sich bringt, möchte sie natürlich auch nicht verzichten.

Daran liegt's: Die Arbeit, die ein Mann verrichtet, bestimmt im wesentlichen sein Selbstbild und seine Weltanschauung. Ein Mann auf dem Weg nach oben lebt, um zu arbeiten. Dabei winken Geld und sozialer Status, aber als Preis dafür steht er ständig unter Hochspannung: Zwar genießt er die Macht, die mit dem Aufstieg verbunden ist, aber zugleich hat er immer Angst, diese Macht zu verlieren. Immer und überall lauert die Gefahr, einen Fehler zu machen, den Respekt zu verlieren, von einem rangniederen Mitarbeiter überholt oder bei einer Beförderung übergangen zu werden. Während er sich mit hochgekrempelten Ärmeln in diesen Kampf stürzt, hat er bisweilen das Gefühl, daß seine Leistung zu Hause nicht entsprechend gewürdigt wird: Sie hat's gut. Ich muß arbeiten. Sie gibt das Geld mit vollen Händen aus, und dann jammert sie, ich hätte keine Zeit für sie! Das Problem ist: Beruflicher Erfolg und Intimität sind zwei Dinge, die sich gegenseitig ausschließen. Erfolg ist die perfekte Tarnung, Karriere ein Schutzdamm gegen unerträgliche Nähe – und alles unter dem Deckmantel: Ich tu's ja nur für meine Familie.

Frauen lieben und bewundern erfolgreiche Männer und sind zunächst gern bereit, um der offenkundigen Vorteile willen die Distanz hinzunehmen, die fast immer eine Eigenschaft erfolgreicher Männer ist. Erst später, wenn sie unter den Folgen leiden – Einsamkeit, Verlust der Unabhängigkeit, Minderwertigkeitsgefühle, das Gefühl, nur noch sein Leben zu leben –, dämmert ihnen, wie hoch der Preis wirklich ist.

Was tun? Zunächst ein paar praktische Tips:

• Sie: Sagen Sie ihm klar und bestimmt, wie einsam und im Stich gelassen Sie sich trotz aller materiellen Sicherheit fühlen. Noch besser: Schreiben Sie ihm einen Brief. Teilen Sie ihm darin mit, daß Sie seine Leistung bewundern, aber den Mann, den Sie lieben, vermissen. Und dann bitten Sie ihn, konkret über eine Möglichkeit nachzudenken, dieses Defizit zumindest ein wenig auszugleichen.

• Wenn Sie merken, daß er sich Ihre Worte zu Herzen genommen hat und sich wirklich bemüht, mehr Zeit oder Interesse für Sie aufzubringen, zeigen Sie ihm, daß Sie seine Mühe zu schätzen wissen und belohnen ihn mit besonders liebevoller Aufmerksamkeit, selbst dann, wenn die Ansätze, die er macht, zunächst noch sehr hilflos wirken. Er muß die Sicherheit haben, daß er mit seinen Bemühungen auf dem richtigen Weg ist.

• Zeigen Sie ihm ganz besonders, daß Sie sich über kleine Aufmerksamkeiten viel mehr freuen als über große Geschenke. Männer hängen oft dem Irrglauben an, es käme auf die ganz großen Dinge an.

• Vielleicht steht er im Betrieb gerade mit dem Rücken zur Wand, würde sich aber nie trauen, Ihr Bild vom erfolgreichen Partner zu zerstören. In dieser Situation fühlt er sich möglicherweise noch einsamer als Sie. Wie wäre es mit den richtigen Fragen zur richtigen Zeit?

• Er: Nehmen Sie ihre Klage ernst und versuchen Sie, ganz gezielt Zeit für sie und Ihre Beziehung aufzubringen. Vergessen Sie die großen demonstrativen Aktionen, mit denen Sie sie bisher für Ihre Abwesenheit »entschädigt« haben, und bemühen Sie sich, ihr künftig ganz gezielt mehr Aufmerksamkeit in kleinen Dingen entgegenzubringen: Frauen lieben kleine Aufmerksamkeiten in aller Regel

nicht weniger als die großen. Fragen Sie sie nach Ihren Erlebnissen – oder denen der Kinder –, und hören Sie zu. Decken Sie den Tisch fürs Abendessen, öffnen Sie ihr die Tür, stellen Sie sich mit zwei Gläsern Wein zu ihr in die Küche und schauen ihr beim Kochen zu. Sagen Sie ihr, daß ihr das neue Kleid besonders gut steht. Gehen Sie einmal für sie einkaufen, oder bringen Sie ihr eine Tasse Kaffee ans Bett. Auch wenn es Ihnen unbegreiflich ist und ewig ein Rätsel bleiben wird – mit solchen Kleinigkeiten sammeln Sie bei ihr mehr Punkte als mit der Einladung, Sie auf die Dienstreise nach Japan zu begleiten.
Das sind die ersten kleinen Schritte auf dem Weg zur Besserung. In der nächsten Phase wird's schon wesentlich schwieriger:

- Er: Denken Sie mal drüber nach, welche Bedeutung die Arbeit für Sie wirklich hat. Welche Ängste, Unsicherheiten, Defizite, Schmerzen und Kränkungen sollen mit dem beruflichen Erfolg zugedeckt werden? Ist Erfolg im Beruf für Sie ein Zaubertrank, der Unsterblichkeit oder zumindest zeitweilige Unverletzbarkeit gewährleisten soll?
- Sie: Hören Sie auf, ihm die Schuld und die Verantwortung für den Frust und die Minderwertigkeitsgefühle zuzuschieben, die in Ihnen entstanden sind, weil Sie glauben, ausschließlich sein Leben zu leben. Gestehen Sie sich ein, daß Sie sich, aus welchen Gründen auch immer, selbst daran gehindert haben, ein eigenes Leben zu führen, und versuchen Sie, daran etwas zu ändern.
- Schlüpfen Sie aus der Rolle des kleinen Mädchens oder der »Frau an seiner Seite«, und entscheiden Sie sich, selbst etwas in Angriff zu nehmen – und zwar etwas, das eine Menge Zeit und Kraft kostet. Zeit, die Sie bisher damit verbracht haben, ihm den Rücken freizuhalten. Das kann ein Beruf, ein Studium oder eine karikative Aufgabe sein. Verzichten Sie darauf, seine Zustimmung einzuholen. Männer (wie auch Frauen) lieben in der Regel nur solche Veränderungen, von denen sie profitieren; deshalb ist es zunächst wenig wahrscheinlich, daß er Ihre Bemühungen um Abnabelung unterstützt. Erst wenn er merkt, daß er letzten Endes auch von der veränderten Situation profitiert, wird sich seine Einstellung ändern. Das sollte Sie jedoch nicht in Ihrer Entscheidung beeinflussen. Lernen Sie, das zu tun, was er seit Beginn Ihrer Beziehung macht: Ihren Weg zu gehen, ohne bei allem, was Sie tun, auf seinen Segen zu warten.

Bloß nicht: Erwarten Sie keine Wunder. Es wird Ihnen niemals gelingen, einen Karrieremann zu ändern (siehe dazu auch das Stichwort »Abgewöhnen«). Aber schreiben Sie ihn auch nicht völlig als Mann und Vater ab – schließlich haben Sie ja keinen Goldesel geheiratet!

Kinder

»*Ich hätte so gern ein Kind – aber er will keins!*«

Regina, 33, Computerfachfrau: Als Hermann früher sagte, er wollte nicht unbedingt Kinder, habe ich das nicht weiter ernst genommen. Wenn's erst einmal soweit ist, werde ich ihn schon überzeugen, habe ich mir gedacht. In den ersten Jahren unserer Ehe war das auch kein Thema. Wir waren beide beruflich stark eingespannt, sind viel gereist und haben ein ziemlich sorgloses Leben geführt. Aber jetzt bin ich 33, fast alle unsere Freunde haben mittlerweile ein Baby bekommen, und wenn ich auch noch eins will, wird's allmählich Zeit. Aber jedesmal, wenn ich das Thema zur Sprache bringe, erstarrt Hermann zum Eisblock. Er gibt mir keinerlei Erklärungen. Er sagt einfach, er könne und wolle sich ein Leben als Familienvater nicht vorstellen. Basta. Das Problem ist: Ich kann mir ein Leben ohne Kinder nicht vorstellen – und ich will es auch nicht!

Hermann, 36, Unternehmensberater: Ich habe von Anfang an gesagt, daß ich keine Kinder will. Regina hat also genau gewußt, woran sie ist. Es hat ihr jahrelang auch nicht das geringste ausgemacht, dazu war ihr ihre Karriere viel zu wichtig. Aber seitdem bei den meisten von unseren Freunden Babys rumkrabbeln, will sie plötzlich auch eins. Ich mag Kinder nicht besonders. Sie langweilen mich. Ich weiß, daß ich ein ebenso miserabler Vater wäre, wie mein eigener es war. Ich liebe Regina und bin bereit, fast alles zu tun, damit sie glücklich ist. Aber ich habe keine Lust, mein ganzes Leben zu ändern, bloß weil sie plötzlich ein Kinderzimmer einrichten möchte.

Daran liegt's: Früher hatten die Paare meist keine Wahl: Entweder sie bekamen Kinder, oder sie bekamen keine. Die Möglichkeit, grundsätzlich darüber zu entscheiden, ob und wann und wieviel Kinder man haben möchte, ist relativ neu. Frauen machen oft davon Gebrauch, indem sie sich zunächst beruflich engagieren und den Kinderwunsch um ein paar Jahre nach hinten hinausschieben. Wenn Männer in dieser Zeit zu der Überzeugung kommen, daß sie ein Leben ohne Kinder vorziehen, während gleichzeitig bei ihr der Wunsch nach einem Kind wächst (gelegentlich ist es auch umgekehrt), bahnen sich Konflikte an, die die Ehe auf eine harte Belastungsprobe stellen. Aber auch Wunschkinder sind keine Garantie für die Haltbarkeit der Liebe. Im Gegenteil: Hier ein paar Zahlen, die nachdenklich stimmen:

Bei 38 Prozent der befragten Paare verschlechtert sich die Beziehung nach dem ersten Kind. Besonders gefährdet sind Paare, für die die romantische Liebe die Hauptrolle spielt. Sie halten es nicht aus, wenn anstelle der Leidenschaft wichtig wird, wer als letzter die Flasche gewärmt hat. Unzufriedenheit über die mangelnde Mithilfe des Mannes ist erfahrungsgemäß Hauptursache für die Auseinandersetzungen. 74 Prozent der Väter sind zwar theoretisch dafür, aber nur 13 Prozent beteiligen sich tatsächlich an der Baby-Pflege.

Die Männer beklagen vor allem den Verlust der Erotik. Die Häufigkeit sexueller Kontakte sinkt im ersten Jahr nach der Geburt um 40 Prozent.

Am besten kommen Paare zurecht, die Wert auf Partnerschaft und Freundschaft legen. Aber selbst im günstigsten Fall sind Kinder nie eine reine Freude. Vor allem die Frau muß ständig aus dem Stegreif Entscheidungen treffen, und ihre einzige Ausbildung für diese verantwortungsvolle Tätigkeit besteht meist darin, daß sie selbst mal Kind war und weiß, wie es ihre Mutter gemacht hat. Sie hat Angst, daß sie das Kind womöglich reiner, konfliktloser lieben wird als ihren Partner; er wiederum befürchtet, daß sie ihm das Kind vorziehen könnte, daß sie ihm nicht mehr ihre ungeteilte Aufmerksamkeit widmen könnte. Rivalität und Eifersucht schleichen sich ein. Hinzu kommt, daß sich der Erfolg ihrer Bemühungen in objektiven Kriterien schwer messen läßt.

Was tun? Die folgenden Gedanken sind alles andere als ein Plädoyer gegen ein Kind. Sie sollen lediglich dazu beitragen, bei der Entscheidung für oder gegen Kinder die üblichen emotionalen Argumente durch etwas weniger übliche Gegenargumente zu relativieren.

• Überprüfen Sie, ob in Ihrem Fall die Voraussetzungen so günstig sind, daß Ihr Kind eine wirkliche Chance hätte, zu einem glücklichen Menschen heranzuwachsen. Wichtig sind dafür folgende Punkte:

• Die Beziehung ist glücklich und hat auch gute Aussichten, es in Zukunft zu bleiben. Selbst dann, wenn Kinder die harmonische Zweisamkeit reduzieren und eine zusätzliche Dosis Streß bedeuten.

• Beide Partner wollen nicht nur aus sentimentalen Gründen ein Kind, sondern sind fest entschlossen, die Elternschaft zu der wichtigsten Aufgabe ihres künftigen Lebens werden zu lassen – ungeachtet der Tatsache, daß das viele Opfer, Verzicht, Niederlagen und härteste Arbeit bedeutet.

• Machen Sie sich klar, daß alle menschlichen Wesen, Kinder eingeschlossen, von Natur aus stets das tun, was für sie von Vorteil ist: Kinder lernen es im Nu, die Eltern gegeneinander auszuspielen, um ihre Ziele zu erreichen. Die dazu angewendeten Techniken mögen anfangs noch relativ schlicht und leicht durchschaubar sein, aber die lieben Kleinen lernen sehr rasch dazu. Deshalb ist es überaus wichtig, daß die Partner für die Kinder stets eine einheitliche Front bilden. Sonst kann es leicht passieren, daß ein kleiner Bruch, den die Kinder geschickt ausnutzen, zur großen Kluft wird.

• Einer der häufigsten Streitpunkte zwischen Mann und Frau ist die Kindererziehung, knapp gefolgt von dem Krach ums Geld. Ein Kind führt in fast allen Partnerschaften dazu, daß das Geld spürbar knapper wird – und die Aussichten auf Konflikte somit deutlich steigen.

• In vielen Fällen ist für die Frau die Rückkehr in den Beruf auf Jahre hinaus blockiert. Die Chancen, nach der Zwangspause auf etwa gleichem Niveau wieder einzusteigen, sind gering. Wer sich für Kinder entscheidet, muß in der Regel auch beruflich kleinere Brötchen backen.

Bloß nicht: Planen Sie keinesfalls ein Kind, um eine kriselnde Partnerschaft zusammenzuhalten. Nicht nur aus moralischen Gründen wie beispielsweise der Verantwortung gegenüber dem Kind, sondern auch aus ganz praktischen Erwägungen: Es funktioniert nicht. Kinder können niemals die einzige Klammer für eine Partnerschaft sein. Wenn die Beziehung zwischen den Partnern ohnehin schon kriselt, wird sie durch die neue Rolle als Eltern so gut wie nie gefestigt.

Kindererziehung

»Wenn er sich einmischt, gibt's immer Krach!«

Annemarie, 35, Hausfrau: Kalle ist durch seinen Beruf viel unterwegs, oft sieht er die Kinder nur am Wochenende. Da ist es ganz selbstverständlich, daß ich den Löwenanteil bei der Erziehung übernommen habe. Man soll ja den Tag nicht vor dem Abend loben, doch es sieht so aus, als wären unsere zwei ganz gut geraten. Aber wenn Kalle am Wochenende nach Hause kommt, bildet er sich ein, er müßte bei den Kindern im Schnellverfahren nachholen, was er während der Woche verpaßt hat. Dann benimmt er sich wie sein Vater, der Dorfschullehrer im Niedersächsischen war: »Na, mal her mit den Schulheften!« »Zeigt mal eure Fingernägel!« »Sind eure Zimmer auch ordentlich aufgeräumt?« Und dann hat er diesen Tick mit den Tischmanieren. Sabinchen soll jetzt lernen, mit Messer und Gabel zu essen ... das Kind ist sechs Jahre alt! Er meint es ja sicher gut – aber mittlerweile ist es soweit gekommen, daß wir uns fast die ganze Zeit wegen der Kinder streiten. Und wenn er am Montagmorgen abfährt, mach ich insgeheim drei Kreuze – und die Kinder, glaub ich, mittlerweile auch!

Kalle, 37, Bezirksleiter: Annemarie erzieht die Kinder im großen und ganzen ja recht gut. Aber in vielen Dingen ist sie einfach zu lasch und zu wenig konsequent. Mir ist es zum Beispiel wichtig, daß meine Kinder frühzeitig Disziplin lernen. Ohne die bringen sie's im Leben nun mal nicht weit. Wir waren zu Hause fünf Kinder, da herrschte einfach Zucht und Ordnung, anders war das gar nicht möglich. Die Kinderzimmer sind ein einziger Saustall! Also versuche ich, am Wochenende spielerisch mit den Kindern aufzuräumen. Aber nach zehn Minuten sind sie weg! Das hätten wir uns mal trauen sollen! Und aufmüpfig sind die! Sagt doch Freddy neulich tatsächlich zu mir: »Alterchen, du bist ein abgefuckter Pedant!« Da hab ich ihm natürlich ein paar hinter die Löffel gegeben. Und Annemarie war sauer, weil sie gegen Schläge ist. Aber was ist schon gegen eine Ohrfeige einzuwenden, frage ich. Mir hat das schließlich auch nicht geschadet!

Daran liegt's: Meinungsverschiedenheiten über Kindererziehung rangieren auf der Liste der Krachauslöser ganz oben. Ihre Ursachen haben sie stets in der Vergangenheit – das heißt in der Biographie der beiden Partner. Ob gut oder schlecht, das Vorbild der Eltern hat einen großen Einfluß auf die eigenen Vorstellungen. Entweder möchte man es genauso machen – oder ganz anders. Wie wichtig einem das Thema ist und welch unterschiedliche Vorstellungen man hat, merkt man oft erst dann, wenn Kinder da sind – und mit ihnen die ersten Konflikte: Ihm ist Autorität wichtig, während sie eher nachgiebig ist. Sie ist strikt gegen Schläge; er meint, daß ein Klaps noch niemandem geschadet hat. Er legt Wert auf Leistung, sie läßt eher fünf gerade sein. Ihm ist wichtig, daß seine Kinder gute Sportler sind. Sie legt Wert auf Klavierunterricht. Er will die Kinder aufs Humanistische Gymnasium schicken. Sie denkt da eher an die Steinerschule. Die Liste der Beispiele ließe sich beliebig fortsetzen. Das Problem bleibt immer dasselbe: Auch wenn wir uns herzlich bemühen – die wenigsten Menschen können ständig über ihren eigenen Schatten springen, und das gilt auch für Eltern. Wenn man keine Kompromisse erzielen kann, wird die Kindererziehung ein Schlachtfeld für die nächsten zwanzig Jahre sein – vorsichtig geschätzt: die Schulschlacht, die Ordnungsschlacht, die Freundschafts-Schlacht, die Erste-Liebe-Schlacht, die Pubertätsschlacht, die Zu-hart-, Zu-weich-Schlacht etc. Und das tut weder dem Kind noch der Ehe gut.

Was tun?

• Gehen Sie davon aus, daß sich Ihr Partner ebenso sehr wie Sie selbst bemüht, ein guter Vater bzw. eine gute Mutter zu sein.

• Am wichtigsten ist es, über die gemeinsamen Erziehungsziele zu sprechen. Was ist uns für unser Kind am wichtigsten? Welche Werte wollen wir ihm vermitteln? Was halten wir für grundlegende Tugenden, was für ernstzunehmende Schwächen?
• Wenn Sie wissen, daß Sie in den großen Zielen im wesentlichen übereinstimmen, können Sie unterschiedliche Erziehungsmethoden eher akzeptieren.
• Gut, daß Eltern verschieden sind! So erfahren Kinder früh, daß es im Leben immer mehr als eine Möglichkeit gibt.

Bloß nicht:
• Verbünden Sie sich niemals mit den Kindern gegen Ihren Partner. Das führt über kurz oder lang dazu, daß man beide Teile verliert.
• Versuchen Sie nicht, dem Kind absolute Einigkeit vorzuspielen. An Ihrem Vorbild können Kinder nämlich lernen, wie man zu brauchbaren Kompromissen kommt.

Klammern

»Sie erdrückt mich mit ihrer Fürsorge!«

Heinz, 32, Betriebswirt: Elisas Hang zu trauter Zweisamkeit macht mich noch verrückt. Ihr zuliebe habe ich mit dem Boxen aufgehört und spiele jetzt Tennis, das kann sie auch. Ihretwegen habe ich den Segeltörn abgesagt, den ich seit Ewigkeiten jedes Jahr mit meinen Freunden unternehme. Statt dessen bin ich mit ihr nach Prag gefahren. Ich kann abends nicht mal allein die Nachrichten sehen, ohne daß sie sich zu mir setzt – dabei interessiert es sie keinen feuchten Krümel, was in der Welt los ist. Wenn ich mal auf ein Bier in die Kneipe gehe, kommt sie selbstverständlich mit. Ich kann nicht mal mit dem Hund raus, ohne daß sie liebevoll sagt: »Ich begleite dich, dann mußt du nicht allein gehen.« Ich will aber allein gehen! Und ich will auf dem Klo in Ruhe die Zeitung lesen können, ohne daß sie besorgt fragt: »Fehlt dir was, Liebling?« Anfangs fand ich es ja schmeichelhaft, so wichtig für sie zu sein, daß sie keine Minute ohne mich verbringen wollte. Daß sie sogar im Schlaf meine Hand hält. Aber mittlerweile komme ich mir vor wie im Spinnennetz. Sie erdrückt mich mit ihrer Fürsorge. Warum kann sie mich, verdammt nochmal, nicht wenigstens ab und zu mal in Ruhe lassen?

Elisa, 27, Zahnarzthelferin: In letzter Zeit beklagt sich Heinz häufiger darüber, daß ich angeblich zu sehr klammere. Aber ich meine es doch nur gut! Heinz ist so unvernünftig, wenn es um ihn selbst geht. Er überfordert sich ständig. Da muß ich als seine Frau doch dafür sorgen, daß er sich gesund ernährt und daß er nicht noch mehr arbeitet, als er es ohnehin schon tut. Seit einiger Zeit spielen wir zusammen Tennis, obgleich mich das eigentlich nicht sehr interessiert. Aber dadurch hat er wenigstens ein bißchen Bewegung. Seine früheren Hobbys – das Boxen und die Segeltörns mit seinen Freunden – hat er zum Glück aufgegeben, weil er weiß, daß ich mir da solche Sorgen um ihn mache. Und daß ich das bißchen Zeit, das neben seinem Beruf noch übrig ist, am liebsten mit ihm verbringe, ist doch wohl verständlich. Schließlich liebe ich ihn ja, und wenn man sich liebt, macht man doch alles gemeinsam, oder?

Daran liegt's: Klammern hängt mit Verlustängsten zusammen, die ihre Wurzeln in der frühen Kindheit haben. Im Erwachsenenalter äußern sich diese Ängste dann unterschiedlich. Bei Männern erlebt man das Klammern eher in Form von Eifersucht, Kontrolle oder Besitzdenken, während Frauen die Nähe zum Partner meist durch ständige Verfügbarkeit und aufopferndes Verhalten herzustellen versuchen. Jeder Mensch hat ein ganz individuelles Bedürfnis nach Nähe und Distanz, das sich übrigens auch im Laufe einer Beziehung ändern kann, und es gehört zu den schwierigsten Aufgaben in jeder Beziehung, das Gleichgewicht zwischen Nähe und Distanz zu finden. Was zu Beginn der Partnerschaft für beide ein Zeichen beglückender Intimität war, kann im Laufe der Zeit für einen der Partner zu bedrohlicher Enge werden. Wenn die Klammer, die eigentlich binden soll, zur Schraubzwinge wird, herrscht Alarm: Jede Art von übertriebener Anhänglichkeit führt zu Abhängigkeit – und endet (günstigstenfalls) mit ständigen Vorwürfen; daß diese meist stumm sind (weil man dem anderen ja eigentlich gar nichts vorwerfen kann), macht sie kein bißchen erträglicher. Das Gelöbnis »Wo du hingehst, da will auch ich hingehen« ist in der Praxis kaum auszuhalten. Vor allem dann nicht, wenn es allmählich die Variante annimmt »Wo ich nicht hin will, da gehst auch du nicht hin«. Oder: »Wo ich hin will, da mußt du mit.«

Was tun?

• Prüfen Sie ab und zu, ob das Nähe-Distanz-Gleichgewicht bei Ihnen noch stimmt.

• Sie: Lernen Sie die Symptome erkennen, mit denen er auf Ihre übergroße Fürsorge reagiert. Ist er deutlich nervös, abgespannt und zieht sich betont zurück, heißt das im Klartext: Laß mir auch mal meine Ruhe!

• Lassen Sie Ihrem Mann die Freiheit, sich gelegentlich in seine ganz private Höhle zurückzuziehen. Respektieren Sie sein Bedürfnis nach Alleinsein, Männerwirtschaft, Hobbypflege. Selbst der ständig laufende Fernseher ist für ihn manchmal nur ein Mittel zur Flucht vor übergroßer Gemeinsamkeit. Wenn Sie spüren, daß er in Ruhe gelassen sein will, lockern Sie einfach das Gummiband, das Sie mit ihm verbindet, ein wenig. Verlassen Sie sich darauf: Je großzügiger Sie das Gummiband handhaben, desto bereitwilliger und fröhlicher kommt er zu Ihnen zurück, nachdem er seinen Freiraum genossen hat.

• Verzichten Sie darauf, sich für unentbehrlich zu halten, und profitieren Sie selbst auch von der Freiheit, die das Gummiband Ihnen beiden ermöglicht. Gönnen Sie es sich, Dinge ohne schlechtes Gewissen nur für sich selbst zu tun. Telefonieren Sie nach Herzenslust. Spendieren Sie sich einen Schönheitsabend. Holen Sie sich die neueste Nummer Ihrer Lieblingszeitschrift. Gehen Sie tanzen oder ins Fitneß-Studio. Auch wenn Sie es nicht für möglich halten: Er wird überleben, wenn Sie einmal nicht für ihn einkaufen und kochen. Sein Selbstvertrauen wächst in dem gleichen Maße wie Ihr Vergnügen an der neu- oder wiedergewonnenen Unabhängigkeit.

• Er: Wenn sie klammert, sollten Sie bedenken, daß Frauen keine Männer sind. Wenn sie zu sehr klammert, heißt das im Klartext:

Ich habe Angst, daß du mich nicht so liebst wie ich dich. Ich habe Angst, dich zu verlieren. Die beste Art, darauf zu reagieren, ist die folgende: Nehmen Sie sie in den Arm und sagen Sie: Ich liebe dich. Er (wenn er selbst zum Klammern neigt): Verabschieden Sie sich von der Phantasie, daß es ihre wichtigste Aufgabe ist, die »Frau an Ihrer Seite« zu sein – so selbstverständlich das früher bei Ihren Eltern auch gewesen sein mag. Sie ist nicht dazu da, Ihnen die Pflichten des Alltags abzunehmen, Ihnen den Rücken freizuhalten und Ihnen stets aufopfernd zur Verfügung zu stehen. Je mehr Freiheit Sie ihr zugestehen, desto bereitwilliger gönnt sie auch Ihnen die Luft, die Sie zum Atmen brauchen.

Bloß nicht: Verwechseln Sie nie Klammern mit Liebe.

Klatsch

»Wehe, wenn sie losgelassen!«

Rainer, 35, Arzt für Allgemeinmedizin: Da glaubst du, du bist mit einer intelligenten, emanzipierten Kollegin verheiratet, einer künftigen Fachärztin für Anästhesie. Aber wenn sie mit ihren Freundinnen zusammen ist, meinst du, einen Haufen alter Waschweiber vor dir zu haben. Da wird über Leute hergezogen, die nicht da sind. Da tratschen sie in allen Einzelheiten über Bettinas Liebeskummer, darüber, daß Susanne sich richtig altmodisch verlobt hat, mit Ring und Cocktailempfang, und wer dabei was anhatte. Und dann spekulieren sie eine Stunde lang darüber, ob die Ehe von Martina und Günter gutgehen kann, wo er doch 12 Jahre älter ist als sie und schon ein Kind aus erster Ehe hat. Als ob die das nicht selbst am besten wissen müßten! Wenn ich dann ins Zimmer komme und scherzhaft bemerke: »Na, ihr akademischen Klatschbasen!«, glotzen sie mich an, als wäre ich ein Unmensch. Oder besser: ein Volltrottel.

Heike, 28, Assistenzärztin: Rainer ist der liebenswürdigste Mensch der Welt. In der Praxis hört er sich geduldig die langwierigsten Krankheitsgeschichten an. Er ist – bei anderen! – so verständnisvoll, daß dir die Tränen kommen. Er kennt die Namen der Kinder seiner Patientinnen, weiß, ob die Kleinen gut in der Schule sind oder nicht, und von den meisten Patientinnen weiß er auch mehr Einzelheiten über ihr Sexleben als deren eigener Ehemann. Aber wenn ich mit meinen Freundinnen über genau die gleichen Themen rede, benimmt er sich wie ein arroganter Macho und verdirbt uns den ganzen Spaß. Was ist denn bitteschön gegen ein bißchen Tratsch einzuwenden?

Daran liegt's: In punkto Gesprächsthemen muß man davon ausgehen, daß Männer und Frauen von verschiedenen Planeten stammen. (Und zwar Männer vom Mars, Frauen von der Venus, behauptet der amerikanische Ehetherapeut John Gray in seinem ebenso gescheiten wie witzigen Buch »Men are from Mars, Women are from Venus«). Frauen lieben es, über Gefühle zu reden. Das Teilen von Geheimnissen ist nicht nur ein Zeichen von Freundschaft, es schafft auch Freundschaften. Wenn Frauen ihren Freundinnen Privates anvertrauen, erzählen sie gelegentlich auch Privates von Bekannten, und wenn das, unter dem Siegel der Verschwiegenheit selbstverständlich, weitererzählt wird, blüht der Klatsch. Das ist im Prinzip eine Fortsetzung des alten und besonders unter Mädchen beliebten Kinderspiels »Ich verrate dir ein Geheimnis«. Es geht dabei nicht etwa um Lösungsmöglichkeiten, wie Männer vermuten würden, sondern darum, ein vertrauliches Gespräch zu führen. Im Gegenteil: Wenn eine Lösung gefunden ist, muß man ein neues Thema suchen, um das Gespräch, den Tratsch, in Gang zu halten. Über menschliche Probleme zu reden, hat für Frauen so etwas Verbindendes. Männer reden nur im äußersten Notfall über Gefühle. Wenn Männer sich unterhalten, dann meist über handfeste Dinge – Sport, Politik, Arbeit, Hobbys etc. Sie tratschen zwar gelegentlich auch, aber dann geht es eher um Leistung als um persönliche Beziehungen. Trotzdem wurmt es den Mann, wenn er mitbekommt, mit welcher Begeisterung seine Partnerin mit einer Freundin über Dinge spricht, die ihm uninteressant vorkommen, und, schlimmer noch, daß sie ihn über diesem Gespräch völlig vergißt. Also muß er eingreifen und sie darauf hinweisen, daß er a) über diesen Dingen steht und b) schließlich auch noch da ist.

Was tun?

• Sie: Solche wunderbaren, zu Herzen gehenden Gespräche sollten Sie möglichst dann führen, wenn kein Mann in der Nähe ist. Aber das tun Frauen ohnehin schon instinktiv. Nur manchmal läßt es sich einfach nicht verhindern, daß er dazwischenplatzt. Und wenn es dann unmöglich ist, ihn abzuwimmeln, hilft nur eins: sich kurz fassen. Das ist meist nicht mal ein großes Opfer, denn mit ihm als vorwurfsvollem oder, noch schlimmer, kommentierendem Zuhörer macht auch der beste Klatsch keinen Spaß.

• Er: Verlassen Sie kommentarlos das Zimmer. Ihre Partnerin ist zur Zeit in einer anderen Welt – sie pflegt sozusagen die Gebräuche ihres Heimatplaneten! – und für Sie unerreichbar. Letzten Endes profitieren Sie sogar von Ihrer Großmut: Wenn Sie ihr dieses einfache Vergnügen nicht vermiesen, wird sie nämlich hinterher wunderbar gelaunt sein!

Bloß nicht: Er: Bedenken Sie: Ihre Frau stammt, wie Sie ja bereits wissen, aus einer anderen Welt. Sie zu stören, wenn sie die Riten und Gebräuche ihres Heimatplaneten pflegt, empfindet sie als ungefähr so taktlos wie Sie ihre Bitte, umgehend den Müll rauszutragen, wenn Sie sich im Fernsehen gerade »Deutschland gegen Ungarn« ansehen.

Klobrille

»Rauf oder runter, das ist hier die Frage!«

Brigitte, 34, Krankengymnastin: Zugegeben, es ist keine weltbewegende Sache. Unsere Ehe geht nicht daran zugrunde. Aber warum um alles in der Welt schaffen es Männer nicht, den Toilettensitz hochzuklappen? Hundertmal habe ich mindestens darum gebeten, zweimal denkt er dran, und dann vergißt er es wieder. Wieso muß eigentlich ich, wenn ich ins Bad komme, erst mal die nasse Klobrille abwischen? Und wenn er die Brille wirklich mal hochklappt, vergißt er danach garantiert, sie wieder runterzuklappen. Warum sind Männer so verdammt rücksichtslos?

Frank, 26, Programmierer (zerknirscht): Sie hat ja recht. Aber wir waren zu Hause vier Söhne, da war die Brille immer oben, und meine Mutter hat sich nie beschwert!

Daran liegt's: Angeblich ist mal eine Untersuchung über die Dauer der Ehe im Verhältnis zur Anzahl der Badezimmer im Haushalt durchgeführt worden. Ergebnis: Ehen in Haushalten mit zwei Badezimmern halten länger! Wie auch immer: Die Klobrille in der falschen Position gehört ebenso zuverlässig zu den Beziehungskrach-Klassikern wie die offene Zahnpastatube (siehe dazu das gleichlautende Stichwort), die Bartstoppeln im Waschbecken und der Rasierapparat, der nicht mehr funktioniert, weil sie ihre Beine damit rasiert hat. Aber das Problem Klobrille ist viel breiter gefächert, als Sie vielleicht glauben:
Neben der nicht wieder heruntergeklappten Brille gibt es nämlich noch, nicht weniger verbreitet, das Problem der nicht hochgeklappten Klobrille, der ungewischten Klobrille und, wie ich erst kürzlich erfahren habe, sogar das der zu oft gewischten Klobrille. Das ist der Fall des Ehemannes und Vaters dreier Söhne, der morgens immer über besagte Brille wischt, ehe er das Haus verläßt. Wenn Sie das, so wie ich, neidvoll oder bewundernd als eine großmütige, umsichtige Geste verstehen, sollten Sie mal die Ehefrau des eifrigen Wischers hören. Die sagt nämlich folgendes dazu: »Mich macht er damit rasend. Ich habe das Gefühl, daß er mich damit indirekt kritisiert und womöglich sagen will, daß ich ihm das nicht gut genug mache!«
Sie merken schon, es handelt es um ein heißes Thema. Die Intimität des Zusammenlebens wird durch die Notwendigkeit der Körperverrichtungen auf eine harte Probe gestellt.
Speziell im Fall der Klobrille ist das Problem unter anderem darin begründet, daß bei Männern und Frauen offensichtlich von der vermeintlichen Normalstellung der Brille ausgegangen wird. Die Frau meint: Erst rauf, dann wieder runter. Er meint (bestenfalls): Rauf. Das ist schon höflich genug. Weil es zu diesem Thema weder Fachliteratur noch Expertenmeinungen gibt, habe ich Recherchen im männlichen Freundeskreis angestellt und erstaunliche Begründungen gehört: »Wenn ich mir schon die Mühe mache, die Brille ihretwegen hochzuklappen, kann sie sie doch wenigstens wieder runterklappen.« oder »Damit kann ich zeigen, was ich für ein toller, rücksichtsvoller Kerl bin. Ich klappe tatsächlich die Brille hoch,

weil sie soviel Wert darauf legt! Und wenn ich sauer auf sie bin, dann lasse ich die Brille oben.« oder »Das ist so eine Art Anwesenheitsbestätigung: Kilroy was here. Wie Hunde ein Revier markieren, markieren Männer ihr Revier auf diese Art.« (Ein interessanter, aber leider unbewiesener Ansatz.) Wie dem auch sein:
Der häufigste Grund ist vermutlich immer noch Bequemlichkeit. Wer weiß? Vielleicht ist er selbst ja der nächste, der die Toilette wieder benutzt, und dann müßte er die Brille ja schon wieder hochklappen. »Wenn Uschi übers Wochenende mal nicht da ist«, so mein Nachbar Helmut fröhlich, »lasse ich die Brille die ganze Zeit oben!« Und ein anderer Freund bestätigte: »In der Herrentoilette in unserem Büro ist ein Pinkelbecken und ein ganz normales Klo. Da kannst du kommen, wann du willst – die Brille ist immer oben!«

Was tun?

• Sie: Die leidige Angelegenheit nicht als Kränkung, sondern als Arbeitsteilung betrachten und die Brille stillschweigend runterklappen.
• Falls es für solche friedlichen Lösungen auf Kompromißbasis schon zu spät ist: Urinal (Pinkelbecken) anschaffen.
• Froh sein, daß es keine Plumpsklos mehr gibt. Da gab es zwar das Problem mit der Brille nicht, aber dafür jede Menge andere Nachteile...

Bloß nicht:

• Vergessen, wie unwichtig diese Problem im Grunde ist, und womöglich gar den Klobrillenkrieg zum Zahnpastatubendeckel-Konflikt ausweiten. So entstehen Weltkriege!
• Es gibt Frauen, die in ihrer Familie durchgesetzt haben, daß die dort lebenden Männer sich auf die Toilette setzen. Gehört Ihr Haushalt nicht zu diesen wenigen glücklichen, hüten Sie sich, diese Regelung erzwingen zu wollen. Sie treffen ihn damit möglicherweise an seinem empfindlichsten Punkt: seiner Männlichkeit! »Ein Mann, der nicht mal ins Klo zielen kann«, äußerte unser Freund Tony beim Stammtisch im »Brückenwirt« entschieden, »ist kein Mann!«

Langeweile

»War das etwa schon alles?«

Valerie, 38, Apothekerin: Es ist gar nichts Besonderes vorgefallen, keine Krise, keine Sorgen, nichts. Aber seit ein paar Monaten herrscht bei uns nichts als gähnende, stumpfe Langeweile. Der Dampf ist raus. Überall. Beim Essen: »Na, schmeckt's?« – »Danke, ausgezeichnet.« – »Wie war's heute bei der Arbeit?« – »Das Übliche, viel zu tun, wie immer. Und bei dir?« – »Na, ja, die halbe Stadt hat im Moment einen grippalen Infekt, und die andere Hälfte kauft für sie Medikamente.« – »Ach ja.« Im Bett: Zweimal wöchentlich, als wär's vom Arzt verordnet. Null Gespräch. Kein Lachen. Höchstens hinterher fragt er noch: »Bist du auch gekommen?« Und wenn ich dann nicke, dreht er sich zufrieden um und schläft ein. Und dabei sind wir noch nicht mal vierzig! Wenn ich Pech habe, werden wir bei unserem Leben auf Sparflamme achtzig. Ab und zu eine kleine Beförderung. Eine nette Gehaltserhöhung. Sommerferien an der Adria, im Winter eine Woche Skilaufen im Zillertal. Vielleicht eines Tages ein eigenes Reihenhäuschen mit Vorgarten und Katze. Und er darin mit Strickjacke und Pantoffeln und ich mit Kittelschürze und Lockenwicklern. Niemals! Wenn nicht bald was passiert, such ich mir einen Liebhaber!

Christian, 39, Richter: Valerie ist in letzter Zeit so unzufrieden. Scheinbar hat sie mal wieder eines von ihren Psycho-Seminaren mitgemacht. Sowas liebt sie. Da hört sie dann ein Wochenende lang Vorträge über die perfekte Beziehung, macht Partnerschaftsübungen mit Gleichgesinnten, und wenn sie zurückkommt, paßt ihr nichts mehr. Dann ist unser Leben plötzlich fad, ich bin einfallslos im Bett, und mit mir unterhalten kann sie sich auch nicht mehr. Bloß weil mich der Selbstfindungstrip, auf dem sich meine Ehefrau gerade befindet, nicht interessiert. Aber das steh ich auch noch durch. Zum Glück habe ich da gerade dieses interessante Buch über Kriminalrecht im 16. Jahrhundert...

Daran liegt's: Merkwürdigerweise ist oft gerade das, was unbestreitbar zu den positiven Seiten einer Beziehung gehört, der Grund dafür, daß sich die Langeweile einschleicht: das Gefühl, den anderen durch und durch zu kennen, sich immer auf ihn verlassen zu können, sich ohne Risiko auch mal von der schlechten Seite zeigen zu können, mit Triefnase, Gesichtsmaske, Lockenwicklern und einem Loch in der Unterwäsche, hat etwas Beruhigendes und gibt eine Sicherheit, die ein wichtiger Bestandteil jeder Beziehung ist, genauso wichtig wie Romantik, Abenteuer und Herzklopfen: »Er (sie) liebt mich so, wie ich bin.« Kritisch wird es erst, wenn diese Qualitäten in der Alltags-Routine untergehen und nicht mehr zählen. Und das wiederum ist ein Problem, von dem kaum eine dauerhafte Beziehung völlig verschont bleibt. Viele Paare kommen mit dem Verlust der Romantik ganz gut zurecht, weil unterm Strich die Vorteile – Sicherheit, Bequemlichkeit und gesellschaftlicher Status zum Beispiel – überwiegen. Die meisten nehmen eine gewisse Portion Langeweile als »normal« hin – irgendwann mußte das ja kommen – und versuchen, sich mit dem veränderten Zustand zu arrangieren: ein beruflicher Wechsel, eine kleine Affäre, ein neues Haus, ein Hobby oder vielleicht auch noch ein weiteres Kind helfen kurzfristig, aber irgendwann schleicht sich auch dann wieder die Gewohnheit ein. Alles wie gehabt. Die wenigsten gehen wegen massiver Langeweile zum Eheberater. Erst in der Rückschau, wenn es in der Beziehung heftig gekracht hat, merken sie, welche Zeitbombe da getickt hat.

Denn paradoxerweise ist gerade die Phase in einer Beziehung besonders gefährlich, in der scheinbar überhaupt nichts passiert. Schon der geringste Anlaß – eine neue romantische Begegnung, eine Änderung im Verhalten, ein unerwarteter Karriereschritt –

kann genügen, alles über den Haufen zu werfen. Langeweile bedeutet: Achtung, Gefahr im Anzug!

Was tun?

- Erkennen, was passiert ist. Häufig merken beide nicht einmal, in welche Sackgasse sie geraten sind.
- Ehrlich nachprüfen, ob hinter der Langeweile versteckte Feindseligkeit, ein unausgesprochenes Problem oder auch »nur« Gleichgültigkeit steckt. Heruntergeschluckter Ärger führt dazu, daß man miteinander nur noch die notwendigsten Worte wechselt, und das wiederum hat zwangsläufig verschärfte Langeweile zur Folge.
- Den aufrichtigen Versuch unternehmen, die Langeweile zu bekämpfen. In der Regel ist es nicht mit einem gemeinsamen Urlaub oder einer sehr gewünschten Neuanschaffung (Kind, Hund, Haus oder Auto) getan. Der Reiz des Neuen verfliegt oft, noch ehe die Rechnung bezahlt ist. Viel erfolgversprechender ist es, zunächst einmal etwas gegen die eigene Langeweile zu tun. Sport, Schönheit, etwas Neues lernen, ein neues Hobby, ganz egal. (Es muß ja nicht gleich ein neuer Liebhaber sein!) Ein sichtlich zufriedener Partner ist eine ausgezeichnete Motivation, den eigenen inneren Schweinehund zu bekämpfen.
- Nachprüfen, ob nur der eine von beiden sich langweilt und der andere mit seinem Leben im Grunde recht zufrieden ist. Dies ist eine riskante Situation, weil der gelangweilte Partner dazu neigt, den anderen für seine negativen Gefühle verantwortlich zu machen.
- Darüber nachdenken, ob die Langeweile das erste Zeichen dafür ist, daß einer von beiden sich so stark verändert hat, daß mit einer Trennung gerechnet werden muß.
- Ehrlich in sich hineinhören: Sind Sie im Grunde in Ihrer Partnerschaft zufrieden, und ist das langweilige Leben nur darauf zurückzuführen, daß Sie im täglichen Einerlei die frühere Intimität, die Lust allzu radikal aus Ihrem Alltag verbannt haben?
- Betrachten Sie die Langeweile als Warnsignal: Wenn Sie die Beziehung weiterhin einfach so dahinplätschern lassen, ist Gefahr im Busch. Eine Partnerschaft will gehegt und gepflegt sein.
- Was manchmal hilft: Schreiben Sie beide getrennt auf, weshalb Sie sich seinerzeit in den anderen verliebt haben. Nehmen Sie sich Zeit. Denken Sie genau nach. Schreiben Sie auf, was Sie besonders glücklich gemacht hat. Ist die Liste fertig, setzen Sie hinter alle

Punkte, die sich Ihrer Meinung nach geändert haben, ein Kreuz. Und dann versuchen Sie, miteinander zu reden. Warum sagt oder tut er (sie) das nie mehr? Was könnten beide tun, um die alte Nähe wieder herzustellen?

Bloß nicht: Glauben Sie nie, Langeweile sei unvermeidlicher Bestandteil jeder längeren Beziehung. Zwar ist es unrealistisch zu glauben, daß man in dreißig Jahren Ehe niemals Durststrecken erlebt. Aber solche Phasen sollten immer nur vorübergehend sein. Warten Sie nicht darauf, daß Ihr Partner die Initiative ergreift.

Liebesbeweise

»Ständig wirft sie mir vor: Du liebst mich nicht mehr!«

Paul, 42, Hals-Nasen-Ohren-Arzt: Da haben wir's mal wieder. Seit ein paar Tagen ist Sybille schlecht gelaunt, und ich habe, wie so oft, keine Ahnung, was ich jetzt schon wieder falsch gemacht haben soll. Es gibt überhaupt keinen konkreten Anlaß. Aber sie fühlt sich scheinbar wieder mal vernachlässigt. Ich würde mich überhaupt nicht mehr für sie interessieren. Und wir lebten eigentlich nur noch nebeneinander her. Ich würde sie schon lange nicht mehr lieben ... lächerlich. Natürlich liebe ich sie. Sie sieht immer noch sehr gut aus. Sie ist eine phantastische Mutter. Ich schlafe sogar immer noch gern mit ihr und betrüge sie nicht. Neulich habe ich ihr erst ein neues Auto gekauft. Und im Urlaub fahren wir in die Karibik. Weiß der Kuckuck, was ihr jetzt schon wieder nicht paßt.

Sybille, 39, Hausfrau: Männer machen es sich so einfach! Da schenkt er mir ein neues Auto und denkt, dafür braucht er sich jetzt für eine Weile nicht mehr anzustrengen. Ich pfeife auf das neue Auto! Mein altes war noch völlig in Ordnung. Und mir ist es auch egal, ob wir im Urlaub in die Karibik oder ins Glottertal fahren, solange er nur einen Funken persönliches Interesse an mir zeigt! Aber alles, was ich tue, ist für ihn selbstverständlich. Ihn interessiert nur sein Beruf. Aber glaubst du, er spricht mit mir darüber? Dabei bin ich schließlich auch Ärztin, selbst wenn ich im Moment wegen der Kinder nicht arbeite. Er erzählt mir nichts. Er fragt nie, wie es mir geht. Für ihn bin ich so selbstverständlich wie unsere Sitzgarnitur. Wenn er mich, wie er sagt, wirklich noch liebt, warum zeigt er mir das nicht ab und zu mal?

Daran liegt's: Wenn es darum geht, Liebe zu zeigen, sind Männer anders gestrickt als Frauen. Männer neigen da zu einer eher schlichten Denkweise: Wenn sie ihr (mehr oder minder) treu sind, gut für ihre Familie sorgen und ihr gelegentlich etwas Großartiges schenken, dann sollte das doch eigentlich reichen. Dann muß sie doch merken, daß er sie noch liebt. Den meisten Frauen reicht das aber absolut nicht. Sie müssen immer wieder hören (und erleben), daß sie geliebt werden – große Geschenke sind dazu nicht notwendig. Es reicht völlig, wenn sie regelmäßig kleine Liebesbeweise bekommen.

Aber die brauchen sie, sagt der amerikanische Eheberater John Gray, etwa so regelmäßig wie ein Auto Benzin. Wenn sie vollgetankt ist mit Liebesbeweisen, ist sie zärtlich, aufmerksam, verständnisvoll. Ist der Tank leer, fühlt sie sich ungeliebt, ist unzufrieden, ungeduldig, nörgelig.

So einfach ist das. Die Frage ist nur: Was kann ein Mann tun, damit der Tank nie leer wird?

Was tun?

• Er: Füllen Sie regelmäßig den Tank mit kleinen Liebesbeweisen auf. Wenn Sie keine Ahnung haben, wie Sie das machen sollen, hier ein paar Anregungen:

• Machen Sie ihr ein freiwilliges Angebot: Ich habe heute abend ein bißchen Zeit. Hast du was, das repariert werden muß?

• Wenn Sie von der Arbeit kommen, nehmen Sie sie in die Arme.

• Wenn sie mit Ihnen reden will, legen Sie die Zeitung aus der Hand und hören ihr aufmerksam zu.

• Wenn Sie sich über etwas beschwert, tun Sie ihre Klage nicht als unwichtig ab. Zeigen Sie Verständnis und Mitgefühl.
• Wenn sie immer kocht, bieten Sie an, einmal an ihrer Stelle einzukaufen und das Abendbrot zu machen.
• Erkundigen Sie sich, wie ihr Tag war – und hören ihr geduldig zu.
• Seien Sie nett zu ihr, einfach so, ohne daß sie den Verdacht haben muß, das sei die Einstimmung auf den geplanten Sex.
• Bringen Sie ihr unerwartet und ohne Grund einen Blumenstrauß mit.
• Ziehen Sie am langen Donnerstag mit ihr los, und kaufen Sie ihr ein neues Kleid.
• Klappen Sie die Klobrille runter.
• Fahren Sie ihr Auto durch die Waschstraße, und tanken Sie es auf.
• Zeigen Sie ihr, daß Sie ihr Foto in der Brieftasche haben.
• Schalten Sie den Fernseher aus, wenn sie ins Wohnzimmer kommt.

Bloß nicht: Denken Sie nie: »Verdammt, sie weiß doch genau, daß ich sie liebe, schließlich habe ich sie doch geheiratet.« Eine Liebeserklärung, oder zwei oder drei, reichen nicht für eine Ehe. Lassen Sie ihren Tank nie auf Reserve laufen. Reserve ist zum Beispiel die große Liebeserklärung vor fünf Jahren, schriftlich sogar, oder die Tatsache, daß Sie ihr zuliebe das Häuschen im Grünen gekauft haben, obwohl es eigentlich viel zu teuer war. Die Punkte, die Sie damals dafür gesammelt haben, sind längst verbraucht.

Männerfreundschaften

»*Auf seine Kumpel läßt er nichts kommen!*«

Kerstin, 24, Kosmetikerin: Wir sind ja noch nicht lange verheiratet, aber manchmal habe ich das Gefühl, ich habe alle seine Freunde mitgeheiratet. Oder was er so Freunde nennt, denn einen richtigen Freund hat er gar nicht. Also, diese Kumpel hängen Tag und Nacht bei uns rum. Holen sich ein Bier aus dem Kühlschrank. Basteln in unserer Garage an ihren Motorrädern rum. Ziehen sich in unserem Videorecorder ihre Urlaubsfilme ein und tun überhaupt so, als wären sie hier zu Hause. Eigentlich kann ich mich ja gar nicht beklagen, denn sie sind alle sehr nett zu mir. Aber Stefan benimmt sich so seltsam, wenn sie da sind. Er kommt mir dann so unecht vor. Lacht über die blödesten Witze. Reißt coole Macho-Sprüche, die ihm sonst nie über die Lippen kämen. Hält jeden Biertisch-Philosophen für einen Ausbund an Intelligenz. Wehe, ich sag mal was über einen seiner Freunden. Schon die kleinste Bemerkung reicht, um ihn auf die Palme zu bringen. Auf seine Freunde läßt er nichts, aber auch gar nichts kommen.

Stefan, 24, Student: Ich geb ja zu, daß meine Freunde ziemlich viel bei uns rumhängen. Ich bin ja auch der einzige, der eine Wohnung hat, da bietet sich das eben an. Aber es ist nicht so, wie Kerstin sagt, daß sie die ganze Zeit mit der Bierflasche in der Küche stehen. Wir sind ja fast alle kurz vor dem Examen, und da versteht es sich von selbst, daß wir ziemlich viel büffeln. Wenn Kerstin dann von der Arbeit kommt, blödeln wir meistens noch ein bißchen rum, und sie legt dann jedes Wort auf die Goldwaage. Nichts paßt ihr dann mehr. Ich glaube, sie ist nur eifersüchtig. Aber auf meine Freunde lasse ich nichts kommen. Sie soll doch froh sein, daß wir zu Hause bei uns lernen und nicht in der Kneipe rumhängen, oder im Studentenwohnheim.

Daran liegt's: In den meisten Fällen ist tatsächlich – uneingestandene – Eifersucht dafür verantwortlich, daß Frauen die Freunde ihrer Männer so bekämpfen. Seine Kumpel haben die gleichen Interessen, die gleiche »Sprache«, die gleiche Wellenlänge. Sie sind sozusagen Insider auf einem Gebiet, auf dem sie sich wenig auskennt und für das sie sich meistens auch kaum interessiert. Hinzu kommt, daß wir alle die merkwürdige Neigung haben, uns in einen Menschen zu verlieben, der sich in vielen Punkten diametral von uns unterscheidet. Mit anderen Worten: Er besitzt all die Eigenschaften, die uns selbst fehlen. Seine Freunde teilen in der Regel seine Interessen – aber mit der Partnerin des Kumpels haben sie so gut wie keine Gemeinsamkeiten. Klar, daß man da nicht warm den Kumpeln werden kann – schließlich ist man ja nicht in sie verliebt. Und so werden seine Freunde oft ganz schnell zu ihren Rivalen.

Was tun?

- Verbünden Sie sich mit Ihrem Mann: Schieben Sie sich selbst den Schwarzen Peter dafür zu, daß Ihnen einer seiner Kumpel absolut nicht gefällt. Nicht: »Fredo ist ein arroganter Angeber«, sondern: »Ich habe Schwierigkeiten mit Fredo, wenn er auf seine feine Familie zu sprechen kommt. Er wirkt auf mich dann immer so herablassend. Aber vielleicht bin ich zu empfindlich.« Mit dieser diplomatischen Form von Kritik haben Sie gute Aussichten, an seinen Beschützerinstinkt zu appellieren, und er wird möglicherweise sogar freiwillig zugeben, daß Fredo sich gelegentlich wirklich ein bißchen zu sehr aufspielt.
- Wenn Sie seine Freunde wirklich mal kritisieren, bemühen Sie sich um äußerste Sachlichkeit. Wenn Sie sie unqualifiziert und pauschal angreifen (»Die saufen doch nur auf unsere Kosten«), ist er gezwungen, sie zu verteidigen. Dann werden aus dümmlichen Gelegenheitssäufern in seinen Augen (und Worten) witzige

Spaßvögel – und Sie eine humorlose, dumme Gans. Überlegen Sie sich Ihre Kritik also überaus gründlich. Nicht: »Paul labert immer so blöd daher, wenn er was getrunken hat«, sondern: »Mich kränken seine Macho-Parolen, auch wenn er es vielleicht gar nicht so meint.«

• Seien Sie kompromißbereit. Gönnen Sie ihm seine Freundschaften – und sich selbst die Ihren. Wer sagt, daß man in der Ehe alles gemeinsam haben muß? Gehen Sie ruhig ab und zu mal getrennte Wege. Pflegen Sie Ihre eigenen Freundschaften, während er sich mit seinen Kumpels trifft. Dann kann er in aller Ruhe die Erlebnisse tanken, die Sie ihm nicht bieten können, und braucht dabei nicht mit einem Auge danach zu schielen, ob es Ihnen möglicherweise unangenehm ist, ihn so zu erleben. Und Sie haben Ihrerseits die Möglichkeit, mit Ihren Freundinnen über all die Themen zu reden, die in Ihrer Beziehung ein wenig zu kurz kommen. Ihrer Beziehung werden solche Freiräume nur gut tun.

Bloß nicht: Und wenn's noch so schwer fällt: Schimpfen Sie nicht über seine Freunde. Sie ziehen sonst mit höchster Wahrscheinlichkeit den kürzeren, denn auf seine Freunde läßt ein Mann nichts kommen!

Manieren

»Man muß sich richtig für ihn schämen!«

Elke, 28, OP-Schwester: Ich kann mich entsetzlich über Peters schlechte Manieren aufregen. Dabei bin ich wirklich nicht besonders kleinlich. Wenn er beim Essen beide Ellenbogen auf den Tisch legt – bitte sehr, solange wir unter uns sind, ist mir das egal. Aber es ärgert mich maßlos, wenn wir Besuch kriegen und er einfach den Fernseher weiterlaufen läßt. Oder wenn wir eingeladen sind und er den Blumenstrauß samt Papier überreicht. Wenn er sich die Nase putzt, schnaubt er wie ein Walroß. Und wenn in einer Gesellschaft jemand niesen muß, sagt er laut und herzhaft »Gesundheit!« Unsere Bekannten tun dann zwar alle so, als merkten sie nichts, aber ich spüre sehr wohl, daß sie sich fragen, was für einen Proleten ich denn da geheiratet habe, und das ist mir natürlich absolut nicht egal. Okay, Peter stammt aus einfachen Verhältnissen, in seiner Familie hat niemand sonderlich großen Wert auf eine gute Kinderstube gelegt. Aber bei uns zu Hause war das immer eine Selbstverständlichkeit, und es ist, finde ich, nicht zuviel verlangt, daß er sich ein wenig um gute Manieren bemüht.

Peter, 32, Bau-Ingenieur: Elkes vornehmes Getue geht mir manchmal ganz schön auf den Geist. Dann läßt sie dezent durchblicken, daß sie aus einer Arztfamilie stammt, während mein Vater nur Maurerpolier ist. Wenn sie dann so gönnerhaft tut (»Denk dran, Liebling, daß du den Blumenstrauß nicht im Papier überreichst!« oder »Tante Amelie ist es gewöhnt, mit einem Handkuß begrüßt zu werden!«), dann denke ich mir: Wenn sie schon glaubt, unter ihrem Niveau geheiratet zu haben, bitte sehr, dann tu ich ihr auch den Gefallen und spiele den Jungen aus kleinen Verhältnissen, der keine Kinderstube hat, wie sie das nennt. Sie macht's ja im Prinzip genauso. Wie sie sich aufführt, wenn bei meinen Eltern eine Familienfeier stattfindet! Da sind alle laut und herzlich und trinken Bier aus der Flasche, der Fernseher läuft, die Kinder kleckern aufs Tischtuch, und meine Mutter serviert in der Küchenschürze. Alle amüsieren sich – nur meine feine Frau sitzt stocksteif da und blickt drein wie eine alte Gouvernante.

Daran liegt's: Beim Thema Manieren geht's meist um mehr als um die Frage, aus welchem Glas man den Rotwein trinkt und ob es in bestimmten Situationen erlaubt ist, Blumen im Papier zu überreichen. Es geht auch um mehr als um gegenseitigen Druck (»Du sollst dich so ändern, wie es in meiner Familie üblich ist und wie ich es von dir erwarte«). Daraus entsteht leicht ein Machtspiel, bei dem sich, ehe man sich versieht, die Positionen verhärten, ganz besonders dann, wenn der eine Partner die

Gouvernante spielt und der andere die Rolle des Jungen ohne Kinderstube.

Was tun?

- Überlegen Sie mal, ob es bei Ihrem Kleinkrieg nicht weniger um das richtige Benehmen geht als um die Frage, wer wen erziehen darf.
- Denken Sie mal darüber nach, ob es nicht auch ein Vorteil sein kann, daß Sie beide aus verschiedenen sozialen Schichten mit unterschiedlichen Benimmregeln kommen. Sie können sich doch gegenseitig dabei helfen, sich der jeweils »fremden« Welt besser anzupassen. Bier aus der Flasche zu trinken hat durchaus seinen ganz besonderen Reiz, und wer es andererseits schafft, in der höher gestellten Gesellschaft locker zu bleiben, weil er die Spielregeln kennt, hat durchaus Vorteile.
- Akzeptieren Sie: Auch wenn beide sich noch so sehr bemühen – manches angelernte Verhalten wird unter Druck doch wieder hervorbrechen – wie in der unvergeßlichen Szene aus »My Fair Lady«, als Eliza, von Professor Higgins in feinem Benehmen getrimmt, beim Pferderennen in der ganz noblen Gesellschaft alles Gelernte vergißt und dem lahmen Gaul lauthals »Pfeffer in den Arsch« streuen will.

Bloß nicht: Kritisieren Sie die Manieren Ihres Partners niemals vor anderen!

Mundfaul

»Er kriegt einfach die Zähne nicht auseinander!«

Lilo, 49, Redakteurin: Harry war nie ein großer Redner, aber inzwischen kriegt er die Zähne überhaupt nicht mehr auseinander. Wir sehen uns den ganzen Tag nicht, weil wir beide berufstätig sind. Wenn ich nach Hause kommen, möchte ich mich natürlich mit ihm unterhalten. Aber weil ich ihn nicht gleich mit meinem Ärger in der Redaktion überfallen will, frag ich zuerst nach seinem Tag. Das hört sich dann so an:
»Wie war's im Institut?« – »Das Übliche. Nichts Besonderes.« – »Bist du mit deinen Versuchen weitergekommen?« – »Etwas.« – »Hast du endlich mit deinem Chef über deinen Urlaub gesprochen?« – »Ja.« – »Und was hat er gesagt?« – »Kein Problem.« – »Wunderbar, dann können wir ja endlich unsere Reise planen.« – »Ach, das hat doch noch Zeit...« – »Wieso redest du eigentlich nie mit mir?« – »Aber wir reden doch gerade!«
Zu diesem Zeitpunkt bin ich schon so sauer, daß ich mir sage, jetzt erzähle ich ihm auch nichts. Ich suche nach der Hundeleine und geh mit dem Hund spazieren. Wenn ich wiederkomme, sitzt Harry vorm Fernseher und tut, als wäre nichts gewesen. Seit zwanzig Jahren geht das so. Immer dieselbe Geschichte: Im Büro redet er. Wenn wir eingeladen sind, kann er manchmal richtig witzig sein. Aber zu Hause tut er so, als müsse er für jedes Wort, das er sagt, Strafe zahlen!

Harry, 52, Chemiker: Im Institut muß ich den ganzen Tag reden. Ständig kommt jemand und will etwas wissen. Dazu die Vorträge, die Fortbildungsseminare für die Laboranten – das geht pausenlos so bis zum Feierabend. Wenn ich dann zu Hause bin, freue ich mich, daß ich endlich nicht mehr reden muß. Aber kaum bin ich da, fällt Lilo über mich her und will mir die Würmer aus der Nase ziehen. Warum, verdammt nochmal, hat sie nach zwanzig Jahren Ehe immer noch nicht begriffen, daß ich nach Feierabend erst mal meine Ruhe haben will! Sie kommt dann immer gleich und beschwert sich, ich würde sie nicht mehr lieben. Als ob das was damit zu tun hätte!

Daran liegt's: Männer reden, im Gegensatz zu Frauen, so gut wie nie zu ihrem Vergnügen. Wenn sie schon den Mund aufmachen, wollen sie auch etwas davon haben. Status zum Beispiel, sie wollen sich wichtig fühlen. Donnerwetter, soll die Umwelt erstaunt registrieren, was für ein kluger Kopf der XY doch ist! Oder es geht um Information: Wichtige Neuigkeiten aus der Welt der Männer zu bekommen (Sport, Beruf, Politik), ist eine Notwendigkeit, und das geht in der Regel nur im Austausch. Sagst du etwas, so erfährst du etwas. Aber das gemütliche Heim ist für sie der Ort, an dem sie angenehmerweise nicht zu reden brauchen, da können sie sich endlich entspannen. Ganz im Gegensatz zu Frauen, die am liebsten zu Hause in vertrauter Atmosphäre reden, dort, wo sie sich von Gleichgesinnten und Vertrauten umgeben fühlen. Für Frauen ist Gespräch Interaktion, etwas, das Menschen miteinander verbindet. Übrigens – das haben Sprachforscher festgestellt – sind sie Männern sprachlich fast immer überlegen. Sie machen weniger Denkpausen, sagen seltener »ähm« und neigen auch viel seltener zu Sprachfehlern: Auf eine Frau, die stottert, kommen vier Männer. Um ein Gespräch in Gang zu halten, sprechen Frauen oft einfach das aus, was ihnen gerade in den Sinn kommt, und sie legen dann auch nicht jedes Wort auf die Goldwaage. Männer dagegen pflegen ihre Kontakte durch gemeinsame Aktivitäten: Sporteln, Trinken, Kegeln. Da sind sie ziemlich sicher, daß sie nur dann den Mund aufmachen brauchen, wenn es unbedingt sein muß.

Was tun? Wie meistens beim Zusammenleben geht es auch hier darum, Kompromisse zu finden. Den anderen zu ändern ist schwer und außerdem auch nicht unbedingt erstrebenswert (siehe dazu auch »Abgewöhnen«). Aber es ist leichter, Respekt für die Bedürfnisse des Partners zu entwickeln, wenn man weiß, warum er so ist, wie er ist. Gegen chronische Schweiger ist kein Kraut gewachsen. Wenn Sie jedoch nur phasenweise das Gefühl haben, von Ihrem Partner ignoriert zu werden, sollten Sie es nicht persönlich nehmen!

• Begreifen Sie, daß es Männerart ist, sich in die Höhle zurückzuziehen, bis das Problem im Griff ist. Das heißt aber mitnichten, daß er Sie nicht mehr liebt. Je mehr Verständnis Sie für sein Verhalten haben, desto schneller kommt er wieder aus seiner Höhle hervor.

• Wenn er Ihre Argumente mit langem Schweigen quittiert, dürfen Sie nicht annehmen, er wollte Sie zurückweisen. Oft braucht er einfach lange, bis er sich eine Antwort zurechtgelegt hat.

• Er: Wenn Sie merken, daß Sie geistig abwesend sind und Ihre Partnerin ausgerechnet in diesem Augenblick nach tiefschürfenden Gesprächen über Ihre Partnerschaft verlangt, haben Sie Verständnis für ihre Gefühle und nehmen Sie das, was wie Kritik an Ihnen klingen mag, nicht persönlich. Sie hat ein Recht darauf, sich schlecht zu fühlen und mit Ihnen darüber zu reden. Sie brauchen sich ja gar nicht zum Reden zu zwingen. Oft reicht es völlig, wenn Sie ihr mit Interesse zuhören und gelegentlich zu verstehen geben, daß sie noch da sind. Locker eingeworfene Floskeln wie »Hmmm, wirklich?« oder »Ach was!« erfüllen diesen Zweck meist zur Genüge.

Bloß nicht: Sie: Todsünden sind:

• ihm die Würmer aus der Nase zu ziehen. Je mehr Sie das versuchen, desto schweigsamer wird er.

• ihm Ihre Hilfe aufzudrängen: »Du Armer, was hast du denn, kann ich dir helfen, was ist denn los?« Genauso schlimm:

• Vorwürfe: »Du behandelst mich, als wäre ich Luft!«

• Psychotherapeutin spielen: »Mir scheint, du fühlst dich von deinen Kollegen nicht genügend gewürdigt...«

• Ungebetene Lösungsvorschläge.

Nichts zum Anziehen

»Lächerlich! Dabei hängt ihr ganzer Schrank voll!«

Hannes, 27, kaufmännischer Angestellter: Jedesmal, ehe wir ausgehen, das gleiche Theater: Sie steht vor dem Kleiderschrank und jammert, daß sie nichts zum Anziehen hat. Dabei hängt der ganze Schrank voller Klamotten, die sie noch nicht einmal getragen hat. Sie zerrt ein Kleid nach dem anderen hervor, probiert es an, geht zum Spiegel, schüttelt den Kopf und wirft es dann verzweifelt aufs Bett. Sage ich: »Zieh doch das Schwarze an, das du neulich anhattest, darin siehst du doch toll aus«, kriege ich einen Anschiß: »Ich kann doch nicht zweimal hintereinander das gleiche Kleid anziehen!« Sage ich: »Der dunkelblaue Hosenanzug macht eine gute Figur!«, motzt sie mich an: »Habe ich sonst etwa keine gute Figur?« Also halte ich den Mund und verdrücke mich so lange, bis sie etwas gefunden hat. Und dann wirft sie mir vor, lieblos zu sein und überhaupt keinen Funken Verständnis für Frauen zu haben!

Lisa, 25, Sekretärin: Hannes ist ein netter Kerl, aber von Frauen hat er keine Ahnung. Und von Klamotten auch nicht. In dieser Beziehung ist er ein hoffnungsloser Fall.

Daran liegt's: Das verzweifelte Gefühl, vor dem vollen Kleiderschrank zu stehen und nichts zum Anziehen zu finden, kennen nur Frauen, aber dafür ausnahmslos alle. Meist befällt es sie vor Einladungen, Festen, Urlaubsreisen, und fast immer so rechtzeitig, daß es noch möglich ist, an diesem Tatbestand etwas zu ändern. Dazu brauchen viele Frauen jedoch zumindest die moralische Unterstützung ihres Partners. Dummerweise verstehen Männer das Problem nicht. Sie werfen einen Blick in den randvollen Kleiderschrank und können nicht begreifen, wovon sie spricht. Und wenn sie ihrem Unverständnis Ausdruck verleihen und auf ein bestimmtes Kleidungsstück deuten, ziehen sie sich den Zorn der ohnehin Verzweifelten zu. Die meisten Männer haben allerdings keine Ahnung, was sie nun schon wieder falsch gemacht haben könnten. Sie haben doch für eine Sache, die von ihr offenkundig als Problem angesehen wird, eine praktikable Lösung gefunden: das gelbe, blaue oder rote Kleid paßt ihr doch! Das Dumme ist nur: Frauen ist an einer vernünftigen Lösung absolut nicht gelegen. Der männliche Fehler liegt darin, die Äußerung wörtlich genommen zu haben. Der Satz »Ich habe nichts zum Anziehen« ist nicht mehr und nicht weniger als ein Hinweis darauf, daß eine Neuanschaffung oder ein ausgedehnter Einkaufsbummel ins Haus stehen.

Was tun?

- Er: Lernen Sie, diesen Ausspruch zu übersetzen und richtig zu deuten: »Ich habe nichts zum Anziehen« bedeutet im Klartext: »Nichts von meinen Klamotten gefällt mir mehr« oder »Meine Seele braucht was Neues. Laß uns einkaufen gehen« oder »Ich kauf mir was, okay?« Die einzig richtige Antwort auf diesen Hinweis ist: »Stimmt, du brauchst unbedingt etwas Neues.«
- Falls Sie der Ansicht sind, ein neues Kleidungsstück sei angesichts des prall gefüllten Schranks absolut nicht notwendig, tun Sie gut daran, diese Meinung für sich zu behalten. Eine Frau, die glaubt, nichts anzuziehen zu haben, ist depressiv, fühlt sich häßlich, unverstanden und ungeliebt. Und wer muß es ausbaden? Eben!
- Falls Sie sehr gute Gründe haben, aus finanziellen Motiven von der Anschaffung abzuraten, machen Sie ihr das besonders liebevoll und behutsam klar: »Ich verstehe ja, daß du etwas zum Anziehen brauchst, aber im Moment haben wir überhaupt kein Geld. Sobald wieder was auf dem Konto ist, gehen wir einkaufen.«
- Wenn Sie sie dann noch in den Arm nehmen und ihr versichern, daß sie auf dem Fest ohnehin die Schönste sein wird, egal, was sie anhat, können Sie dafür fast ebensoviele Pluspunkte verbuchen wie für einen Einkaufsbummel.

Bloß nicht: Argumente wie »Du hast dir doch neulich erst ein Kleid gekauft« sind ungefähr so wirkungsvoll, als würde sie auf Ihre Mitteilung, sich mit den Kumpeln mal eben auf in Bier in der Kneipe um die Ecke treffen zu wollen, erwidern: »Wenn du Lust auf ein Bier hast – es ist noch eine Flasche im Kühlschrank.«

Nörgeln

»Immer meckert sie an mir herum!«

Herbert, 51, Bundesbahn-Angestellter: Sie macht mich noch ganz krank mit ihrer ständigen Nörgelei. Von morgens bis abends meckert sie an mir herum: »Kannst du nicht besser auf deine Sachen aufpassen?« oder »Das nennst du Blumengießen? Ich nenne das Ersäufen« oder »Seit drei Wochen bitte ich dich darum, mir die Wäscheleine neu zu spannen, aber du hast ja nie Zeit für mich. Andere Männer...« Und so geht es weiter. Ich höre schon seit Jahren nicht mehr hin. Nichts kann ich ihr recht machen. Warum machen so viele Frauen aus jeder Mücke einen Elefanten?

Ilse, 52, Hausfrau: Ich nörgele nicht, ich bitte ihn ganz freundlich darum, mir einen Gefallen zu tun. »Kannst du heute abend zwei Kästen Mineralwasser mitbringen?« frage ich zum Beispiel. Für ihn ist das mit dem Auto doch viel einfacher als für mich mit dem Fahrrad. Er sagt ja, und dann passiert nichts. Ich erinnere ihn immer wieder dran: »Herbert, denkst du bitte an das Mineralwasser?« – »Glaubst du, ich habe an nichts anderes zu denken als an deine Wasserkästen?« giftet er mich dann an. Und so geht das wochenlang weiter. Nicht mit dem Wasser natürlich, das hab ich inzwischen längst auf dem Fahrrad hergeschleppt. Aber so geht es mit allem. Nie tut er das, worum ich ihn bitte. Natürlich bin ich dann sauer auf ihn. Ihm ist es doch völlig gleichgültig, wie es mir geht. Hauptsache, er hat seine Ruhe und braucht sich um nichts zu kümmern!

Daran liegt's: Die zwei größten Streitpunkte in der Ehe sind Geld und Kindererziehung. Aber gleich danach kommt auf Platz drei bei Männern das Problem: Sie nörgelt ständig an mir herum. (Bei Frauen rangiert auf Platz drei die Schlampigkeit, mit der er sie verrückt macht.) Übrigens nörgeln längst nicht nur Frauen, die Männer tun's auch. Bei sich selbst nennen sie es nur anders: argumentieren oder »ihr Vernunft beibringen«. Nörgler beiderlei Geschlechts knöpfen sich einen wunden Punkt des Partners vor, irgendeine Unterlassungssünde, meist eine Bagatelle, und reiten

dann unentwegt darauf herum. Sie leiten ihre Tiraden gern mit den Wörtern »Immer...« und »Nie...« ein und erwarten in der Regel nicht einmal dann eine Antwort, wenn sie eine Frage stellen, die mit »Warum...« beginnt.
Die amerikanische Linguistin Deborah Tannen vermutet: Vielleicht ist das Klischee der nörgelnden Frau eine Folge des Wechselspiels der unterschiedlichen Gesprächsweisen von Mann und Frau. Frauen tun oft das, wozu man sie auffordert, ohne daß ihnen ein Zacken aus der Krone fällt. Männer dagegen befolgen Anordnungen, selbst wenn sie als Bitten verkleidet sind, höchst ungern. Sie sträuben sich schon beim leisesten Verdacht, daß jemand ihnen womöglich Befehle erteilen könnte – und erst recht, wenn diese von einer Frau kommen. Eine Frau, die das nicht weiß – und woher soll sie's auch wissen? –, neigt dazu, eine Bitte, die unbeantwortet geblieben ist, zu wiederholen, weil sie überzeugt ist: Wenn er erst mal begriffen hat, wieviel ihr daran liegt, wird er es schon machen. Aber der Mann, der das Gefühl nicht ertragen kann, daß sie ihm Vorschriften macht, zögert die Erfüllung der Bitte immer länger hinaus. Das Ergebnis ist Nörgelei, denn jedesmal, wenn eine Frau ihre Bitte wiederholt, wird ihr Ton dringlicher – oder nörgelnder –, und er schiebt die Erfüllung nun erst recht weiter hinaus.
Über kurz oder lang kommt sie zu dem Schluß, daß nur Lieblosigkeit, Verachtung oder Gleichgültigkeit dafür verantwortlich sein können, daß er sich ihren Bitten so hartnäckig widersetzt – und aus dem Bitten wird ein Machtkampf, der sich ohne weiteres über mehrere Jahrzehnte erstrecken kann.

Was tun?

• Er: Nehmen Sie ihr den Wind aus den Segeln. Das fällt leichter, wenn man ihre Klage nicht als Angriff versteht, sondern als SOS-Signal: Wenn eine Frau nörgelt, geht es ihr oft gar nicht um die Sache, sondern um ein Gefühl. Nörgeln heißt soviel wie: »Ich bin unglücklich, weil ich mich von dir unverstanden und ungeliebt fühle.« Und wenn sie unglücklich ist, sind ihre Formulierungen es auch. Aber wenn man sich die Mühe macht, sie zu »übersetzen« – Was meint sie eigentlich wirklich? –, dann kann man sie ganz leicht verstehen – und oft auch akzeptieren. Hier einige »Übersetzungshilfen«:

- »Mußt du immer den Toast anbrennen lassen?« heißt übersetzt: »Kann ich bitte einen neuen Toast haben?«
- »Nie gehst du mit mir aus!« heißt in Wirklichkeit: »Ich hätte mal wieder Lust, ganz allein mit dir einen schönen Abend zu verbringen.«
- »Das Haus ist immer ein Saustall!« bedeutet: »Ich fühle mich selbst nicht wohl hier, aber ich bin total erschöpft. Bist du so nett und räumst ein wenig auf?«
- »Nie trägt hier einer den Müll runter, immer muß ich die Drecksarbeit machen!« will sagen: »Bitte sei so lieb und trag den Mülleimer runter!«
- »Du bist ja immer nur müde!« meint: »Früher war es so schön mit dir, gehen wir nicht mal wieder gemeinsam aus?«
- »Immer kommst du zu spät!« bedeutet im Klartext: »Du fehlst mir. Ich bin am glücklichsten, wenn du bei mir bist.«

Und auf solche und ähnliche Bitten kann man doch ohne Gesichtsverlust reagieren, oder? Die Chancen sind gar nicht so schlecht, daß sie, mit Ihrer Hilfe, die fast vergessene »Ursprache« bald wieder beherrscht und die Nörgelsprache in den Müll kippt. (Den Eimer heruntertragen sollten dann aber möglichst Sie!)

Bloß nicht: Nehmen Sie sie nicht wörtlich, wenn sie ihre Tiraden beginnt: Sätze, die mit »immer«, »nie«, und »warum« beginnen, brauchen niemals beantwortet zu werden, weil sie keine Aufforderung beinhalten, sondern lediglich ein Gefühl zum Ausdruck bringen. Sie brauchen deshalb auch nicht sachlich richtiggestellt zu werden. Wenn sie Ihnen vorhält: »Nie gehst du mehr mit mir aus!«, ist die Antwort: »Wir waren doch erst letzten Monat im Kino!« möglicherweise korrekt – aber trotzdem in jedem Falle falsch!

Orgasmus-Streß

»*Sex ist doch kein Leistungssport!*«

Elke, 29, Lehrerin: Bei uns wäre alles in bester Ordnung, wenn wir den Streß mit dem Orgasmus nicht hätten. Mit meinem, wohlgemerkt. Es ist nicht etwa so, daß ich frigid wäre oder keinen Spaß am Sex hätte, ganz im Gegenteil. Aber für mich ist es einfach nicht besonders wichtig, ob ich komme oder nicht. Hauptsache, der Sex war gut. Den Streß mache nicht etwa ich – den macht ganz allein Robert. Er hat, weiß der Teufel woher, ganz präzise Vorstellungen davon, wie guter Sex abzulaufen hat, und ständig ist er auf der Jagd nach dem gleichzeitigen Orgasmus, nach dem legendären G-Spot oder dem vaginalen Superorgasmus, und dadurch artet bei uns der Sex oft in Schwerstarbeit aus. Mit seinem verdammten Perfektionismus erreicht er genau das Gegenteil von dem, was er eigentlich anstrebt: Nach einer Weile reicht's mir, und weil ich endlich meine Ruhe haben will, stöhne ich ihm den Höhepunkt vor, den ich ohne seinen verdammten Streß längst wirklich hätte haben können.

Robert, 34, Arbeitsmediziner: Nie kann man's den Frauen recht machen. Denkst du beim Sex in erster Linie an dein eigenes Vergnügen, bist du ein Macho und ein Egoist, wenn nicht was Schlimmeres. Kümmerst du dich darum, daß sie auf ihre Kosten kommt, ist die Rede von Orgasmus-Streß. Ich finde, wenn wir's schon machen, dann soll es sich doch auch lohnen. Also habe ich mich in der Sexualliteratur ein bißchen sachkundig gemacht und festgestellt, daß wir noch eine Menge zu lernen haben. Aber jedesmal, wenn ich was Neues ausprobieren will, wird sie ironisch und sagt, ich stresse sie nur. Dabei will ich doch nur ihr Bestes!

Daran liegt's: Orgasmus ist die häßliche Bezeichnung für ein äußerst schönes Gefühl, das bei der Frau im Kopf beginnt und sich dann in der Klitoris, in der Vagina und im ganzen Körper ausbreitet. Ein paar nüchterne Fakten: Verursacht wird er durch (zählen Sie mal mit) 5 bis 8 starke – und ausklingend noch ein paar schwächere – Muskelkontraktionen, die vom Nervensystem ausgehen. Das Ganze dauert selten länger als 15 Sekunden. Es folgt eine kurze Phase der Entspannung, in der sich Blutdruck und Herzschlag wieder normalisieren, und dann kann es theoretisch wieder von vorne losgehen. Sexualwissenschaftler sind der Ansicht, daß nahezu alle Frauen orgasmusfähig sind. Aber in der Praxis hat etwa jede dritte Frau in dieser Beziehung Schwierigkeiten, und jede zehnte, schätzen Eheberater und Sexualtherapeuten, haben noch nie einen gehabt. Wenn eine Frau nicht »kommt«, kann das viele Gründe haben. Hier ganz kurz die wichtigsten:

- Medizinische Gründe: Krankheiten wie Diabetes im fortgeschrittenen Zustand, bestimmte Nervenerkrankungen, Magersucht, Hormonstörungen und Operationen an den Geschlechtsorganen sowie Schmerzen beim Geschlechtsverkehr können verhindern, daß eine Frau zum Orgasmus kommt, ebenso Psychopharmaka und Blutdrucksenker.
- Seelische Gründe: Schüchternheit (bei jungen Frauen die häufigste Ursache), die Unfähigkeit, sich zu entspannen, Streß, Schwangerschaft, Trauer oder die Angst vor ungewollter Schwangerschaft, traumatische sexuelle Erlebnisse in der Kindheit oder die Angst, sich »gehenzulassen«.
- Aber die meisten Frauen bekommen nur deshalb keinen Orgasmus, weil ihr Partner keine Ahnung hat, was er tun kann, damit sie einen hat.

Noch vor gut hundert Jahren waren die Männer fein raus. Damals stand nämlich zumindest offiziell fest: Ein Orgasmus ist etwas, das eine anständige Frauen nicht hat. Heute ist das zum Glück anders, da wissen die meisten Frauen durchaus, daß sie etwas verpassen. Und immerhin sind nach einer wissenschaftlichen Studie 50 Pro-

zent der Männer »etwas beunruhigt«, wenn die Partnerin keinen Orgasmus hat, 20 Prozent sogar »sehr beunruhigt«. (Ein Ergebnis, das zwangsläufig die Frage herausfordert: Um welche Trottel handelt es sich bei den restlichen 30 Prozent?)
Sexualaufklärung in den Medien hat zwar einerseits dazu beigetragen, daß Männer und Frauen viel mehr über Sex wissen als früher. Aber es sind auch viele Unwahrheiten und Halbwahrheiten in Umlauf gebracht worden, die nun den Frauen den Orgasmus bisweilen schwer machen. Hier die verbreitetsten Mythen:

- *Zum richtigen Sex gehört der große Orgasmus.* Wäre schön. Aber auch ohne ihn kann Sex Spaß machen. Manchmal, bei langem intensiven Sex, bei dem man den Orgasmus absichtlich hinauszögert, ist er ohnehin nur noch ein offizieller Schlußpunkt.
- *Es gibt einen richtigen Orgasmus und einen falschen.* Das hat der alte Freud uns eingebrockt. Er war davon überzeugt, daß es einen »richtigen« (vaginalen) und einen »falschen« (klitoralen) Orgasmus gibt, einen erster Klasse und einen minderwertigen. Wissenschaftler haben das längst widerlegt. Es gibt zwar ohne Zweifel einen tollen und einen mittelmäßigen, einen, bei dem die Erde bebt, oder einen, nach dem man nur gut einschlafen kann, aber das hat nichts damit zu tun, ob er »drinnen« oder »draußen« beginnt.
- *Im Laufe der Zeit wird es immer leichter.* Stimmt nur bei Erfahrung, Übung und Interesse. Wer 30 ist, hat meist mehr erlebt als ein Teenager und weiß deshalb auch besser, wie man zum Höhepunkt kommt. Aber das hat nichts mit der altersbedingt unterschiedlichen körperlichen Bereitschaft zu tun.
- *Ein Mann spürt, wenn seine Partnerin kommt.* Nicht ohne weiteres, im allgemeinen spürt er es nur dann, wenn sie will, daß er es weiß. Die Kontraktionen des Muskelrings in der Vagina kann er kaum spüren, zumindest nicht immer. Deshalb ist es für die meisten Frauen auch ein Kinderspiel, den Orgasmus vorzutäuschen: um ihm eine Freude zu machen, um zu signalisieren: jetzt reicht's! oder als ein gutgemeinter Liebesbeweis. Aber die Folgen können fatal sein. Wenn sie zu gut schauspielert, hat er nie eine Chance herauszufinden, was ihr wirklich Spaß macht.
- *Ohne Vorspiel kein Orgasmus.* Falsch. Auch Frauen können ohne große äußerliche Vorbereitung zum Orgasmus kommen – dann hat die Vorbereitung im Kopf stattgefunden: durch Worte, Gedanken, Phantasien. Und dann reicht schon die kleinste

Berührung... Aber das sind eher seltene Glücksfälle in der Partnerschaft. In der Regel braucht's unter Altvertrauten schon ein wenig mehr – Zärtlichkeit und Handarbeit machen die Liebe für sie attraktiver.

• *Am besten ist es, wenn beide gleichzeitig zum Orgasmus kommen.* Darüber kann man geteilter Meinung sein. Gemeinsam abheben können aber nur die wenigsten Paare, und das ist auch nicht schlecht, denn wenn beide hintereinander kommen, erlebt man den Höhepunkt zweimal – als Geber und als Empfänger – und hat zweimal etwas davon. Jeder kann sich besser auf seine eigene Lust konzentrieren und sie mehr genießen, wenn er weiter nichts zu tun braucht, als sie zu genießen.

• *Irgendwo gibt es den geheimen G-Spot. Wenn ich den finde, sind alle Probleme gelöst.* Schön wär's. Offensichtlich gibt es die von dem Mediziner Gräfenberg entdeckte erogene Zone tief in der Vagina irgendwo zwischen Harnröhre und Bauchdecke wirklich. Aber bei vielen Frauen ist der mittlerweile legendäre G-Spot lebenslänglich so unauffindbar wie die Blaue Blume der Romantik oder der Heilige Gral. Zum Orgasmus, glaube Sie's mir, führen leichtere Wege.

Was tun? Was zu »richtigem Sex« gehört, schwankt von Kultur zu Kultur – und schließt bisweilen die bizarrsten Techniken und Verhaltensweisen ein: Penisse werden gespalten (Aborigines in Australien) oder mit Perlen und Opalen bestickt bzw. implantiert (in Thailand). Bei einigen Völkern im Himalaya werden die Kinder von ihren Eltern in der Technik des Vorspiels und der Penetration unterrichtet. Mit anderen Worten: Erlaubt ist alles, was gut tut, Spaß macht und zum Erfolg führt!

• Es ist nie zu spät: Auch sexuelle Spätentwicklerinnen brauchen die Hoffnung nicht aufzugeben. Die Sexualtherapeuten empfehlen dazu fast immer, zuallererst bei sich selbst zu beginnen und durch liebesvolles Experimentieren mit sich selbst herauszufinden, was einem den meisten Spaß macht. Der nächste Schritt besteht dann darin, den Partner in das Training einzubeziehen. In vielen Fällen ist das überraschend hilfreich. (Natürlich nur dann, wenn Ihr Partner nicht zu den oben erwähnten 30 Prozent zählt, denen nichts gleichgültiger ist als die Frage, ob ihre Partnerin kommt oder nicht.)

• In solchen Fällen ist möglicherweise eine Praktik zu empfehlen, die in der Südsee weit verbreitet ist: Die Mangaianer in Polynesien etwa schwören auf häufiges Üben. Sie machen es dreimal pro Nacht, bis sie 28 sind, dann allerdings nur noch zweimal pro Nacht, weil ihre Libido langsam nachläßt. Sie glauben, daß die Frau den Orgasmus erst erlernen muß, und wenn es ein Mann nicht schafft, ihr das beizubringen, wird seine Frau einem sachkundigen Freund anvertraut, der solange mit ihr übt, bis es problemlos klappt.

Bloß nicht: Das Thema Sex völlig aus Ihrem Leben ausklammern, weil es vielleicht gerade mal Probleme macht. Ungelöste Probleme kommen so sicher wie ein Bumerang wieder zurück.

Pornos

»Nein danke, ohne mich!«

Klaus, 38, Fernmeldetechniker: Ich habe neulich in der Videothek ein paar Pornos ausgeliehen. Wir sind seit zehn Jahren verheiratet, da ist in Sachen Sex mittlerweile der Dampf ein bißchen raus. Also dachte ich mir: Wer weiß, vielleicht bringt so ein Streifen neuen Schwung ins Schlafzimmer. Karin war zuerst auch gar nicht so abgeneigt. Also habe ich, als die Kinder im Bett waren, einen Film eingelegt. Nicht etwa einen richtig harten Porno mit Gewalt und so, sondern einen ganz normalen Bumsstreifen, ziemlich primitiv natürlich, aber ich erwarte da ja auch kein Werk von Fellini. Mir hat's gefallen. Aber Karin ist völlig ausgeflippt. Sie hat sich aufgeführt, als wäre sie die Heilige Klara und ich ein primitiver Lustmolch, der sich für solche Schweinereien begeistert. Seitdem ist bei uns im Bett noch weniger los als sonst.

Karin, 35, Buchhalterin: Als Klaus neulich abends die Pornos auspackte, tat er so geheimnisvoll, als wäre er der Weihnachtsmann persönlich. Ich war zuerst ein bißchen schockiert, wirklich nur ein bißchen, aber neugierig war ich auch. Ich habe nämlich in meinem ganzen Leben noch nie einen Pornofilm gesehen. Aber dann kam der Hammer: Nicht die scharfen Szenen haben mich umgehauen. Auch nicht die Tatsache, daß der Streifen noch primitiver, vulgärer, unerotischer und langweiliger war, als ich mir das vorgestellt hatte. Nein, das Schlimmste war: Klaus fand diesen Primitivsex nicht nur »scharf« – er erhoffte sich offenbar auch, daß ich durch diesen Schwachsinn angetörnt würde. Vermutlich hat er sich vorgestellt, daß ich mich danach in heißer Lust auf ihn stürzen würde. Ich, wohlgemerkt, und dabei weiß ich doch genau: Die, die ihn da so scharf gemacht hat, das bin gar nicht ich. Das ist die kleine Asiatin auf dem Video – ich bin nur die Ersatzfrau, die gerade greifbar ist! Da hat er sich aber gewaltig geirrt!

Daran liegt's: Pornos, das beweisen die Umsatzzahlen, die höchstens noch von denen der Rüstungsindustrie übertroffen werden, sind überaus gefragt. Niveau ist dabei offensichtlich kein Thema, Vielfalt dagegen sehr wohl. Gehen Sie mal in einer Videothek in den Raum für »Personen über 18«: Sie werden staunen, was einem da so alles geboten wird – und wie seriös die Männer aussehen, die die scharfen Streifen ausleihen. Man trifft dort wirklich fast nur Männer an. Ab und zu bringt einer mal seine Partnerin mit, aber generell sind Frauen, die ohne männliche Begleitung die Pornosektion betreten, ungefähr so rar wie Eisbären in Rio de Janeiro. Dementsprechend ist das Angebot fast ausschließlich auf männlichen Geschmack ausgerichtet, und das wiederum bedeutet: Künstlerische Qualität und Ästhetik spielen keine Rolle. Pornos müssen ihren Zweck erfüllen, sprich »scharf« sein und zum Sex stimulieren. Das Dumme ist nur: Zum Sex braucht's in der Regel Mann und Frau, aber die allermeisten Pornos vom Typ »Schneeflittchen und die sieben Hengste« tun für Frauen nicht das geringste. Wenn Frauen sich für Dinge in dieser Richtung erwärmen, dann am ehesten für erotische Filme und Bücher. Nicht etwa, weil Frauen mehr Niveau hätten als Männer. Erst recht nicht, weil sie sich nicht dafür interessieren würden, was andere Leute bei der Liebe tun. Das interessiert sie durchaus. Aber für die meisten Frauen muß der Sex in eine interessante und möglichst gefühlvolle Handlung eingebettet sein. Ist diese Voraussetzung erfüllt, darf es bei der Liebe dann durchaus hoch hergehen. Aber »Sex pur« macht die meisten Frauen nicht an – im Gegensatz zu Männern, die am liebsten gleich zur Sache kommen. Sie halten es für Zeitverschwendung, wenn die scharfen Stellen im Buch erst auf Seite 18 oder beim Film nach fünf Minuten Vorgeschichte beginnen, und sie plädieren für klare, optisch eindeutige (Porno-)Verhältnisse. Und da sie nun mal die Zielgruppe sind, ist es klar, an wessen Vorstellungen sich die Pornoindustrie orientiert.

Was tun?

• Wenn Sie's mal ausprobieren wollen, leihen Sie sich – sozusagen zu Testzwecken – ein paar Pornos aus der Videothek aus. Dann wissen Sie zumindest genau, worum es geht und ob Sie sich damit anfreunden können.

• Er: Belassen Sie es aber zunächst wirklich nur beim Test und verzichten Sie auf unerwünschte Annäherungen, sonst fühlt sie sich unter Druck gesetzt oder verschaukelt und reagiert wie Karin oben. (Wenn Sie keinen Videorecorder haben, sieht es in dieser Beziehung schlecht aus. Die meisten Frauen weigern sich strikt, sich in die schwüle Schmuddelatmosphäre eines öffentlichen Pornokinos zu begeben. Dann bleiben nur Bücher – aber die wenigsten Paare lesen sich erotische Stellen vor, um sich gegenseitig anzutörnen.)

• Leihen Sie sich am besten gleich mehrere Streifen aus, damit Sie eine Auswahl haben. Sie müssen ja nicht jeden bis zum Ende ansehen. Und achten Sie darauf, daß auf jeden Fall auch erotische Spielfilme dabei sind. Filme wie »Neuneinhalb Wochen«, »Wenn der Briefträger zweimal klingelt«, »Die Venusfalle«, »Basic Instinct«, »Das Piano« oder »Der letzte Tango« kommen oft auch bei den Frauen gut an, die für Pornos absolut nichts übrig haben.

• Sorgen Sie dafür, daß Sie nicht gestört werden. Im Idealfall steht der Videorecorder im Schlafzimmer, das Licht ist runtergedimmt, das Telefon abgestellt. Und die Kinder sind außer Haus oder befinden sich garantiert im Tiefschlaf: Ein Fünfjähriger, der, den Plüsch-Dino im Arm, plötzlich im elterlichen Schlafzimmer steht und fasziniert auf den Bildschirm starrt, ist fast eine Garantie dafür, daß dieser erste Versuch auch der letzte bleibt.

• Beide Partner sollten sich darüber einig sein, daß sie den Film so zusagen studienhalber ansehen, nicht als Verpflichtung zum Sex. (Wenn beide danach Lust haben, um so besser.)

• Wenn Sie einen Film gefunden haben, der auch sie anspricht, sollte sie den Mut aufbringen, das ehrlich zuzugeben. Das erleichtert die Suche nach weiteren Filmen. Sehen Sie sich die Szenen, die Sie beide anmachen, ruhig ein paar mal hintereinander an. Es ist übrigens gar nicht so einfach zuzugeben, daß einem eine Szene gefällt; sich über Pornographie lustig zu machen, um zu demonstrieren, daß man darüber steht, ist viel leichter.

• Männer, die Spaß an simplen Pornos haben, aber ihre Frau noch nicht für diese Form der Unterhaltung begeistern konnten, haben verschiedene Möglichkeiten:

• Sehen Sie mit ihr gemeinsam nur die Filme an, die sie auch mag. Wenn Sie Lust auf einen ganz normalen Porno haben, warum nicht? Aber Ihre Partnerin muß ja nicht unbedingt dabei sein. Entweder Sie sehen sich den Streifen allein oder unter Männern an. Dann können Sie sich ohne schlechtes Gewissen amüsieren wie seinerzeit als Schuljungen mit den Heftchen in der hintersten Ecke des Pausenhofs, und Sie müssen in diesem Augenblick keine Rücksicht auf die Gefühle Ihrer Partnerin nehmen.

• Wenn Sie dabei einen Streifen entdecken, von dem Sie vermuten, daß er auch ihr gefallen könnte, sollten Sie ihn beiläufig zu Hause deponieren. Wer weiß, vielleicht mag sie ihn sich allein ansehen, ohne den Erwartungsdruck, erstens nicht als prüde zu gelten und zweitens sexuell Gewehr bei Fuß stehen zu müssen. (Das Dumme dabei ist nur, daß viele Frauen große Probleme bei der Handhabung des Videorecorders haben!)

• Haben Sie Geduld: Frauen brauchen Zeit, um sexuell in Stimmung zu kommen – im Gegensatz zu Männern, die innerhalb von Sekunden durch fast alles zu erregen sind (durch eine rauchige Frauenstimme im Autoradio, durch einen verheißungsvollen Blick, durch nackte lange Beine in Hot Pants, durch einen wogenden Busen in einer Männer-Zeitschrift) und dann nicht kapieren, daß sich ihre Frauen nicht unbedingt darüber freuen. Möglicherweise, so die englische Autorin Sandra Sedgbeer, hilft es, ungeduldigen Männern diesen Tatbestand anhand einer Analogie klarzumachen, die sie verstehen. Zum Beispiel so:

Es ist viel leichter, einen aufgedrehten Motor abzubremsen, als einen, der keinen Sprit hat, hochjagen zu wollen.

Bloß nicht: In der Fachliteratur hat es sich eingebürgert, zwischen erotischer Kunst und Literatur (bildend, künstlerisch wertvoll) und Pornographie (pfui Teufel) zu unterscheiden. Das klingt einleuchtend, ist aber wohl Augenwischerei. Denn in Wirklichkeit ist die Einstellung eines jeden einzelnen zur Sexualität mindestens genauso wichtig wie der künstlerische Aspekt der Darstellung. Denn was der eine für künstlerisch wertvoll hält, ist für den anderen schlicht eine Schweinerei, ganz egal, wie bekannt der Künstler ist. Eine Frau, die Sex grundsätzlich für schmutzig hält, wird keinen Unterschied zwischen Porno pur und erotischem Film machen, und sie wird sich auch, egal was ihr Mann insgeheim hofft, niemals im Laufe der Zeit daran gewöhnen.

- Was »sie« keinesfalls tun sollte: Ihm zuliebe und weil sie nicht als prüde gelten will so tun, als hätte sie auch Spaß an dem billigen Bahnhofsporno mit den zwei cellulitisgeplagten Sklavinnen und dem sexuell aufgeschlossenen Schäferhund. Genauso falsch: Den Partner lächerlich machen und als sexuellen Zwerg darstellen, bei dem ohne derartige Sexhilfen gar nichts geht.
- Was »er« keinesfalls tun sollte: Die Partnerin prüde und spießig nennen, in der Hoffnung, sie dadurch umzustimmen. Das funktioniert bei keinem Beziehungsproblem, aber speziell bei Pornos ist das ein sicheres Eigentor.

Putzfimmel

»Manchmal denke ich, ich habe einen Staubsauger geheiratet!«

Gerhard, 35, Sozialarbeiter: Susanne war immer schon ziemlich pingelig. Aber seitdem sie Hausfrau ist, verfolgt sie mich geradezu mit ihrem Sauberkeitswahn. Ich habe das Gefühl, in meiner eigenen Wohnung auf Besuch zu sein. Wenn ich abends von der Arbeit nach Hause komme, will ich mich erst mal ausruhen. Ist doch normal, oder? Aber kaum bin ich da, fällt sie schon über mich her: »Kannst du nicht deine Schuhe ausziehen? Ich hasse es, wenn du den ganzen Staub und alle Bakterien von der Straße in die Wohnung trägst!« Und so geht's auch weiter: »Vorsicht, nicht mit den Fingern auf den Glastisch, den habe ich heute saubergemacht!« und »Würdest du deine Jacke bitte an die Garderobe hängen?« Dauernd räumt sie hinter mir her. »Mußt du deine stinkenden Pfeifenreiniger immer im Aschenbecher liegenlassen?« und »Die Zeitung ist doch schon von vorgestern, die brauchst du doch nicht mehr, oder?« sind ihre beliebtesten Sprüche. Und beim Essen! Kaum hab ich den Teller leer, reißt sie ihn mir vor der Nase weg und trägt ihn zur Spülmaschine.

Aber das Allerschlimmste ist: Sie verräumt mir alles! Nichts findest du mehr wieder! Ich bin vielleicht nicht sehr ordentlich, aber ich weiß immer ganz genau, wo ich meine Sachen hingelegt habe. Meine Pfeife lag zum Beispiel zehn Jahre lang auf dem Fernseher. Jetzt muß ich erst mal alle Schubladen durchsuchen, wenn ich gemütlich mein Pfeifchen rauchen will, weil sie mit ihrem Ordnungstick ja nichts rumliegen lassen kann!

Susanne, 34, Hausfrau: Gerhard war immer ein Chaot, aber mittlerweile nimmt seine Schlampigkeit unerträgliche Ausmaße an. Alles, aber auch alles läßt er rumliegen. Seine Schuhe fliegen im Gang rum, seine schmutzigen Socken irgendwo im Haus – mittlerweile habe ich 48 Einzelstücke, zu denen alle der Partner fehlt, bloß weil er sie nicht zusammenlegen kann, ehe er sie in die Wäsche wirft. Überall stehen Aschenbecher mit seinen unappetitlichen Tabakresten rum, und in jeder Ecke stapelt er alte Zeitungen, die er im Leben nicht mehr lesen wird. Den Keller kann ich schon seit Monaten nicht mehr betreten, weil er da die Ersatzteile für sein Motorrad hortet – für den Fall, daß er mal was braucht. Ich hasse diese Unordnung. Und ich finde es rücksichtslos von ihm, daß er sich nicht wenigstens mir zuliebe bemüht, ein wenig ordentlicher zu sein.

Daran liegt's: Der Grad von Ordnung und Sauberkeit, bei dem sich der einzelne Mensch wohlfühlt, hängt in erster Linie von seiner Persönlichkeit ab. Was der eine gemütlich findet, ist für den anderen ein Saustall. Der eine hält es nur aus, wenn alles an seinem festen Platz steht und man vom sprichwörtlichen Fußboden essen kann. Der andere braucht kreatives Chaos. Solange die Unterschiede im Charakter nicht zu groß sind, können sich Paare in dieser Hinsicht sogar ganz gut ergänzen. Der eine übernimmt die »ordnenden Aufgaben« (Ablage, Aufräumen, Haushaltspflege), der andere den kreativen Part (Was machen wir am Wochenende? Welchen Film sehen wir uns an? Wie richten wir das Wohnzimmer ein?). Aber wehe, die beiden verhalten sich in dieser Beziehung wie Wasser und Feuer. Dann stehen die Zeichen wirklich auf Sturm, denn solche Eigenschaften sind ein fester Bestandteil unserer Persönlichkeit und lassen sich nicht so leicht verändern. Da wir allesamt dazu neigen, uns in Partner zu verlieben, die in mancher Beziehung das genaue Gegenteil von uns selbst sind, ist Ordnung und Sauberkeit oft lebenslänglich ein Reizthema.

Was tun?

• Da hilft nur eins: Verzichten Sie darauf, die Pingeligkeit bzw. die Schlampigkeit des Partners als böse Verfehlung anzusehen, die in jedem Fall ausgemerzt werden muß. Sie werden sich sonst bis ans Ende Ihrer Beziehung über diesem Thema zerfleischen.

• Versuchen Sie nicht, ihm Ihre Maßstäbe aufzudrängen – es funktioniert nicht. Statt dessen beginnt ein gefährlicher Kreislauf von Vorwürfen und Gegenangriffen. Wenn Sie trotz gegensätzlicher Eigenschaften einigermaßen friedlich miteinander leben wollen, hilft nur ein Kompromiß:

• Wenn sie großen Wert auf Reinlichkeit legt: Meist ist es das Wohnzimmer, das ihren Vorstellungen am ehesten entsprechen muß. Das ist schließlich der Raum, der sie am ehesten als gute Hausfrau definiert, denn dorthin werden die meisten Besucher geführt. Wie wäre es, wenn er dieses Bedürfnis akzeptiert und seine Zeitschriftensammlung »aus Forschung und Technik«, seine Akten aus dem Büro und wenn es sein muß sogar seine Pfeifensammlung im Schlafzimmer deponieren würde, wenn kein anderer Raum zur Verfügung steht, und sie es duldet, ohne mit der Wimper zu zucken – und ohne aufzuräumen?

• Wenn sie den halben Tag geputzt hat und immer wieder gekränkt ist, weil er es nicht nur nicht registriert, sondern obendrein auch noch mit den Straßenschuhen über den soeben dampfgereinigten Teppichboden latscht: Wie wäre es, wenn sie ein Schild mit der Aufschrift »Achtung, frisch geputzt!« an der Tür aufhängt, und er, erfreut über diese Erinnerung, lobt, wie wunderbar sauber und aufgeräumt heute die Wohnung wieder ist. Selbst wenn sie genau weiß, daß er das ohne solche Hinweise niemals bemerken würde, wird sie sich über das Lob freuen.

• Sie meinen, das sei Heuchelei? Schon möglich. Aber Sie können es auch Diplomatie nennen, wenn Ihnen dieser Begriff besser gefällt, und Ihrem Ehefrieden nützt es allemal.

Bloß nicht: Wann immer Sie in die Versuchung geraten, Ihren Partner erziehen zu wollen: Bloß nicht. Lesen Sie lieber nach, was unter dem Stichwort »Abgewöhnen« empfohlen wird.

Rauchen

»Ich darf in meiner eigenen Wohnung nicht mehr rauchen!«

Reinhard, 37, Krankenpfleger: Ich rauche, seitdem ich sechzehn bin. Ich weiß natürlich, wie schädlich und ungesund es ist, aber ich bin noch nicht soweit, daß ich den Wunsch habe, aufzuhören. Elke kann und will das einfach nicht akzeptieren. Seitdem sie sich das Rauchen abgewöhnt hat, tötet sie mir mit ihrer fanatischen Antiraucher-Kampagne noch den letzten Nerv. Ich bewundere sie ja dafür, daß sie es geschafft hat. Aber ich rauche immer noch gern, und bisher habe ich auch noch keine Folgeerscheinungen bemerkt. Außer der Tatsache, daß bei uns ständig der Haussegen schief hängt. Für mich ist es Entspannung, wenn ich mir abends nach dem Essen gemütlich eine Zigarette anzünde. Ihr verursacht es Ekel, und dann geht es los: Widerlich, dieser Geruch, ob ich denn gar nicht merke, wie die Wohnzimmergardinen stinken. Sie könne überhaupt keine Leute mehr einladen. Ich würde das Leben der Kinder gefährden, wäre rücksichtslos ihr gegenüber – und so geht das den ganzen Abend weiter. So lange, bis ich in meiner eigenen Wohnung auf den Balkon gehe, um eine Zigarette zu rauchen. Bei allem Respekt vor ihrer Leistung: Ich komme mir bei ihr allmählich so vor, als wäre ich bei der Inquisition. Es fehlt bloß noch, daß sie mich vor die Alternative stellt: entweder deine Zigaretten oder ich. Ehrlich gesagt, ich wüßte nicht, für wen ich mich entscheiden sollte!

Elke, 32, Buchhalterin: Reinhard hat natürlich geflissentlich verschwiegen, daß wir uns damals mit Rücksicht auf die Kinder beide vorgenommen hatten, mit dem Rauchen aufzuhören. Ich habe es geschafft, er nicht. Dabei war ich die viel stärkere Raucherin, und es ist mir anfangs unglaublich schwer gefallen. Ich habe fünf Kilo zugenommen, weil ich ständig Süßigkeiten gegessen habe. Aber mittlerweile habe ich es geschafft und bin stolz drauf, nicht mehr zu rauchen und trotzdem meine alte Figur wiederzuhaben. Ich nehme es Reinhard insgeheim übel, daß er nicht durchgehalten hat. Für mich ist das ein Zeichen von Schwäche. Und außerdem empfinde ich es als rücksichtslos, daß er in meiner Gegenwart raucht, obgleich er genau weiß, wie schwer es mir gefallen ist, darauf zu verzichten.

Daran liegt's: Der Kampf ums Rauchen tobt heute mit ähnlicher Heftigkeit wie früher die Religionskriege. War noch vor wenigen Jahrzehnten die Frage nach der Konfession ein kritischer Punkt bei der Eheschließung, so wird heute die Frage »Raucher oder Nichtraucher« immer wichtiger für die gemeinsame Zukunft. Und der Kampf wird auch mit ähnlicher Heftigkeit durchgeführt. Die offiziellen Argumente sind dieselben (die Kinder sollen keinen Schaden leiden), die emotionale Beteiligung der Familien ist ähnlich stark (der Ausruf »Das arme kleine Würstchen kann doch nichts dafür, daß sein Vater evangelisch ist!« wird ersetzt durch: »Das arme Würmchen kann doch nichts dafür, daß sein Vater raucht!«). Und ähnlich massiv ist auch der Eifer des Konvertierten, den anderen zu bekehren. Frauen fällt es übrigens meistens schwerer als Männern, sich das Rauchen abzugewöhnen. Sie rauchen oftmals nur, weil sie dann weniger Hunger haben und schlank bleiben. Außerdem rauchen sie häufig, wenn sie nervös sind und sich beruhigen wollen. Laut Untersuchungen rauchen Männer dagegen eher, um positive Gefühle zu bestärken. Ein typisches Symbol dafür ist die Zigarre, die amerikanische Männer traditionsgemäß verteilen, wenn sie Vater geworden sind. (Obwohl das natürlich auch als Hinweis auf seine phallische Potenz gedeutet werden könnte.)

Was tun? Für den Raucher: Es gibt viele gute Gründe, nicht zu rauchen:

- Raucher gehen ein doppelt so hohes Risiko ein, vorzeitig zu sterben.
- Ein Viertel aller Fälle von plötzlichem Kindstod wird mit passivem Rauchen in Verbindung gebracht.
- Passives Rauchen verursacht bei Kindern Ekzeme, Asthma und Ohrenbeschwerden.
- Raucher haben ein mehr als doppelt so hohes Risiko, an Depression zu erkranken.
- Raucher leiden häufiger an Erektionsstörungen.
- Manche Lebensversicherungsgesellschaften verlangen von Rauchern höhere Beiträge.
- Unfruchtbarkeit ist bei Rauchern dreimal mehr verbreitet als bei Nichtrauchern.
- 40 Prozent der Raucher sterben vor Erreichen des Pensionsalters an typischen Raucher-Krankheiten.
- Rauchen während der Schwangerschaft verursacht geringes Geburtsgewicht, niedrigere Intelligenz, Todgeburten.
- Rauchen belastet nicht nur die Lungen, sondern verursacht auch Angina, Impotenz, Herzanfälle, Schlaganfälle, Magengeschwüre, Fehlgeburten, Falten, Mundkrebs, Kehlkopfkrebs, Krebserkrankungen von Brust, Lunge, Niere, Bauchspeicheldrüse, Blase.
- Merke: Man kann niemanden zwingen, das Rauchen aufzugeben. Wer jedoch aufhören will: Es ist nie zu spät. Bereits 48 Stunden nach Aufgabe sinkt das Risiko, an einem Herz- oder Schlaganfall zu sterben. Nach einem Jahr Nichtrauchen sinken die Risiken, andere Krankheiten zu bekommen, ebenfalls drastisch, manchmal schon auf das normale Maß.
- Manche Raucher finden es am leichtesten, das Rauchen einfach aufzugeben, von heute auf morgen, basta. Andere brauchen Therapien, Akupunktur und Nikotin-Ersatz, um es zu schaffen.

Hier ein paar Tips, die bei der Entscheidung gegen das Rauchen hilfreich sein können:

- Legen Sie einen Tag fest, an dem Sie damit anfangen (am besten bei abnehmendem Mond). Gönnen Sie sich zuvor ein wenig Zeit, um sich innerlich (mental, sozusagen) darauf vorzubereiten.
- Suchen Sie sich einen Leidensgefährten – zu zweit geht's leichter.
- Stecken Sie das Geld, das Sie sparen, in einen Nichtraucherfond, aus dem Sie sich später zur Belohnung etwas Schönes gönnen. Sie werden staunen, wieviel Geld in kurzer Zeit zusammenkommt.

• Werfen Sie alles weg, was an Rauchen erinnert: Aschenbecher, Feuerzeuge etc.

• Machen Sie Gymnastik, oder treiben Sie Sport. Das lenkt vom Rauchen ab und tut Ihnen auch sonst gut – Ihrer Figur ohnehin.

• Vorsicht mit dem Essen. Zählen Sie Kalorien, damit Sie nicht zuviel zunehmen.

• Zuckerfreie Kaugummis und Mineralwasser sparen eine Menge Kalorien.

• Häufiges Zähneputzen mildert die Sehnsucht nach einer Zigarette.

• Beauftragen Sie Freunde und Familienmitglieder damit, Sie häufig für Ihre Charakterstärke zu loben. Das klingt albern, aber es wirkt.

• Erlernen Sie Entspannungstechniken, besuchen Sie einen Fitneß-Club, gönnen Sie sich Sauna, Whirlpool, Massage. Dadurch mildern Sie die Entzugserscheinungen.

• Alternative Techniken – Akupunktur, Aromatherapie, Nikotinersatz-Pflaster – helfen und unterstützen, wenn die Willenskraft nicht ausreicht.

• Wenn das alles nicht überzeugt: Den Partner weiter rauchen lassen, ohne ihn dafür als charakterschwach zu verurteilen. Er ist einfach noch nicht reif für den Entschluß.

• Für den Nichtraucher: Rauchen kann durchaus ein Ventil sein – Ihr Partner braucht das Nikotin, um damit ein anders Problem in Schach zu halten. Sie können ihm mehr helfen, wenn Sie mit ihm gemeinsam diese Spur verfolgen, als wenn Sie ihn immer wieder bedrängen, das Rauchen aufzugeben.

Bloß nicht: Hüten Sie sich vor übertriebenem Bekehrungseifer: Militante Nichtraucher haben oft etwas Sektiererisches und wirken eher abschreckend als vorbildlich!

Reparaturen im Haushalt

»Aber sicher, sobald er mal Zeit hat!«

Sabine, 37, Hausfrau: Seit sechs Wochen tropft bei uns im Bad der Wasserhahn. Seit sechs Wochen bitte ich Franz: »Könntest du nicht mal...?« – »Natürlich«, sagt er, »das ist eine Kleinigkeit. Sobald ich Zeit habe, hole ich im Baumarkt die Dichtungen.« Und schaltet den Fernseher ein. Sechs Wochen später tropft der Wasserhahn immer noch. Und jedesmal, wenn ich ihn daran erinnere, macht er neue Ausflüchte, und wenn ihm gar nichts mehr einfällt, geht er hoch: Schließlich hätte er auch noch etwas anderes zu tun als sich um meinen – wohlgemerkt, um meinen! – Wasserhahn zu kümmern. Und dann klingelt gestern abend die neue junge Nachbarin von nebenan und bittet um Hilfe: Das Bügeleisen qualmt, und sie habe keine Ahnung, was los ist. Ob er vielleicht so freundlich sein könnte... Selbstverständlich ist er so freundlich. Drei Stunden später kommt er stolzgeschwellt zurück: Das Problem sei zwar recht kniffelig gewesen, aber natürlich hätte er es letzten Endes doch gelöst. Schließlich hätte er die Arme doch nicht mit ihrem qualmenden Bügeleisen im Stich lassen können, und sie wäre ja so dankbar gewesen! Da bin ich wirklich explodiert und habe ihn gefragt, wieso er dann nicht in der Lage wäre, den lächerlichen Wasserhahn zu reparieren. Und was sagt er darauf tief beleidigt: »Wenn dich der tropfende Wasserhahn wirklich so stört, warum rufst du nicht einfach den Klempner an?«

Franz, 40, Versicherungskaufmann: Natürlich war dieser Wasserhahn eine Bagatelle. Ich hätte das auch längst erledigt, wenn sie nicht so ein Theater darum gemacht hätte. »Hast du schon die neue Dichtung besorgt?« Und dann: »Hast du die neue Dichtung immer noch nicht besorgt?« Dann kommt die nächste Phase: »Franziskas Mann ist sooo praktisch im Haushalt. Der kann einfach alles!« Was schert's mich, was der Mann ihrer Schwester im Haushalt macht? Wochenlang nervt sie mich mit dem blöden Wasserhahn. Ich lasse mich doch nicht von ihr herumkommandieren! Diese junge Frau dagegen steht höflich vor der Tür und bittet um Hilfe. Ist doch klar, daß ich die nicht sitzen lassen kann!

Daran liegt's: Emanzipation her, Emanzipation her, wenn es um Reparaturen im Haushalt geht, wenden sich Frauen gern an ihren Ehemann. Selbst Frauen, die solche kleinen Reparaturen im Prinzip problemlos selbst erledigen könnten, haben bisweilen das Gefühl, für irgendwelche Tätigkeiten im Haushalt müsse er zuständig sein. Und so fordern sie ihn auf, die Angelegenheit in Ordnung zu bringen. Das Problem ist nur: Frauen tun das, wozu man sie auffordert, ohne daß ihnen ein Zacken aus der Krone fällt. Männer dagegen können Anweisungen und Aufforderungen – oder das, was sie dafür halten – absolut nicht ertragen. Allenfalls von Vorgesetzten müssen sie sich das gefallen lassen. Aber weil sie die berechtigte Bitte ihrer Partnerin ja auch nicht abweisen können, wird sie erst mal vertröstet: Sobald sie Zeit haben, werden sie sich selbstverständlich um den Wasserhahn kümmern, kein Problem. Und dann passiert weiter nichts. Wenn eine Bitte oder Frage unbeantwortet bleibt, neigen Frauen dazu, sie zu wiederholen, weil sie meinen, der Mann hätte wohl nicht begriffen, wieviel ihr daran liegt, daß er das kleine Problem bald löst. In Wirklichkeit weiß er das mittlerweile durchaus. Aber weil er nun erst recht nicht das Gefühl haben will, nach ihrer Pfeife zu tanzen, zögert er die Entscheidung immer weiter hinaus. Wenn sich dagegen die Nachbarin, vor allem, wenn es sich um eine hübsche, junge Frau handelt, hilfesuchend an ihn wendet, weil ihr Bügeleisen einen Kurzschluß hat, ist das natürlich etwas ganz anderes. Da erwacht sein Beschützerinstinkt. Da wird er sich ein Bein ausreißen, um ihr behilflich zu sein. Einmal, weil er im Grundes seines Herzens wirklich hilfsbereit ist, einer dankbaren jungen Frau gegenüber erst recht. Zum anderen aber auch, weil er wirklich Spaß daran hat, etwas zu reparieren. Schließlich zeigt das doch, wie unabhängig und souverän er ist. Selbst wenn er feststellen muß, daß er seine Fähigkeiten gewaltig überschätzt hat: Lieber bastelt er einen ganzen Abend an etwas herum, als zuzugeben, daß er das Problem nicht in den Griff bekommt.

Diese Haltung ist, so die amerikanische Linguistin Deborah Tannen in ihrem wunderbaren Buch »Du kannst mich einfach nicht verstehen«, das Resultat eines unausgesprochenen Gesellschafsvertrags: Die Frauen fühlen sich moralisch verpflichtet, um Hilfe zu bitten, und die Männer revanchieren sich durch überlegene Statusbezeugungen: »Ist doch eine Kleinigkeit!« Das Problem ist nur:

Ehefrauen bitten in der Regel nicht um Hilfe. Sie verlangen. Und darauf reagieren Männer von Natur aus allergisch.

Was tun?

• Sie: Sie merken schon, dies ist eine der zahllosen Situationen, in denen nicht Lieblosigkeit, sondern einprogrammiertes männliches Gebaren die Ursache für den Konflikt ist. Woher dieses Gebaren rührt, wissen Sie ja inzwischen: Männer stammen von einem Planeten, der sich Lichtjahre von dem der Frauen entfernt befindet... Natürlich hilft Ihnen das bei Ihrem tropfenden Wasserhahn auch nicht weiter, aber Sie verstehen nun zumindest, warum sich das Problem nicht einfach so lösen läßt, daß Sie ihn auf den Schaden hinweisen und er einfach (ohne Murren, ohne Verzögerungstaktiken) eine neue Dichtung einsetzt. So leicht ist es im Leben nicht. Da haben Sie nur die folgenden Möglichkeiten:

• Weisen Sie ihn darauf hin, daß der Wasserhahn tropft, und bitten Sie ihn kurz, klar, direkt und freundlich, ihn möglichst rasch zu reparieren. Verzichten Sie darauf, ihm zu erklären, daß der Hahn nun schon seit drei Wochen tropft, ohne daß er das bemerkt hat, und daß Sie immer geglaubt haben, er müßte das doch von sich aus merken. Geben Sie überhaupt keine Erklärungen. Frauen neigen zu langatmigen Begründungen, in der Hoffnung, ihn dadurch motivieren zu können. Er hört daraus allenfalls Kritik und schaltet auf stur.

• Sie bitten ihn dreimal, immer auf die gleiche Art: kurz, knapp und freundlich, ohne jeden vorwurfsvollen Unterton. Wenn er dann immer noch nicht reagiert hat, rufen Sie den Klempner an, aber ohne beleidigt zu sein. Vermutlich imponiert ihm diese Haltung (so würde ein Mann reagieren!). Er zahlt ohne zu murren die Klempnerrechnung – und greift beim nächsten Mal schneller zum Imbusschlüssel!

• Sie wenden sich hilfesuchend an den netten Nachbarn aus dem zweiten Stock: Ihr Mann ist gerade nicht da, ob er Ihnen freundlicherweise erklären könnte, welche Dichtung Sie da besorgen müssen...

• Sie kaufen sich das Handbuch für Frauen, in dem klar und anschaulich beschrieben wird, wie man kleine Reparaturen selbst durchführt. Sie werden sich nach vollbrachter Tat wunderbar fühlen. Und vielleicht ist ihm das gar nicht so recht...

Bloß nicht:

• Solange drängeln, bis er es eines Tages satt hat und die Reparatur für das kleinere Übel hält. Dann tropft ihr Wasserhahn nicht mehr. Aber er fühlt sich vermutlich unter Druck gesetzt, ausgenutzt und völlig überfordert – und wird Sie das garantiert spüren lassen.

• Ihm vorrechnen, was Sie alles für ihn getan haben, während er sich nie um etwas kümmert. Aber Sie seien ihm ja sowieso völlig unwichtig, und schon damals, als der Staubsauger nicht ziehen wollte, hätte er Sie fünf Wochen lang... (Sie wissen schon, wie's weitergeht!)

• Gefährlich: Den Klempner bestellen und »ihm« danach erklären, daß er das selbst niemals geschafft hätte! Selbstverständlich hätte er es geschafft. Der Arme hatte ja nur keine Zeit!

Romantik

»War da mal was?«

Petra, 31, Kindergärtnerin: Kannst du dir das vorstellen? Als ich gestern abend zu Klaus sagte, er könnte ruhig mal wieder ein bißchen romantischer sein, weißt du, was er geantwortet hat: »Du liest wohl zu viele Schundromane.« Das sagt derselbe, der vor ein paar Jahren noch mein Traummann war. Mein romantischer Märchenprinz. Weißt du, daß er mir damals, als wir uns kennenlernten, jeden Tag einen Veilchenstrauß in den Kindergarten geschickt hat, weil ich ihm mal gesagt habe, daß ich Veilchen so gern mag? Meine Kolleginnen sind vor Neid fast geplatzt. Wenn wir ein Wochenende verreist sind, stand im Hotelzimmer eine Flasche Champagner. Und Gedichte hat er mir geschickt. Keine eigenen, du weißt ja, er ist Maschinenbau-Ingenieur. Aber immerhin hat er sie aus einem Lyrikband ausgewählt und eigenhändig abgeschrieben: Shakespeare-Sonette, Beaudelaire, Rilke. Und neben seinem Bett lag das »Dekameron«, das »Kamasutra«, »Die Kunst des Liebens« und »Die schönsten Liebesgeschichten der Weltliteratur«. Und heute? Wenn er mir Blumen bringt, weiß ich, daß er ein schlechtes Gewissen hat. Das einzig Handschriftliche, das ich seit Jahren von ihm gesehen habe, ist sein Name unter der Steuererklärung. Und im Bett liest er: »Nieten in Nadelstreifen« und »Word for Windows III.«

Klaus, 34, Diplom-Ingenieur: Ich denke doch an einem völlig normalen Tag nicht im Traum dran, meiner Frau einen Blumenstrauß mitzubringen, außer wenn ich mal wieder viel zu spät bin oder irgendeinen Mist gebaut habe. Dann halt ich mal eben vor einem Blumenladen oder Supermarkt und kauf ein paar Pralinen oder so. Aber sonst doch nicht! Wenn ich das früher wirklich mal gemacht haben soll – mein Gott, das war schließlich auch etwas völlig anderes. Aber jetzt sind wir seit fünf Jahren verheiratet und haben zwei Kinder, da zählen doch ganz andere Dinge. Und sie weiß genau, daß sie sich da hundertprozentig auf mich verlassen kann!

Daran liegt's: Männer haben durchaus die Vermutung, daß Frauen romantische Männer gern mögen. In einer Umfrage (Wie wünschen sich Frauen einen Mann und Wie bin ich) rangiert gleich nach »fürsorglich« (81 Prozent) an zweiter Stelle »romantisch« (74 Prozent). Aber die meisten Männer wissen auch ziemlich genau, daß sie in diesem Punkt nicht besonders glänzen können: 80 Prozent bezeichnen sich als fürsorglich, 68 Prozent als intelligent, 65 Prozent als verständnisvoll, aber nur 42 Prozent halten sich für romantisch. (Bei unverheirateten Männern liegt der Anteil etwas höher.)

Viele Männer sind im Grunde sogar stolz darauf, nicht romantisch zu sein. Sie halten das für weibisch, langweilig und höchstens kurzfristig in der Werbephase von Nutzen. Daß da ein bißchen Romantik unumgänglich ist, sehen Männer natürlich ein. Briefchen, lange, intime Telefongespräche, Blumen, Mondscheinspaziergänge – das sind für viele Frauen die wahren Liebesbeweise, und die meisten Männer spielen bereitwillig mit – schließlich geht's ums Ganze! Aber nach vollzogener Eroberung können sie sich entspannt zurücklehnen und ihre Aufmerksamkeit wichtigeren Dingen zuwenden – beispielsweise ihrer Karriere: Die liefert schließlich den notwendigen finanziellen Rückhalt für ihre neue Rolle als Familienvorstand!

Das Problem dabei ist: Frauen träumen davon, daß diese romantische Liebe ein Leben lang anhält, und wenn die gefühlvollen Liebesbeweise eines Tages ausbleiben, glauben sie, vor dem Ende ihrer Liebe zu stehen. Der alte Spruch »Männer wollen Sex und benutzen Liebe, um ihn zu kriegen. Frauen wollen Liebe und benutzen zu diesem Zweck Sex« mag ein bißchen zynisch klingen, aber ein wahrer Kern läßt sich nicht leugnen. Deshalb geht es auch hier, wie so oft im Zusammenleben, nicht ohne Kompromiß.

Was tun?

- Er: Echte Romantik ist viel mehr als Kerzen, Blumen, Gedichte. Aber vielleicht ist Ihre Frau ja auch schon damit zufrieden. Selbst wenn Sie sich albern vorkommen – probieren Sie von Zeit zu Zeit aus, ob Sie die Spielregeln aus der Anfangsphase noch beherrschen. So absurd ist das gar nicht: Die gleichen Männer, die im Geschäftsleben mühelos einsehen, daß zur Pflege der guten Beziehungen kleine Geschenke, Einladungen etc. hilfreich und notwendig sind, haben bei der Ehe das Gefühl, mit dem Bezahlen der Eintrittsgebühr sei das alles pauschal und für alle Zeiten abgegolten.
- Sie: Genießen Sie die Zeit der romantischen Liebe, solange sie anhält. Es ist eine wunderbare Zeit, auf die man zurückblicken und von der man lange zehren kann. Aber rechnen Sie besser nicht damit, daß es immer so bleiben wird. Und möglicherweise ist das auch ganz gut so: Romantisch verklärte Liebe, rückhaltlose Bewunderung, so herzerwärmend sie auch sein mag, ist kein Beweis dafür, daß zwei Menschen wirklich gut zusammenpassen. Es kann sogar zu Problemen kommen, wenn man zu lange in diesem verzauberten Zustand verharrt und sich weigert, in dem anderen den ganzen Menschen zu sehen, nicht nur den Ausschnitt, den man sehen möchte und in den man verliebt ist. Es gibt Menschen, die nach 20 Jahren Ehe noch blind sind. Aber irgendwann wachen auch sie mal auf, und wenn sie dann merken, daß der Fels in der Brandung in Wirklichkeit nur ein Stückchen Strandgut ist, fällt die Enttäuschung um so größer aus.
- Akzeptieren Sie: Was Menschen von ihrem Partner erwarten, hängt nicht nur von ihrer Person ab, sondern auch von dem Lebensabschnitt, in dem sie sich gerade befinden. Es gibt Phasen, in denen Zuverlässigkeit und Treue wichtiger sind als Romantik. Romantik, wie Frauen sie lieben, ist eine Ausnahmesituation, eine Traumzeit in der harten Welt der Wirklichkeit.

Bloß nicht:

- Er: Hüten Sie sich davor, sich über andere Männer lustig zu machen, von denen Ihre Frau schwärmt, daß sie sooo romantisch sind. Wiegen Sie sich nicht in der Hoffnung, daß sie Ihre vernünftige Einstellung übernimmt. Verlassen Sie sich drauf: Sie tut es nicht. Sie wird statt dessen die Partnerin des ach so romantischen Zeitgenossen hemmungslos beneiden – und überlegen, wie sie bei der nächsten Gelegenheit einen solchen Wundermenschen näher kennenlernen könnte...

• Sie: Auch wenn es in Büchern und Zeitschriften immer so dargestellt wird, als gäbe es die romantische Liebe, die ein Leben lang hält, und jeder die Chance hätte, sie zu erleben: Glauben Sie's nicht. Das ist der Stoff, aus dem die Träume sind. Die Hoffnung, ein Leben lang um unserer selbst willen grenzenlos und ohne Einschränkungen geliebt zu werden, ist ungefähr so realistisch wie die Aussicht, schon zu Lebzeiten ins Paradies zu gelangen. Den Himmel auf Erden gibt es leider nicht – höchstens ab und zu mal eine kleine Kostprobe. Und damit sollten wir uns zufriedengeben.

Samstagszeitung

»Kann man nicht mal in Ruhe die Zeitung lesen?«

Helga, 34, Sekretärin: Jeden Samstagmorgen dasselbe Theater: Ich freue mich auf ein gemütliches Frühstück. Dieter auch. Er steht sogar auf und holt frische Brötchen. Wenn er zurückkommt, ist der Tisch hübsch gedeckt, und es duftet nach Kaffee. Endlich, denke ich, können wir uns mal in aller Ruhe über die Dinge unterhalten, zu denen man unter der Woche aus Zeitmangel einfach nicht kommt. Pustekuchen! Kaum ist der Kaffee eingeschenkt, verzieht er sich hinter die besonders dicke Ausgabe der Samstagszeitung und ward nicht mehr gesehen. Alle meine Versuche, gegen diese Mauer anzureden, würgt er ab. Wenn er überhaupt antwortet, dann überaus mürrisch. Sage ich: »Gib mir auch ein Stück Zeitung!«, bekomme ich vier Seiten Lokalteil. Neulich bin ich mal explodiert und hab losgebrüllt. Und wie hat er reagiert? Er wartet, bis ich eine Pause mache, um Luft zu holen, und dann sagt er ganz freundlich: »Gibt es noch irgend etwas, das du mit mir besprechen möchtest, ehe ich mit der Zeitung anfange?« Ich habe ihm daraufhin den Kaffee über die Zeitung geschüttet, aber damit war das Problem leider auch nicht gelöst.

Dieter, 35, Kriminalbeamter: Wann, bitteschön, soll ich die Morgenzeitung denn sonst lesen? Schließlich muß man doch wissen, was in der Welt los ist! Ich werde nie begreifen, warum Helga sich nicht dafür interessiert. Sie will statt dessen mit mir reden. Dauernd fällt ihr etwas anderes ein, das sie mir unbedingt sagen muß. Und worüber redet sie dann? Ob sie violette oder hellrosa Tulpen in den Vorgarten pflanzen soll. Oder ob wir den Wochenendeinkauf heute beim Supermarkt X oder beim Supermarkt Y machen sollten.

Daran liegt's: Für Männer ist Zeitunglesen ein Ritual, das empfindlich gestört wird, wenn sie dabei unterbrochen werden. Während der Woche besteht diese Gefahr nicht, da können sie ihre Zeitung unbehelligt im Büro oder in der U-Bahn lesen – dort würde es niemand wagen, sie bei dieser heiligen Handlung zu stören, ein Mann schon mal gar nicht. Informiertsein über das, was in der Welt geschieht, besonders in Politik und Sport, ist oberste Männerpflicht. Für sie, die am Frühstückstisch das Gespräch, die Interaktion wichtiger findet als Information, bedeutet seine offensichtliche Bevorzugung der Zeitung dagegen eine persönliche Kränkung – zumal er die doch noch das ganze Wochenende über lesen kann. Das ist aber ausgeschlossen: Für einen Mann ist es unvorstellbar, daß man die Morgenzeitung erst am Abend liest. Unterhalten kann man sich schließlich auch noch beim Mittagessen, wenn sie so großen Wert auf Gespräche legt. Diesen vermeintlichen Mangel an Liebe und Zuwendung kann sie nicht ohne weiteres hinnehmen: Immer wenn er gerade besonders in einen Artikel vertieft ist, fällt ihr etwas ein, und weil sie unterschwellig verletzt ist, handelt es sich oft um etwas, das er unbedingt erledigen oder besorgen muß. Seine Resonanz ist bestenfalls einsilbig. Fazit: Sie ist von seinem offensichtlich mangelnden Interesse an ihren Belangen zutiefst enttäuscht. Und er ist frustriert, weil er das Gefühl hat, daß sie ihm nicht mal ein so harmloses Vergnügen wie Zeitunglesen gönnt. Schönes Wochenende!

Was tun?

- Sie: Begreifen, daß nicht Lieblosigkeit oder der Wunsch, sie zu verletzen, hinter seinem Verhalten steht, sondern der Versuch, einen der letzten heiligen Horte der Männlichkeit vor weiblichen Übergriffen zu schützen.
- Er: Verstehen, warum sie das Bedürfnis nach Interaktion ausgerechnet beim Frühstück hat, wenn er in Ruhe die Zeitung studieren möchte.

Solche Annäherung führt zwangsläufig zum Kompromiß. Zum Beispiel so:

- Während des Frühstücks wird zwei Tassen Kaffee lang geredet. Danach können beide in Ruhe die Zeitung lesen.
- Für den Ehefrieden hat es sich als überaus förderlich erwiesen, wenn am Samstagmorgen zwei (unterschiedliche) Zeitungen auf dem Frühstückstisch liegen. Das kostet zwar eine Mark mehr, wirkt sich aber überaus positiv auf das Selbstbewußtsein einer Frau aus, die nun nicht mehr das Gefühl hat, seine ausgelesenen Seiten abzukriegen. Dieser Rat stammt von meiner Freundin Maria, deren Mann Politik, Wirtschaftsteil, Aktuelles, Autoverkäufe und Sport für sich behielt, ihr großzügig den Lokalteil überließ – und sich dann zu allem Überfluß auch noch über sie lustig machte: »Na, liest du wieder, wie viele Hunde überfahren worden sind?«

Bloß nicht: Dynamit für den Ehefrieden: Dem anderen, der in seine Lektüre vertieft ist, laut vorlesen, was man gerade Interessantes in seiner eigenen Zeitung entdeckt hat – und auf eine Reaktion warten, die ein flüchtiges »Hmmm« übersteigt!

Schnarchen

»Wenn er so weiterschnarcht, zieh ich aus!«

Irene, 38, Anwaltsgehilfin: Ich platze vor Zorn, wenn ich diese blöden Schnarcherwitze lese. Es ist kein bißchen komisch, neben einem Schnarcher zu schlafen – beziehungsweise nicht zu schlafen. Anfangs fand ich das noch lustig. Da habe ich ihn geweckt, er hat sich auf die andere Seite gedreht und wenigstens für ein Weilchen aufgehört. Aber es wird mit jedem Jahr schlimmer, mittlerweile sägt er fast pausenlos.
Besonders schlimm ist es, wenn er Alkohol getrunken hat. Frag mich nicht, wie viele Nächte ich schon im Wohnzimmer verbracht habe. Und das Schlimmste ist: Er glaubt mir nicht mal, daß er so grauenhaft schnarcht, und sagt, ich solle mich nicht so anstellen! Warum ist er so rücksichtslos? Warum kann er nicht wenigstens mal zum Arzt gehen und fragen, ob sich dagegen nicht etwas machen läßt!

Eberhard, 45, Beamter: Lächerlich, wegen der Schnarcherei zum Arzt zu gehen. Irene soll doch deswegen nicht so einen Aufstand machen. Weißt du, daß sie mich neulich nachts heimlich mit der Videokamera gefilmt hat? Was glaubst du, wie die Kinder vor Vergnügen gejohlt haben! Was kann denn ich dafür, daß ich schnarche? Außerdem liegt das bei uns in der Familie. Mein Vater hat sein ganzes Leben lang geschnarcht, und meine Mutter hat sich nie darüber beschwert.

Daran liegt's: Im Alter von 35 Jahren ist, konservativ geschätzt, jeder fünfte ein Schnarcher, ab 40 fast jeder zweite. Fast alle Schnarcher sind Männer, aber die Erklärung, daß sie dadurch nur »ihre Frauen vor wilden Tieren beschützen« wollten, überzeugt allenfalls im Film. In Wirklichkeit ist für viele Betroffene Schnarchen alles andere als lustig – für die Täter ebensowenig wie für die Opfer. Denn das Schnarchen kann nicht nur überaus lästig sein (für den Mitschläfer), sondern auch lebensgefährlich (für den Schnarcher selbst). In seiner extremsten Form ist es der Ausdruck einer gefährlichen Krankheit, Schlaf-Apnoe genannt, bei der die Verengung der Luftwege so stark ist, daß der Schnarcher manchmal bis zu 60 Sekunden mit dem Atmen aussetzt. Besonders gefährdet sind

• Übergewichtige
• Männer mit Kragenweite über 42. Sie schnarchen besonders häufig wegen des Drucks, den ihr dicker Hals auf die Luftwege ausübt.
• Menschen, die Alkohol getrunken haben.
• Menschen mit Schnupfen oder verstopften Atemwegen.

Die Wissenschaftler unterscheiden drei Arten von Schnarchern:

• normale Schnarcher. Dazu gehört ein Fünftel der Bevölkerung. Leidtragende sind in erster Linie die Menschen, die das Pech haben, mit ihnen ein Schlafzimmer zu teilen.
• Menschen, die ohne es zu merken nachts durch ihr eigenes Schnarchen geweckt werden. Dazu zählen einer von 25 Männern und eine von 50 Frauen. Sie wachen morgens auf und denken, die ganze Nacht geschlafen zu haben. Aber in Wirklichkeit ist es so, als hätte neben ihrem Bett 50 bis 100 Mal in der Nacht das Telefon geklingelt. Und weil das jede Nacht geschieht, bildet sich bei ihnen allmählich ein gewaltiges Schlaf-Defizit. Sie sind ständig müde, ohne daß sie sich erklären können, woran das liegt.
• Menschen mit echtem Schlaf-Apnoe-Syndrom. Davon ist einer von 200 Schläfern betroffen. Bei ihnen ist das Schnarchen häufig durch bis zu einer Minute dauernde Pausen unterbrochen, in denen ihr Atem still steht – danach sägen sie dann lautstark weiter. Die Schlafunterbrechung ist so massiv, daß sie tagsüber mit Sicherheit immer wieder einschlafen. Die Gefahr, daß sie am Steuer ihres Autos einnicken, ist beträchtlich.

Was tun? Wenn Sie zum großen Teil der Gelegenheitsschnarcher zählen:

• Machen Sie eine Schlankheitskur. Wenn Sie etliche Kilo abnehmen, legt sich das Problem oft ganz von selbst.
• Verziehen Sie sich in besonders schnarchgefährdeten Nächten – etwa nach hohem Alkoholkonsum oder bei Schnupfen – freiwillig in einen anderen Raum.
• In ganz kritischen Fällen, falls durch Ihr Geschnarche nicht nur die Schlafzimmerwand, sondern auch die Ehe wackelt: Angenehmer und auch wesentlich billiger als eine Scheidung sind getrennte Schlafzimmer. Selbst ein Umzug in eine größere und teurere Wohnung ist oft das kleinere Übel.
• Falls Sie oder Ihr Partner zu den Menschen zählen, die wegen ihres Schnarchens tagsüber sehr häufig müde und dadurch gefährdet sind: Neuerdings haben Wissenschaftler spezielle Schlaf-Masken für Schnarcher entwickelt. Sie ähneln kleinen Taucherbrillen und versorgen den Schläfer auf leichten Druck hin mit Sauerstoff. Dadurch bleiben die Atemwege offen. Tests haben ergeben, daß solche Masken die geistige Flexibilität und die Aufmerksamkeit am Tage erheblich erhöht haben, obgleich die Versuchspersonen die Masken pro Nacht nur durchschnittlich 3,7 Stunden anbehielten – sie sind nämlich leider nicht sehr bequem. Aber in kritischen Situationen ist es sicher einen Versuch wert.

Bloß nicht: Manchmal empfehlen Ärzte in drastischen Fällen eine Operation, die sogenannte Uvulopalatopharyngoplastie. Viele Fachleute raten jedoch dringend davon ab. Nicht nur, weil man ihrer Ansicht nach dabei mit Kanonen auf Spatzen schießt, sondern auch, weil der Patient nach dem schmerzhaften Eingriff essen und trinken wieder neu erlernen muß – vor allem jedoch, weil es möglich ist, daß er danach zwar nicht mehr schnarcht, aber dafür andere merkwürdige Geräusche von sich gibt.

Schulmeistern

»Seine ewigen Vorträge hängen mir zum Hals raus!«

Dorothea, 35, Hausfrau: Nichts, aber auch nichts kann ich sagen, ohne daß er mir einen langen Vortrag darüber hält. Sage ich: »Schau, wie schön heute die Sonne scheint«, doziert er ewig über die Großwetterlage. Frage ich: »Wie heißt gerade noch der neue italienische Ministerpräsident?«, hält er eine Vorlesung über die italienische Innenpolitik einschließlich Korruption, Mafia und Vorschlägen zur Problemlösung. Am Anfang habe ich noch gedacht, ist der gescheit, und war von seinem Wissen beeindruckt. Jetzt nervt er mich nur noch. Und die Kinder fragen schon lange nicht mehr ihren Vater, wenn sie wissen wollen, wie ein Auto funktioniert oder warum es in der Wüste keine Krokodile gibt, sondern immer nur mich. Neulich habe ich gehört, wie sie einander zugeflüstert haben: »Frag bloß nicht den Papa, der labert immer so.« Wie kann ich ihm nur diese Schulmeisterei abgewöhnen?

Karl, 38, Oberstudienrat: Mich langweilen die ewigen Gespräche über Beziehungen, die Dorothea mit ihren Freundinnen führt. Kann man denn nicht mal über etwas Vernünftiges reden, etwas, das wirklich interessant ist? Die Welt ist voller spannender Ereignisse, unglaublicher Entwicklungen. Da muß man doch mitreden können. Aber immer, wenn ich Dorothea ein paar Fakten oder Zusammenhänge klarmachen möchte, blockt sie ab, muß irgend etwas erledigen und geht aus dem Zimmer. Wie kann man nur so wenig Interesse an den Dingen haben, die wirklich die Welt bewegen?

Daran liegt's: Männer und Frauen haben unterschiedliche Gesprächsgewohnheiten: Dozieren ist eine unter Männern weit verbreitete Eigenart. Männer benutzen jede sich bietende Gelegenheit, Vorträge zu halten, um damit ihren Anspruch auf Autorität und Status zu unterstreichen. Jede Frage, jeder Hinweis, und seien sie noch so harmlos gemeint, bieten die willkommene Gelegenheit zu einer Vorlesung, bei der sie beweisen können, wie klug und informiert sie sind. Fairerweise muß man zugeben, daß sie auch einiges tun, um immer auf dem letzten Stand zu sein. Falls sie von einer Sache nichts verstehen, schwenken sie ohne Schwierigkeiten auf ein anderes Thema um, das ihnen besser liegt. Männer dozieren beileibe nicht nur, wenn Frauen ihre Zuhörer sind: Sie versuchen es auch untereinander. Bloß kommen sie damit bei Männern in der Regel nicht weit, weil die ihnen ziemlich rasch das Wort abschneiden, um ihr eigenes Wissen anbringen zu können. Frauen dagegen spielen oft nur zu gern die Rolle der dankbaren, interessierten Zuhörerin. Sie bemerken beeindruckt »Tatsächlich?« und »Das ist aber interessant«, stellen Zwischenfragen, lächeln, nicken mit dem Kopf und ermuntern ihn dadurch noch zum Weiterreden. Aber nur bis zu einem gewissen Punkt, denn nach einiger Zeit läßt ihr Interesse deutlich nach. Frauen haben nämlich andere Vorstellungen vom Ablauf eines Gesprächs: Sie reagieren auf eine Mitteilung, indem sie eigene Erfahrungen zu dem Thema beisteuern, und sind an einem Austausch interessiert. Für sie besteht der Sinn einer Unterhaltung darin, Zuneigung zu zeigen und Verbundenheit herstellen – und so finden sie es durchaus unbefriedigend, festzustellen, daß er an seinem eigenen Vortrag viel stärker interessiert ist als an ihrer Meinung. Wenn sich diese Situation ständig wiederholt, ist sie, kein Wunder, frustriert oder schlicht genervt.

Was tun?

- Sie: Wenn Sie einem Dauerredner begegnen oder, schlimmer noch, mit ihm zusammenleben und Sie das Schulmeistern überaus nervt, hilft nur eins:
- Gewöhnen Sie sich die typisch weibliche Verhaltensweise (Höf-

lichkeit, Interesse heucheln, Zwischenfragen stellen etc.) schnellstens ab, und lernen Sie, wie ein Mann zu reagieren.

• Stellen Sie seine Aussagen in Frage, anstatt bewundernd zu ihm aufzublicken, fallen Sie ihm mit eigenen Ansichten ins Wort und wechseln Sie notfalls das Thema – tun Sie genau das, was ein Mann auch tun würde. Das klappt natürlich nicht auf Anhieb, aber mit etwas Übung werden Sie aus diesen Redeschlachten immer öfter als Siegerin hervorgehen.

• Er: Versuchen Sie gar nicht erst, einer Frau durch Ihr breites Wissen zu imponieren. Sie haben viel größeren Erfolg, wenn Sie ihr einfach auch mal zuhören.

Bloß nicht: Er: Wenn sie mit einer praktischen Sache – Waschmaschine, Kupplung, Kontoführung oder Computer – offensichtlich Probleme hat und Sie um Rat fragt: Erklären Sie ihr, wie man das Problem lösen könnte. Noch besser: Lösen Sie das Problem gleich für sie. Aber versuchen Sie um alles in der Welt nicht, sie mit einem großen Rundschlag zu belehren. Wenn sie etwa wissen möchte, wie man in der Textverarbeitung ein Dokument abspeichert: Notieren Sie ihr den entsprechenden Befehl auf einen Zettel und verzichten Sie darauf, ihr all das mitzuteilen, was sie noch nie über einen Computer wissen wollte.

Schweigemasche

»Tagelang redet sie kein Wort mit mir!«

Hermann, 40, Computerexperte: Ich drehe irgendwann nochmal durch: Wir haben eine ganz normale Unterhaltung, ich versuche mit ihr vernünftig und sachlich über ein Problem zu reden, sage irgendwas – und plötzlich schnappt sie ein. Dann redet sie oft wochenlang kaum ein Wort mit mir, gerade diese eisige Konversation über das Notwendigste. Oder sie sagt zu den Kindern: »Richte deinem Vater aus, daß das Essen fertig ist.« Manchmal weiß ich ja, warum sie so sauer ist. Aber längst nicht immer. Wenn ich sie dann frage, was denn eigentlich so schlimm war, bemerkt sie nur frostig: »Du weißt genau, warum ich so sauer bin« oder »Tu doch bitte nicht so, als wüßtest du jetzt nicht mal mehr, was du gesagt hast.« Manchmal geht das wochenlang so – bis ich eines Tages die Absolution bekomme, wobei ich mich meistens immer noch frage, wofür. Ich hasse es, wenn sie sich so benimmt.

Inge, 37, Lehrerin: Ich check's nicht! Als ob er nicht genau wüßte, weshalb ich so sauer bin. Es sind nämlich immer dieselben Dinge, mit denen er mich zur Verzweiflung treibt. Er tritt von einem Fettnäpfchen ins andere. Kannst du dir vorstellen, daß er neulich zu meinem Direktor gesagt hat, es wäre absurd, wieviel Ferien die Lehrer hätten? Kannst du dir vorstellen, wie ich dastehe, wenn er sowas sagt? Oder neulich: Da hat er zum dritten Mal in einer Woche beim Abendbrot gemeckert: »Vorsicht, denk an deine Oberschenkel!« Irgendwann muß er doch mal merken, daß er der einzige ist, der solche Scherze lustig findet! Wie oft soll ich ihm meinen Vortrag denn noch halten? Er weiß doch genau, was los ist. Und dann tut er so unschuldig, als hätte er keine Ahnung, und ich bin mal wieder die Böse!

Daran liegt's: Die Taktik, den anderen durch Schweigen zu manipulieren, ist ein wirkungsvolles Machtmittel und infolgedessen unter Männern wie unter Frauen weit verbreitet. Ähnlich wirkungsvoll sind Taktiken wie:
- einschüchtern,
- blamieren,
- nachtragen,
- analysieren,
- nicht nachgeben können,
- alte Sünden aufwärmen.

Aber unter all diesen beziehungsfeindlichen Strafmaßnahmen ist Schweigen unangefochten der Spitzenreiter. Schweigen ist eine erstklassige (aber oft auch sehr unfaire) Möglichkeit, dem anderen Schuldgefühle einzuflößen, und seien sie auch noch so diffus.

Schuldgefühle sind ein hervorragendes Mittel, den anderen zu bewegen, das zu tun, was man will. Man braucht selbst gar nichts zu tun – man muß nur warten, bis der andere irgendwann mal das Richtige tut, so daß man ihm gnädig verzeihen kann. Es kommt nur darauf an, wer den längeren Atem hat. Je länger das Schweigen anhält, desto schuldiger fühlt sich oft der Angeschwiegene, selbst dann, wenn er, was häufig der Fall ist, längst nicht mehr weiß, was er eigentlich falsch gemacht hat. Und neben der diffusen Schuld wächst häufig auch ein sehr konkreter Zorn auf den Partner. Allerdings können keine auch noch so schlimmen Schuldgefühle eine Tat rückgängig machen. Sie dienen deshalb oft nur dazu, sich vor den Konsequenzen zu drücken: Für viele ist es leichter, sich in der alten Schuld zu immobilisieren, als in die Gegenwart zu treten und Lösungen zu finden. Die Hoffnung, daß einem der andere vergeben wird, welches Vergehen auch immer, führt dazu, daß man die Verantwortung für die Folgen dem anderen zuschiebt.

Was tun? Wer seinem Partner die Schweigemasche abgewöhnen will, muß zunächst seine eigene fatale Neigung bekämpfen, sich jeden Schuh anzuziehen:

• Selbst wenn die Kritik berechtigt war: Sagen Sie sich immer wieder, daß man durch Schuldgefühle allein weder die Tat rückgängig machen noch die Situation ändern kann.

• Bringen Sie Ihrem Partner, der Sie durch sein Schweigen zu manipulieren versucht, bei, daß Sie mit Ihrer Schuld selbst umgehen können und keinen Beichtvater brauchen, der Sühne verlangt, ehe er die Absolution erteilt.

• Schlagen Sie vor, statt dessen das Problem zu bereinigen und wieder von vorn anzufangen. Es ist überaus wahrscheinlich, daß Ihr schweigeerprobter Partner sich nicht ohne weiteres von seiner Lieblingswaffe trennt. Aber wenn er sein Gesicht nicht verlieren will, muß er jetzt zumindest Stellung beziehen.

Bloß nicht: Zurückschweigen. Dann wird daraus das Spiel: Wer
 hat den längeren Atem. Zugegeben, ist es nicht leicht, mit dem

Partner zu reden, wenn der bestenfalls mit ja oder nein antwortet. Aber der Schweiger wird es nach einer Weile nicht verhindern können, daß er sich dabei ziemlich blöd vorkommt: Seine Macht ist gebrochen.

Schwiegermutter-Streß

»Sie macht mir das Leben zur Hölle!«

Helga-Marie, 27, Lehrerin: Ich geniere mich fast, es zu sagen; es klingt so billig, so nach Klischee: Aber meine Ehe ist im Begriff, an meiner Schwiegermutter zu scheitern. Dabei ist mir völlig klar, daß das zum großen Teil meine eigene Schuld ist. Ich wollte meinen Beruf nicht an den Nagel hängen, als Julchen geboren wurde, deshalb habe ich das Angebot von Gerhards Mutter angenommen, ihr vormittags die Kleine anzuvertrauen. Sie ist ja Witwe und hat viel Zeit. Hätte ich mich doch bloß niemals darauf eingelassen! Heute ist meine Tochter vier und hängt mit abgöttischer Liebe an ihrer Oma. Nur an ihrer Oma. Ich bin für sie unwichtig. Ich habe bei meinem eigenen Kind keine Chance. Oma liest ihr vor, Oma spielt mit ihr, Oma bringt sie ins Bett. Oma kauft ihr alles und verbietet ihr nichts.
Meine Schwiegermutter ist mittlerweile fast immer bei uns, auch am Wochenende. Die beiden bilden eine Front – gegen mich. Und mein Mann steht hilflos daneben und hält sich raus. Seit zwei Jahren bitte ich ihn, eine Kinderfrau einzustellen, die Julchen morgens zum Kindergarten bringt, sie mittags dort wieder abholt, ihr Essen macht – und geht, wenn ich nach Hause komme. Nur dann habe ich noch eine Möglichkeit, meinem Kind nahezukommen. Aber er sagt nur: »Das kannst du doch Mutter nicht antun. Das Kind ist doch ihr ganzer Lebensinhalt.« Was für ein Feigling er ist! Und ich bin in meiner eigenen Familie der Störenfried. Ich sehe nur noch eine Möglichkeit: Ich ziehe in eine eigene Wohnung und nehme meine Tochter mit.

Gerhard, 40, Diplom-Ingenieur: Meine Frau übertreibt. Ich finde, daß meine Mutter die Kleine im großen und ganzen sehr gut erzieht. Aus mir ist schließlich auch etwas geworden. Und Mißstimmungen gibt es überall mal. Sicher, manchmal geht mir meine Mutter auch auf die Nerven. Aber sie tut mir andererseits auch leid – schließlich hat sie außer uns niemanden auf der Welt. Und wir haben ja auch eine Menge Vorteile: Helga-Marie ist sehr ehrgeizig und wollte unbedingt weiterarbeiten. Und wir haben durch meine Mutter schließlich auch eine Menge Geld für Kinderbetreuung gespart. Aber Helga zuliebe habe ich durchgesetzt, daß wir in diesem Jahr ohne meine Mutter in Urlaub fahren. Vielleicht entkrampft sich dadurch die Situation ein bißchen.

Daran liegt's: Schwiegermutterprobleme gibt es in allen Variationen. Aber immer handelt es sich um eine konfliktreiche Dreierbeziehung. Das sind die häufigsten Probleme:
• Zwei Frauen (seine Mutter und Sie) lieben den gleichen Mann.
• »Er« hat sich noch nicht von seiner Mutter abgenabelt – und ist in den Augen seiner Frau ein Muttersöhnchen.
• »Ihre« Mutter lehnt den Schwiegersohn ab – er ist für ihre Tochter nicht gut genug.
• Eine oder im verschärften Fall sogar beide Schwiegermütter mischen sich in alles ein.
• Die Schwiegermutter ist einsam und möchte zu sehr am Leben der jungen Familie teilhaben.
• Die Schwiegermutter ist verwitwet und betrachtet den Sohn als ihren Ersatzmann.

Aus diesen Situationen entstehen die Konflikte, die bei Ehepaaren endlosen Zwist verursachen. Doch so individuell (und un-er-träglich!!!) die einzelne Situation auch sein mag – fast alle haben ein gemeinsames Grundmuster: Die ungeliebte Schwiegermutter hat für die Rolle, die sie nun in der Beziehung spielt, ein Eintrittsgeld entrichtet, das den jungen Leuten zunächst verlockend erschien:
• durch dringend erwünschte Finanzspritzen oder
• durch selbstlose und selbstverständlich unbezahlte Mithilfe im Haushalt oder bei der Kinderbetreuung.

Irgendwann dämmert den jungen Leuten – oder der Schwiegertochter bzw. dem Schwiegersohn – die Erkenntnis, daß das Preis-Leistungs-Verhältnis nicht mehr in Ordnung ist, und dann bricht der Konflikt offen aus. Irgendwie erinnert diese Situation immer ein bißchen an die Geschichte von Rumpelstilzchen. Sie erinnern sich: Das ist das Märchen von der jungen Frau, die sich bei dem alten zauberkräftigen Männchen Stroh zu Gold spinnen läßt und ihm für den Fall, daß er sie zur Königin macht, ihr erstgeborenes Kind verspricht. Rumpelstilzchen hält seinen Teil des Deals ein – die frischgebackene Königin dagegen versucht, ihn um seinen vereinbarten Lohn zu betrügen. Im Märchen funktioniert das auch, und der Bösewicht ist trotzdem immer Rumpelstilzchen. Aber wenn man die Geschichte bei Licht betrachtet, steht die raffsüchtige Königin auch nicht so toll da. Ungefähr so ist die Situation zwischen Schwiegerkindern und Schwiegermutter: Beide Seiten sind nicht schuldlos, aber die Schwiegermutter hat einfach die schlechtere Rolle – von dem miserablen Image ganz zu schweigen...

Was tun?

- Halten Sie sich vor Augen, daß Sie mit diesem Problem nicht allein auf der Welt sind. Die ganze Welt ist voll von Schwiegermüttern. Das ganze ist ein Package-Deal: (fast) kein Mann und keine Frau ist ohne Schwiegermutter. Schwiegereltern (ebenso wie übrigens die Exfrau, Kinder aus erster Ehe etc.) verschwinden bei der Eheschließung nicht automatisch von der Bildfläche. Sie werden immer ein wichtiger Teil Ihres gemeinsamen Lebens bleiben. Also müssen Sie einen Modus finden, mit ihnen klarzukommen. Das geht am besten, wenn beide Partner der gleichen Meinung sind und zusammenhalten.
- Jeder grenzt seinen eigenen Bereich ab.
- Überlegen Sie es sich reiflich, ob Sie Angebote wie gelegentliche Finanzspritzen, Kinderbetreuung, Unterstützung im Haushalt etc. in Anspruch nehmen. So gutgemeint der Vorschlag auch sein mag – ohne Gegenleistung geht's fast nie ab.
- Distanz: Das junge Paar demonstriert, daß es zusammengehört und daß diese Beziehung die wichtigste ist. (Schön, wenn's wirklich so ist!)
- Setzen Sie sich nicht unter Druck. Sie und die Schwiegermutter müssen sich nicht gegenseitig mögen. Es reicht, wenn Sie gut miteinander auskommen.
- Denken Sie dran: Er (Sie) hat Sie ausgesucht – aber Mütter kann man sich nicht aussuchen.

• Zeigen Sie Ihrer Schwiegermutter, daß ihre Angst, den Sohn/die Tochter zu verlieren, unbegründet ist. Machen Sie ein paar Schritte auf sie zu.

• Halten Sie Ihren Partner aus den Querelen raus. Er steht hilflos zwischen den Fronten.

• Kritisieren Sie Ihre Schwiegermutter nicht zu häufig vor Ihrem Partner. Familie ist für die meisten von uns ein wunder Punkt. Selbst wenn wir dem Partner insgeheim recht geben, neigen wir dazu, die eigene Familie zu verteidigen, weil wir nicht zulassen können, daß jemand sie schlecht macht. Ihrem Partner geht das nicht anders.

Bloß nicht: Machen Sie nicht die Schwiegermutter zum Buhmann, wenn Sie eigentlich den Partner meinen. Hetzen Sie nicht gegen sie. Selbst wenn Sie dabei gelegentlich einen Sieg davontragen – auf Dauer bringen Sie Ihren Partner in einen Konflikt, den er unter Umständen nicht bewältigen kann.

Seitensprung

»Es hat niemandem weh getan. Soll ich's trotzdem beichten?«

Cornelia, 31, Heilpraktikerin: Angefangen hat es als harmloser Flirt auf einer Party bei meiner Kollegin Carmen. Klaus war auf einer Geschäftsreise in den USA, weiß der Himmel, was er gerade machte. Plötzlich steht dieser tolle Unbekannte aus Paris vor mich und macht mich an. Ich habe getanzt und geflirtet wie schon lange nicht mehr, es hat richtig geknistert, und ein bißchen zuviel getrunken hatte ich natürlich auch. Na, und dann ist es passiert. Ich, die treueste aller Ehefrauen, bin tatsächlich mit ihm ins Bett gegangen. Am nächsten Morgen ist er dann zurück nach Paris geflogen. Ehrlich, ich bereue nichts, dafür war die Erfahrung viel zu schön. Ich habe mich endlich wieder einmal richtig lebendig gefühlt. Und wiedersehen werde ich ihn auch nicht, ich weiß nicht mal seine Adresse. Aber ein bißchen schlechtes Gewissen habe ich natürlich doch. Soll ich Klaus die Sache beichten? Aber das würde ihn nur verletzen, und ich kann doch sowieso nichts mehr daran ändern – und ich will es auch gar nicht...

Klaus, 37, Verlagsleiter: Im Grunde bin ich Cornelia treu. Ab und zu, wenn ich auf einer Geschäftsreise bin, ergibt sich mal die Gelegenheit zu einem kleinen Abenteuer. Da war zum Beispiel gerade in New Orleans dieses hinreißende schwarze Model... Solche Gelegenheiten nehme ich natürlich mit. Ich bin ja kein Heiliger! Aber das hat doch mit Cornelia und mir nichts zu tun. Ich nehme ihr ja nichts weg, und was sie nicht weiß, macht sie nicht heiß! Im übrigen bin ich noch ein harmloser Fall. Du solltest dich mal in meinem Tennisclub umhören! Bei Cornelia wäre das natürlich etwas ganz anderes. Ich kann mir aber nicht vorstellen, daß sie mich betrügt. Sie braucht das nicht, gottseidank. Ich würde nämlich durchdrehen, wenn ich wüßte, daß meine Frau mit einem anderen Mann im Bett war.

Daran liegt's: Offiziell ist Ehebruch bei Männern und bei Frauen in den großen Religionen des Abendlandes eine Todsünde, und auch die Gesellschaft vertritt in diesem Punkt einen überaus strengen Kodex. Bis vor wenigen Jahrzehnten war eine Affäre, die aufflog, noch der Inbegriff des Verrats, ein Vergehen, das gerichtlich verfolgt werden konnte, ein Anlaß für gesellschaftliche Ächtung und selbstverständlich ein Scheidungsgrund. Offiziell, wie gesagt. Aber angewandt wurden solche Gesetze fast immer nur bei Frauen. Bei Männern sah man das noch nie so eng. Da ging man immer stillschweigend davon aus: Männer sind polygam und brauchen »es« deshalb häufiger. Außerdem ist es für sie kein Problem, Sex und Gefühle zu trennen. Deshalb handelte es sich auch nicht um Betrug, wenn sie sich außer der Reihe ein bißchen amüsierten – nur erwischen lassen durften sie sich dabei nicht. Kurze oder auch längere Affären, von denen die Ehefrau nichts erfuhr, waren sozusagen Gewohnheitsrecht. Ob aus Langeweile, Frust, Neugier, weil Männer wirklich polygam sind oder nur, weil das Gras auf der anderen Seite des Zaunes schon immer grüner war – fast jeder tat's, und niemand hatte das Bedürfnis, seiner Frau davon zu berichten. Der Kavalier genießt und schweigt, oder? Ehefrauen taten das selbstverständlich nicht. Erstens waren Frauen, wie jeder wußte, monogam. Zweitens machten sie sich nichts aus Sex, ohne Liebe schon mal gar nicht. Und drittens waren sie Eigentum ihres Ehemannes. Wie viele Frauen in früheren Zeiten ihre Männer trotz dieser Einschränkungen betrogen haben, ist nie bekannt geworden. Darüber, wie es heute in dieser Beziehung aussieht, weiß man dagegen mehr: Wenn man an Meinungsumfragen glaubt, sind die Hälfte aller Ehefrauen und der größte Teil aller Ehemänner schon mal mit jemand anders ins Bett gegangen. Von denen, die sagen, daß sie es (noch) nicht getan haben, begründen viele das nicht etwa mit Moral, Anstand und Treue, sondern ganz ehrlich mit einem

»Mangel an Gelegenheit«. Immer mehr Frauen fordern gleiches Recht für alle: Wenn Männer zwischen Liebe und Spaß im Bett trennen können, dann können Frauen das auch!
Und sie setzen diese Forderung scheinbar auch energisch in die Tat um. Eine amerikanische Studie hat ergeben, daß 40 Prozent der Frauen innerhalb der ersten vier Jahre nach der Hochzeit ihre erste Affäre hatten – aber nur 25 Prozent der Männer! Es gibt da nur ein Problem: Männer verfügen im diskreten Umgang mit außerehelichen Affären über jahrhundertelange Erfahrung. Sie haben zwar möglicherweise ein schlechtes Gewissen, aber meist nicht mal ansatzweise das Bedürfnis, ihrer Frau die Sache zu beichten. Frauen hingegen sind (noch) längst nicht so souverän. Auch bei denen, die den Mut haben, in Sachen Sex genauso frei zu sein wie ein Mann, folgt auf das Vergnügen oft der Katzenjammer – und dann das dringende Bedürfnis, sich wider alle Vernunft durch eine Beichte beim Partner Absolution zu holen oder notfalls sogar die verdiente Strafe auf sich zu nehmen (»Wenn mein Mann das erfährt, bringt er mich um!«). Denn es muß leider gesagt werden: Männer sind mit dieser Entwicklung alles andere als einverstanden. »Bei uns ist das was anderes. Aber Frauen tun so etwas doch nicht!« sagte empört Klaus aus dem Beispiel oben und spricht damit stellvertretend für alle Männer. Jahrhundertelange Doppelmoral läßt sich eben doch nicht so einfach vom Tisch wischen.

Was tun? Merke: Es geht hier nicht um Moral, sondern um (Über-)Lebenshilfe. Deshalb: Wenn Sie Ihren Partner betrogen haben und es sich bei der Geschichte um einen erfreulichen Ausrutscher ohne Konsequenzen für Ihre Beziehung gehandelt hat (so wie ein Mann die Affäre betrachten würde, handelte es sich um seine eigene), dann stehen Sie's auch durch »wie ein Mann«. Dies sind die klassischen Regeln für die Handhabung eines Seitensprungs:
• Tu, was du nicht lassen kannst, aber sag mir nichts.
• Einmal ist okay, aber nie zweimal mit dem/derselben.
• Außerhalb der Stadt, auf Dienstreisen, im Urlaub von der Ehe, aber nie hier und nie im Ehebett.
• Mit Fremden, mit Prostituierten notfalls, aber nie mit Freunden.
Für Männer war die Befolgung dieser seit Jahrhunderten bewährten Regeln meist kein Problem und außerdem völlig ausreichend. Frauen, die in dieser Beziehung nicht auf jahrhundertelange Tradi-

tionen zurückblicken können, zumindest nicht in dem Maße wie Männer, brauchen vielleicht noch ein paar Zusatzinformationen:

- Bloß nicht beichten! Eine Beichte ist in den meisten Fällen die schlechteste Lösung. Wenn Sie sicher sein können, daß die Geschichte nicht weitergeht und es keinerlei Folgen geben wird und einigermaßen sicher, daß niemand tratscht, schweigen Sie.
- Wenn Sie unbedingt mit jemandem darüber sprechen müssen, suchen Sie einen Zuhörer, der von Berufs wegen zum Schweigen verpflichtet ist.
- Falls Sie glauben, platzen zu müssen, wenn Sie nicht die Wahrheit sagen: Bevor Sie Ihre Beziehung mit einem Geständnis belasten, sollten Sie überlegen, was Sie damit möglicherweise anrichten. Sie werden zwar Ihr schlechtes Gewissen los, aber Sie können sicher sein, daß Sie Ihren Partner mit Ihrer schonungslosen und in gewisser Weise auch egoistischen Offenheit zutiefst verletzen.
- Wenn er einen vagen Verdacht schöpft, aber keinerlei Beweise hat: Streiten Sie's ab. Wahrscheinlich fällt es Ihnen mit Ihrem schlechten Gewissen nicht schwer, besonders liebevoll zu ihm zu sein, und wenn Sie ihm zu verstehen geben, daß er für Sie der tollste Mann der Welt ist, wird er Ihnen das allein schon aus Bequemlichkeit gern glauben.
- Widerstehen Sie dem Wunsch, eine neu dazu gelernte sexuelle Variante als Bereicherung in ihr eheliches Liebesleben einzubringen, zumindest für eine Weile. Das schafft nur unnötiges Mißtrauen.
- Überlegen Sie, ob es möglicherweise eine tiefere Ursache für den Seitensprung gibt, die in Ihrer persönlichen Entwicklung begründet ist und nichts mit Ihrer Beziehung zu tun hat, und denken Sie auch darüber nach, ob es nicht zumindest zeitweise möglich sein müßte, die Routine aus dem Ehebett zu verjagen und statt dessen ein wenig Pep und Phantasie hineinzubringen.
- Selbst wenn die Versuchung riesengroß ist und die Gelegenheit günstig: Überlegen Sie es sich mehr als reiflich, ob Sie den Partner des zufälligen Seitensprungs noch einmal wiedertreffen. Das ist ein Spiel mit dem Feuer, das leicht zu einem Großbrand führen kann – und es oft genug auch tut.
- Wenn Sie sich allerdings ernsthaft in den anderen verliebt haben, ob Sie ihn nun wiedersehen oder nicht, hilft nur noch Offenheit. Dann liegt es an Ihnen beiden, um Ihre Beziehung zu kämpfen oder nicht.

• Behalten Sie auch in einer heißen Situation einen kühlen Kopf. Schützen Sie sich vor Schwangerschaft und Ansteckung. Und davor, daß aus dem »harmlosen Seitensprung« eine »verhängnisvolle Affäre« wird.

Bloß nicht: Erzählen Sie auch Ihrer besten Freundin nichts davon, und wenn es Ihnen noch so schwer fällt. Zu leicht entstehen Gerüchte, und wenn sie nicht dichthält, wird Ihr Partner möglicherweise von außen durch Tratsch mit der für ihn unerfreulichen Situation konfrontiert. Dann müssen Sie lügen oder beichten – und das sollten Sie sich, vor allem aber ihm, doch wirklich ersparen.

Sex, »zu müde«

»Wenn sie keine Lust hat, läuft gar nichts!«

Karl, 39, Grafiker: Seit zehn Jahren sind wir verheiratet, und seit neun davon höre ich immer dieselbe Leier. Entweder ist sie zu müde, oder sie hat Kopfschmerzen, oder sie hat ihre Tage, oder sie kriegt gerade ihre Tage. Irgendeine Ausrede hat sie immer. Ich komme mir oft vor wie ein Bittsteller. Oder noch schlimmer: Ich muß es mir verdienen, indem ich mit ihr ins Theater gehe, was ich verabscheue, oder ihr im Garten ein Blumenbeet anlege oder was auch immer. Dann läßt sie sich manchmal noch herab, mit mir zu schlafen. Aber Lust? Null. Ich würde nie nein sagen, wenn sie mal Lust hätte und ich nicht. Aber wenn sie nicht will, läuft bei uns gar nichts.

Erika, 35, hilft in der Agentur: Das stimmt, ich habe schon seit langem keine große Lust mehr, mit ihm zu schlafen. Das ist nicht seine Schuld. Ich mag ihn heute immer noch sehr gern. Aber – mein Gott, wir sind in diesem September zehn Jahre verheiratet, haben zwei Kinder, den Hund, das große Haus und die Agentur, in der ich auch noch ziemlich viel mitarbeite. Da habe ich wirklich genug anderes zu tun. Ich bin abends oft so fertig, daß ich nur noch ins Bett sinke. Ich könnte gut ohne Sex leben. Wenn er es braucht – einmal in der Woche – in Gottesnamen. Aber zu mehr kann ich mich wirklich nicht aufraffen.

Daran liegt's: Nach einer Befragung (unter Männern) lieben sich deutsche Ehepaare durchschnittlich 2,8 mal pro Woche, und jeder zweite Mann verschafft sich zusätzlich noch einmal wöchentlich selbst Befriedigung, weil sie »zu müde« ist. (Die Frage ist, wie sehr wir solchen Umfragen Glauben schenken dürfen, denn erfahrungsgemäß wird bei keinem Thema soviel gelogen wie beim Sex.) Die meisten Ehemänner geben außerdem an, sehr viel öfter den Wunsch nach Sex zu verspüren als ihre Frau (was vermutlich nicht gelogen ist). Wenn er will und sie nicht, hat er, meist zu Recht, das Gefühl, daß ihre Müdigkeit nur ein Vorwand ist. In Wirklichkeit will sie nicht, und das können die meisten Männer einfach nicht begreifen. Für ihr männliches Selbstbewußtsein ist es nämlich ganz wichtig, zu sagen und sich selbst zu beweisen: Sie wollen immer und sie können immer. Sie dagegen kann zwar (theoretisch) fast immer, aber sie will längst nicht immer. Und weil sie die Ablehnung nicht so deutlich aussprechen möchte, erfindet sie die dünne Ausrede, über die sich vermutlich schon Adam geärgert hat. Natürlich ist das nur ein Code: »Liebling, ich bin zu müde« klingt immer noch besser als »Ich habe keine Lust,« obwohl es auf dasselbe herauskommt. So entsteht das Muster: Sie bestimmt darüber, wie oft die beiden Sex haben. Er probiert sein Glück, mal mit Erfolg, mal ohne. Natürlich murren die Männer und fühlen sich manipuliert: »Wenn du brav bist...« Aber andererseits, sagen zumindest die Sexualwissenschaftler, sind viele mit dieser Rolle gar nicht so unzufrieden. Die Tatsache, daß sie häufig umsonst vorfühlen, gibt ihnen nämlich bei allem Frust das Gefühl: Sie wollen immer. Und sie könnten auch immer, wenn sie nur dürften. Und so ist ihre Männlichkeit nie in Gefahr. Dafür nehmen sie sogar in Kauf, daß sie sich ihren Sex bisweilen »verdienen« müssen, durch Ausgehen, Geschirr spülen oder die Anschaffung einer neuen Stehlampe für das Wohnzimmer. Das Dumme ist nur: Irgendwann erstarren auch solche einleitenden Handlungen zur Routine und wirken nicht mehr. Dann kann es passieren, daß er, als Vorbereitung zum Sex außer der Reihe, zweihundert Tulpenzwiebeln im Vorgarten einbuddelt, weil er aus Erfahrung weiß, daß das bei ihr wirkt – und sie ist trotzdem »zu müde«!

Was tun? Seien wir ehrlich. An diesem Ungleichgewicht zwischen seiner und ihrer Lust wird sich wohl nicht viel ändern lassen. Daß die Frauen heutzutage (?) so oft diktieren können, wann und wie oft, mag den Männern manchmal ungerecht vorkommen, aber es ist im Prinzip auch nicht ungerechter als früher, als regelmäßiger Sex unter »eheliche Pflichten« fiel, die Ehefrauen mit dem gleichen Fleiß und der gleichen Sorgfalt und häufig mit wesentlich geringerer Befriedigung zu erfüllen hatten als die am Kochtopf oder beim Schrubben der Wäsche. Spaß? Zärtlichkeit? Noch im 19. Jahrhundert galten Frauen, die einen Orgasmus hatten, als vulgär! Wie immer in solchen Fällen bietet sich als Lösung ein Kompromiß an:

• Er: Auf einen kurzen Nenner gebracht: Männer wollen Sex, Frauen wollen Liebe. Wenn Sie möchten, daß sie häufiger mit Ihnen schläft, müssen Sie ihr in dieser Hinsicht entgegenkommen. Sie brauchen ihr also keineswegs ein neues Kleid zu kaufen, den Rasen zu mähen oder das Kinderzimmer neu zu streichen. Das ist ein Trugschluß, dem die meisten Männer unterliegen. Sie denken nun mal praktisch und fühlen sich am wohlsten, wenn sie ihre Liebe durch Taten ausdrücken können: Aber Frauen sind anders konstruiert. Für sie sind »Gefühle« immer wichtiger als »Taten« – und ganz besonders dann, wenn es um die Bereitschaft zum Sex geht. Wenn Sie also ab und an der Müdigkeit Ihrer Partnerin den Garaus machen wollen, müssen Sie in den sauren Apfel beißen und Gefühl zeigen, auch wenn Ihnen das noch so schwer fällt. Hier ein paar Anregungen:

• Geben Sie ihr beim Frühstück einen Kuß.
• Rufen Sie sie »einfach so« aus dem Büro an und sagen Sie ihr, daß Sie sie vermissen.
• Kaufen Sie Ihr einen neuen Luxus-Badeschaum – und zwar ohne den Hintergedanken, daß sie dafür mit Ihnen ins Bett gehen muß.
• Holen Sie das Album mit den Hochzeitsbildern heraus und schauen Sie es sich gemeinsam mit ihr an.

• Spielen Sie das altbewährte »Weißt du noch, damals?«-Spiel. Erzählen Sie ihr wieder einmal, wie Sie sich ins Zeug gelegt haben, um sie kennenzulernen. Versuchen Sie, sich zu erinnern, was sie damals anhatte. Erinnern Sie sie an den ersten Kuß, die erste Liebesnacht, den Konkurrenten, auf den Sie so eifersüchtig waren.

• Überraschen Sie sie damit, daß Sie sich beim Sex auch mal nur mit der Vorspeise zufriedengeben!

• Strengen Sie sich an, daß sie zum Höhepunkt kommt. Geben Sie auch dann nicht insgeheim erleichtert auf, wenn sie »Ist nicht so wichtig, Liebling« flüstert. Seien Sie versichert: Sie meint's nicht so.

• Vielleicht spürt sie schon lange, daß sich die Beziehung auseinanderentwickelt, und möchte darüber reden, aber Sie wollen die Probleme nicht wahrhaben (wie viele Männer): So wie Sie sich auf der Gesprächsebene verweigern, so verschließt sie sich beim Sex. Wie wäre es, wenn Sie den Teufelskreis durchbrechen und von sich aus wieder mal über Ihre Beziehung reden?

• Sie: Ohne Kompromisse geht's im Leben nun mal nicht. Erst recht nicht beim Sex. Also schlafen Sie auch ruhig dann mal mit ihm, wenn Ihnen eigentlich gar nicht danach ist, und zwar mit Engagement – und ohne Gegenleistung! Und wer weiß, manchmal kommt der Appetit ja wirklich beim Essen...

Bloß nicht: Er: Wenn Sie irgendwo gehört haben, Frauen seien nun mal anders gebaut als Männer und sie brauchten den Orgasmus nicht unbedingt – glauben Sie's bitte nicht. Zumindest dann nicht, wenn Sie sich wünschen, daß Ihre Partnerin häufiger und freudiger mit Ihnen schläft.

Sex, »zu langweilig«

»Kann er sich nicht mal was anderes einfallen lassen?«

Elisabeth, 33, Zahnarzthelferin: Ich mag Sex. Aber bei uns im Bett ist es richtig langweilig geworden, seitdem wir verheiratet sind. Wir bräuchten's ja gar nicht mehr, wie früher, im Aufzug oder auf dem Behandlungsstuhl zu machen. Aber muß Ehe-Sex deshalb gleich so reglementiert sein? Spontaner Sex? Daß ich nicht lache! Bei meinem Mann findet alles genau nach Programm statt. Samstags nach den 23-Uhr-Nachrichten. Wenn wir samstags eingeladen sind, ersatzweise sonntags, aber dann schon um 22 Uhr, schließlich ist montags ja Praxis! Und dann noch einmal in der Woche, morgens nach dem Aufwachen. Oder besser gesagt, wenn er aufgewacht ist. Ich habe einen so tiefen Schlaf, daß ich manchmal erst wach werde, wenn die Sache schon gelaufen ist, aber das stört ihn nicht im geringsten. Dafür strengt er sich samstags richtig an: Er geht vorher unter die Dusche, rasiert sich, sprüht sich mit After-Shave ein und zieht einen frischen Schlafanzug an. Früher fand ich das süß. Heute sträuben sich mir schon die Nackenhaare, wenn er in seinem frischen Schlafanzug ins Bett steigt! Kann der Mann niemals spontan sein? Danach liest er noch ein paar Seiten in seinem Buch, und wenn das Kapitel zu Ende ist, macht er das Licht aus, lutscht für ein Weilchen an meinen Brustwarzen und kommt zur Sache: Das war's dann. Er geht bei der Liebe genauso systematisch vor wie bei einer Wurzelbehandlung. Nur daß er mit den Zähnen der Patienten viel einfühlsamer und behutsamer umgeht! Er wird's nie kapieren: Wenn meine Brustwarzen bereit sind, bin ich das deshalb noch lange nicht. Mein Kopf möchte verführt werden! Aber das begreift er einfach nicht. Und dann wundert er sich, daß ich keine Lust habe... Aber wenn ich dann mal mit ihm darüber reden will, fällt bei ihm die Klappe. Warum sind Männer nur so instinktlos?

Florian, 35, Zahnarzt: Jetzt übertreibt sie aber! Ich gebe ja zu: Im Laufe der Jahre bin ich ein wenig einfallsloser geworden. Schließlich haben wir inzwischen eine große Praxis, und die am Laufen zu halten, kostet eine Menge Energie. Außerdem bin ich nicht mehr so jung wie früher. Ich brauche einfach meinen Schlaf, um fit zu sein. Wenn sie unser Sexleben langweilig findet – warum fängt sie dann nicht mal an? Sie tut so, als wäre sie die scharfe Sexbombe. Aber in Wirklichkeit bin immer ich derjenige, der das Startzeichen gibt. Sie liegt einfach im Bett und wartet ab, was passiert.

Daran liegt's: Der häufigste Grund, den Männer und Frauen als Rechtfertigung für eine Affäre angeben, ist neben sexueller Verweigerung (siehe Stichwort »Sex, zu müde«) chronische Langeweile im Ehebett. Wird Sex mit immer der gleichen Person in einer langen Beziehung automatisch langweilig? Ist das eine unvermeidlich Entwicklung? Dazu die Gegenfrage: Ist es weniger interessant, mit einem alten Freund, den man seit vielen Jahren kennt, zu essen und zu reden, als mit einem neuen, den man erst seit einem Jahr kennt? Sie kennen schon die Antwort: Es kommt darauf an! Aber in aller Regel kann man die tieferen Gespräche mit einem alten Freund führen – auch wenn es Spaß macht und aufregend ist, neue Leute kennenzulernen! Shere Hite, die amerikanische Sex-Forscherin, will als einen der Gründe für die Langeweile im Ehebett herausgefunden haben, daß viele Männer nicht die Frau geheiratet haben, in die sie am meisten verliebt waren, sondern jene, bei der die praktischen Argumente am meisten überzeugten. Die – gleichfalls amerikanischen – Sexologen Masters und Johnson führen die Langeweile dagegen in erster Linie auf eine hoffnungslos überhöhte Erwartungshaltung zurück, zu der die unrealistische Darstellung von Liebe und Sex in den Medien kräftig beiträgt. Ein ganzer Industriezweig ist damit beschäftigt, den Leser(innen) zu suggerieren, daß auch nach zwanzig Jahren die Erde beim Sex noch beben kann. Die Wirklichkeit sieht anders aus: Gelangweilte Ehefrauen beklagen sich am meisten über die immer gleiche Routine: knappes Vorspiel, Penetration, Geschlechtsverkehr, Orgasmus des Mannes. Mehr als die Hälfte der Frauen findet, das beste am Sex sei das Vorspiel, aber viele haben das Gefühl, daß ihr Partner dieses, wenn überhaupt, eher wie ein Pflichtprogramm abspult. »Ich glaube«, sagte eine Freundin wütend, »am liebsten wäre ihm, der Sex zwischen uns liefe ab wie ein Rock-Konzert: Zuerst kommt die unbekannte Band und heizt das Publikum an, und dann erscheint er, der Superstar, und dann geht's erst richtig los!« Und frustrierte, gelangweilte Ehemänner beklagen sich darüber, daß sie »nur die Beine breit macht« und so tut, als hätte sie einen Anspruch darauf, ohne Einsatz ihrerseits in den siebten Himmel der Lust zu entschweben.

Was tun? Erwarten Sie nun bitte keine Patentlösung. Eine Ehe, aus der der Dampf völlig raus ist, mit neuer Leidenschaft zu erfüllen ist unmöglich. Genausogut können Sie versuchen, ein Soufflé aufzuwärmen. Aber viele Fälle sind glücklicherweise noch nicht so hoffnungslos. Beim Sex in der Ehe gibt es wie beim Wetter Hochs und Tiefs, und mal herrscht das eine vor, mal das andere. Aber im Gegensatz zum Wetter hat man auf die Tiefs im Sexleben einen gewissen Einfluß:

- Guter Sex beginnt im Kopf, und zwar schon lange, ehe Sie sich ausgezogen haben, am besten schon vom Büro aus mit einem kleinen Anruf: »Weißt du, was wir beide heute abend vorhaben?«
- Übernehmen Sie selbst die Verantwortung dafür, daß es Ihnen beim Sex gut geht. Lassen Sie den anderen nicht alles machen, und schieben Sie ihm danach nicht die Schuld dafür zu, daß er »mal wieder alles falsch gemacht« hat.
- Achten Sie darauf, wenigstens ab und zu ungestört Zeit füreinander zu haben: Telefon abstellen, Kinder verleihen etc.
- Raus aus der Routine: Wechseln Sie Ort, Zeit und Rollen. Guter Sex muß nicht abends stattfinden, oder morgens vorm Büro, und auch nicht unbedingt im Ehebett. Selbst wenn Sie lachen müssen, weil das Sofa so schmal ist oder die Badewanne viel zu klein oder das Gras unterm Apfelbaum so feucht – Sie haben's wenigstens mal wieder woanders gemacht.
- Wenn Sie's schon tun, können Sie genausogut mit vollem Herzen bei der Sache sein, damit es auch gut wird.

• Akzeptieren Sie, daß nicht alle Sprichwörter zutreffen: Der Appetit kommt längst nicht immer beim Essen. Erzwungener Sex bringt, wie Sie wissen, auch nichts.

• Suchen Sie nicht nach dem zuverlässigem Zauberknopf, der durch die Sex-Literatur geistert, als G-Spot etc. Es gibt ihn nicht. Jeder Mensch funktioniert anders. Und leider wirkt auch das, was beim einen Mal erfolgreich war, beim nächsten längst nicht immer – und erst recht nicht beim hundertsten Mal. Sie müssen einfach immer neu herumexperimentieren.

• Lachen Sie so oft wie möglich. Machen Sie den Sex nicht zur todernsten ehelichen Pflichtübung.

• Wenn die Probleme lange anhalten, tun Sie etwas. Warten Sie nicht drauf, daß sie von alleine verschwinden. Sexualtherapie ist viel verbreiteter, als Sie vielleicht glauben – und übrigens auch viel erfolgreicher!

• Bleiben Sie realistisch mit Ihren Erwartungen. Auch beim Sex mit dem spannendsten, aufregendsten, erotischsten Partner läuten längst nicht jedesmal alle Glocken. Aber als Faustregel kann gelten: Je mehr Sie investieren, desto höher ist der Profit.

• Mit anderen Frauen offen über sexuelle Dinge zu reden ist oft nützlich. Fakten herausfinden, keine Märchen, heißt die Devise. Frauen, wenn sie erst mal die Hemmungen abgelegt haben, reden da meist sehr frei und ehrlich miteinander.

• Beanspruchen Sie das gleiche Recht auf Spaß. Und gönnen Sie sich's. Wir haben allesamt den kleinen Moralapostel auf der Bettkante sitzen, der uns zuflüstert: Nicht so laut, nicht so toll, nicht so pervers. Schmeißen Sie den alten Spielverderber endlich raus!

• Gönnen Sie Ihrem eigenen Körper Vergnügen, nicht nur dem des Partners. Es ist idiotisch, in der Liebe selbstlos immer nur an den Partner zu denken. Sagen Sie sich: Es steht mir zu, daß es mir dabei gut geht.

• Gönnen Sie sich viel Zeit, um herauszufinden, was Ihnen beim Sex Spaß macht. In Theorie und Praxis.

• Überlegen Sie sich, welche neuen Dinge Ihnen Spaß machen könnten, und probieren Sie's aus. Die meisten Männer sind zwar anfangs vielleicht überrascht, aber durchaus willig und aufgeschlossen.

• Vergessen Sie Falschmeldungen wie: Der Mann muß immer anfangen. Der Mann braucht's. Er weiß schon, wie er's zu tun hat. Zeigen Sie ihm lieber auch mal, wo's langgeht.

Bloß nicht:

- Bestehen Sie nicht immer auf einem dreigängigen Menü: Vorspeise, Hauptgericht und Dessert. Wie oft haben Sie schon eine Speisekarte studiert und festgestellt, daß ein Vorspeisenteller Ihnen auch mal zusagen kann? Na also. Frauen lieben das Vorspiel, weil es nicht auf den Bereich unter der Gürtellinie beschränkt ist, sondern die Ohrläppchen ebenso einschließt wie die große Zehe. Dadurch haben sie die Zeit, sich gefühlsmäßig auf ihren Partner einzustellen.
- Lassen Sie sich nicht durch Normen beeindrucken. Sie haben das Recht, Ihren eigenen Sex zu bestimmen. Der Stil muß längst nicht immer gleich sein. Mit 20 liebt man anders als mit 50.
- Sie brauchen nicht aus Mitleid mit ihm ins Bett zu gehen, oder weil er sonst sauer ist, oder weil er sagt, du bist frigid, oder weil er schon eine Erektion hat, oder weil er droht, sie zu verlassen. Und auch nicht, weil er Ihnen Blumen mitgebracht hat oder Ihnen »danach« immer ein kleines Geschenk macht.

Sex und Kinder

»Gibt es noch Sex, wenn Kinder da sind?«

Gerhard, 33, Fotograf: Ehrlich: Ich bin immer noch verliebt in meine eigene Frau. Aber seitdem die Kinder da sind, läuft bei uns so gut wie nichts mehr. Erst hat sie gestillt. Alle drei Stunden schrie das Baby und wollte trinken. Gaby war so fertig, sie konnte kaum die Augen aufhalten, da wollte ich sie nicht auch noch behelligen. Später, haben wir uns gesagt, kommt das schon wieder. Später kamen dann die Zähnchen, die Ohrenschmerzen und die Windpocken, und dann das nächste Kind, das auch wieder alle drei

Stunden Hunger hatte, und dann kamen die Alpträume – der böse Wolf unterm Bett, die Hexe im Kinderzimmer... Jetzt schlafen wir alle vier in unserem Bett, und wenn Gaby und ich es trotzdem mal versuchen, wacht garantiert irgendein Kind auf und fragt interessiert: »Was macht ihr denn da?« Tagsüber? Vergiß es. Du denkst, die Luft ist rein, die Kinder spielen im Garten. Du schleichst dich ins Schlafzimmer – und kannst sicher sein: Entweder fliegt gleich der Ball durch die Scheibe oder einer steht brüllend mit blutendem Knie vor dir und will ein Pflaster, aber nur ein gelbes mit Popeye drauf. Da vergeht mir alles. Und irgendwie – das soll jetzt kein Vorwurf sein – habe ich das Gefühl, bei Gaby kommen immer die Kinder zuerst. Und jetzt will sie sogar noch eins! Kann sie mir bitteschön erklären, wann wir das machen sollen?

Gaby, 32, Hausfrau: Jetzt übertreibt er aber. Mir tut's ja auch leid, daß wir so selten Gelegenheit zum Liebemachen haben. Aber Gerhard ist auch überempfindlich: Er fühlt sich so leicht zurückgesetzt! Es ist doch ganz normal, daß die Kinder zu uns ins Bett kommen, wenn sie nachts aufwachen. Aber dann wird er ganz panisch: Pssst!!! Die Kinder dürfen um gotteswillen nichts merken! Als ob die einen bleibenden Schaden kriegen, wenn sie wirklich mal mitbekommen, daß ihre Eltern miteinander schlafen! Mein Gott, früher hat seine Zimmerwirtin immer an die Tür geklopft, wenn wir im Bett waren, und das hat ihn überhaupt nicht gestört. Ich glaube, er gibt es nicht zu, aber er ist einfach eifersüchtig auf die Kinder.

Daran liegt's: Eine Umfrage, wie Männer ihr Geschlechtsleben nach der Geburt ihrer Kinder einschätzen, kam zu folgendem Ergebnis:
- 42 Prozent: gleich geblieben
- 36 Prozent: schlechter
- 14 Prozent: besser
- 8 Prozent: keine Meinung

Ein Teil der Männer, so die Studie, nimmt es zunächst leicht und ihrer Frau nicht übel, wenn es mit dem Sex nach der Geburt des Kindes bergab geht. Vor allem den älteren Vätern über 30 macht das anfangs nicht so viel aus. Bei anderen, insbesondere bei sehr jungen Paaren und bei solchen, die unverheiratet zusammenleben, hat die Ankunft eines Babys dagegen oft katastrophale Auswirkungen auf das Liebesleben. Die Männer fühlen sich total unverstanden und benachteiligt. Leicht ist die veränderte Situation anfangs weder für Männer noch für Frauen. Aber normalerweise wird bei Paaren, die zu Eltern geworden sind, die Lust auf Sex gegenüber anderen Bedürfnissen und Verantwortlichkeiten abgewogen – was in dieser Lebensphase eine wichtige Entwicklungsaufgabe ist. Frauen gelingt es häufig besser als Männern, sich in diese neue Rolle hineinzufinden. Allerdings wird das Baby gar nicht so selten zum Ersatz-Liebhaber – so kommt es zumindest den eifersüchtigen Männern vor. Die reagieren bisweilen wie ein Kind, dessen Spielzeug zerbrochen ist, und tendieren stärker zu Frust und Flucht. Anderen Männern bereitet es Probleme, die Partnerin plötzlich als Frau und Mutter zu erleben. Eine Mutter ist für sie, gelernt ist gelernt, tabu. Sie reagieren darauf, indem sie ihrer Partnerin die Schuld zuschieben und ihr unterstellen, die Mutterschaft sei für sie der Anlaß zu legitimer Flucht aus dem Sex – dabei sind es eigentlich sie selbst, die keine Lust haben, zumindest nicht auf Sex mit der Mutter ihrer Kinder. Wieder andere leiden, wenn die erste Euphorie über den Nachwuchs verflogen ist, darunter, daß das Kind jetzt scheinbar ihre frühere Stelle eingenommen hat, und fühlen sich künftig nur noch als derjenige, der für alle und alles bezahlen muß. Aber sie gestehen sich das nicht ein, sondern ziehen sich zurück in ihre Männerwelt. Sie merken schon: Väter und Sex, das ist ein heikles Thema. Aber es gibt noch Hoffnung: Immerhin 14 Prozent der befragten Männer behaupten, der Sex sei nach der Geburt sogar besser geworden. Es wäre hochinteressant zu wissen, wie diese Paare das geschafft haben, aber genau das verrät uns der Bericht leider nicht!

Was tun?

- Seien Sie realistisch in Ihren Erwartungen. Spätestens die Geburt eines Kindes bedeutet das Ende der Flitterwochen und den Anfang einer neuen Lebensphase mit anderen Aufgaben. Aber das heißt nicht, daß Liebesleben und Kinder nicht unter einen Hut zu bringen sind. Es ist nur ein bißchen mühsamer. Oder, um ganz ehrlich zu sein, viel mühsamer. Aber die Mühe lohnt sich. Denn wenn es nach der Geburt des ebenso winzigen wie lautstarken Full-Time-Jobs auch manchmal nicht so aussehen mag – die Liebe zu Ihrem Kind ist kein Ersatz für die Liebe zwischen Ihnen beiden.

• Nehmen Sie sich Zeit füreinander, so schwer das auch sein mag... Mann und Frau müssen ihre Beziehung neu ordnen, um ihre alte Intimität wiederzufinden. Das Kind wird schon nicht zu kurz kommen. Wenn man Erwachsene zu ihrer Kindheit befragt, beklagen sie sich über alles mögliche. Aber es ist noch kaum je vorgekommen, daß jemand sich beschwert, darunter gelitten zu haben, daß die Eltern füreinander immer die Nummer eins waren. Sie müssen sich einfach mehr anstrengen, um eine neue Hürde zu überwinden. Aber was soll's? Das ganze Leben ist schließlich voll davon!

• Haben Sie Geduld. Neben der Erschöpfung und dem Gefühl, niemals ungestört zu sein, spielen auch hormonelle Umstellungen eine Rolle. Es ist ganz normal, daß viele Frauen in den ersten Monaten nach der Geburt die Lust am Sex völlig verlieren, ähnlich wie Männer, die häufig einen sehr reduziertes Bedürfnis nach Sex haben, wenn sie beruflich voll unter Streß stehen. Wenn dazu noch Geldsorgen, Schwierigkeiten am Arbeitsplatz und körperliche Erschöpfung kommen, ist bei Männern das Interesse an Sex gleich null, und für eine Weile liegt nichts ihnen ferner, als sich darauf zu konzentrieren, das Liebesleben wieder in die Gänge zu bringen. Genauso fühlen sich viele Frauen nach der Geburt eines Kindes. Wenn deswegen Spannungen entstehen, können die sich auf sexuellem Gebiet selbst dann noch lange auswirken, wenn die ursprünglichen Probleme längst behoben sind.

• Strengen Sie sich mehr an, den anderen zu verführen. Auch wenn Sie eigentlich viel zu müde sind – ohne Bemühen geht nichts mehr: Die alte Lust, die Bereitschaft, das Kitzeln, das am Anfang fast immer vorhanden war, war sozusagen ein Einstandsgeschenk der Natur, ihr alter Trick, mit dem sie den Fortbestand der Spezies sichert. Sobald sie ihr Ziel erreicht hat, macht sie einen Rückzieher. Wer dann noch Spaß an der Liebe haben möchte, muß etwas dafür tun.

• Er: Versichern Sie Ihrer Frau immer wieder, daß sie immer noch sexy und begehrenswert ist. Viele Frauen haben nach der Entbindung Angst, nicht mehr so attraktiv zu sein wie früher. Sie fürchten sich davor, daß ihre Haut nicht mehr so glatt, der Bauch nicht mehr so flach, der Busen nicht mehr so straff wie früher ist. Und die Angst, nicht attraktiv genug zu sein, nimmt ihnen nicht nur den Spaß an der Liebe, sondern vor allem auch das Selbstbewußtsein, zu verlangen, beim Sex auf ihre Kosten zu kommen. Lieber tun sie's gar nicht!

• Spontaner Sex, so wie früher, mag Ihnen als Traum aus der Vergangenheit in der Erinnerung geblieben sein. Realistisch betrachtet werden die Gelegenheiten für solche Eskapaden tatsächlich immer rarer, wenn Kinder im Hause sind. Wenn wirklich mal eine auftaucht und die Luft rein ist – ergreifen Sie die Gelegenheit beim Schopf! Jetzt oder lange nicht mehr!

• Da solche Situationen erfahrungsgemäß seltene Glücksfälle sind, sollten Sie sich ganz gezielt Gelegenheiten schaffen. Sie müssen ja nicht gleich ein Wochenende allein im Hotel verbringen, obgleich das ein außerordentlich verlockender Gedanke ist. Ein Babysitter, der die Kinder in den Zoo führt, Kinokarten für die Nachmittagsvorstellung oder auch ein neuer Video sind eine Garantie für ein paar ungestörte Stunden zu zweit – es sei denn, der Videorecorder streikt plötzlich oder der Zoo ist geschlossen, aber vor solchen Überraschungen sind Eltern nie sicher. Im übrigen hat ein Kind noch niemals einen bleibenden seelischen Schaden erlitten, weil es die Eltern bei der Liebe ertappt hat!

Bloß nicht: Reagieren Sie nicht mit vorschneller Panik, wenn's nach dem ersten Kind in Sachen Sex eine Zeitlang mal ruhiger zugeht. Reden Sie sich nicht ein (und lassen Sie es sich auch nicht einreden!), daß es aus ist mit dem Sex, wenn erst mal Kinder da sind. Denn wo ein Wille ist...

Stiefkinder

»Sie behandeln mich, als wäre ich ein Raubmörder!«

Pitt, 38, Architekt: Eva hat zwei Kinder aus erster Ehe. Chris ist sieben und Mariechen sechs Jahre alt. Ich muß zugeben, ich hab mir das leichter vorgestellt. Schon der Anfang war hart: Meine ersten Besuche in Evas Wohnung fanden immer unter argwöhnischer Bewachung durch ihre Kinder statt. Wenn ich bei ihr übernachtet habe, mußte ich mich morgens im Dunkeln aus dem Haus schleichen, weil die Kinder nichts merken durften. Das war so stressig, daß ich gesagt habe: Laß uns heiraten, dann haben wir wenigstens eine Chance, uns richtig kennenzulernen. Ich mag deine Kinder, wir werden uns schon aneinander gewöhnen. Das ist jetzt ein Jahr her, aber die Kinder behandeln mich immer noch so, als wäre ich ein potentieller Raubmörder. Kann ja sein, daß ich im Umgang mit Kindern nicht so erfahren bin, aber ich habe mir wirklich viel Mühe gegeben, zu den beiden ein herzliches Verhältnis aufzubauen. Kino-Nachmittage, Radtouren, Zelten – nichts hat geholfen. Besonders schlimm ist es, wenn sie von dem Besuch bei ihrem Vater zurückkommen. Dann bin ich erst mal einen Tag lang für sie Luft. Oder wenn Eva und ich mal streiten. Dann stehen sie da und gucken mich vorwurfsvoll an: »Vati hat Mama nie angeschrien!« Manchmal bin ich soweit, daß ich alles hinschmeißen möchte. Dann frage ich mich: Habe ich das nötig? Bin ich ein Masochist, daß ich diese ständige Ablehnung auf mich nehmen muß? Hätte ich mich nicht auch in eine Frau ohne Kinder verlieben können? Und liebt Eva mich überhaupt wirklich, oder hat sie nur einen neuen Vater für diese renitente Brut gesucht?

Eva, 28, Studentin: Manchmal bin ich richtig verzweifelt. Ich habe mir das auch viel leichter vorgestellt. Pitt liebt die Kinder, als ob es seine eigenen wären, habe ich mir immer versichert, er kümmert sich mehr um sie, als das ihr eigener Vater je getan hat. Pitt hat sich wirklich große Mühe gegeben, zu den beiden ein herzliches Verhältnis herzustellen, aber er hat wenig Erfahrung im Umgang mit Kindern, und sobald er einen Fehler macht, lassen ihn die beiden mit Genuß auflaufen. Ich sitze zwischen allen Stühlen. Halte ich zu Pitt, denken die Kinder, ich hab sie nicht mehr lieb. Verteidige ich die Kinder, stürmt Pitt aus dem Haus, und ich habe Angst, daß er nicht wiederkommt. Manchmal denke ich, es hat alles sowieso keinen Zweck, am besten wäre ich mit den Kindern allein geblieben. Aber ich liebe Pitt doch!

Daran liegt's: Das Problem, das praktisch allen Stieffamilien so sehr zu schaffen macht, ist die Tatsache, daß sie durch einen Verlust zusammengekommen sind. Die Kinder haben einen Elternteil verloren. Mindestens einer aus der Stieffamilie hat einen Partner verloren. Und derjenige, der neu in die Familie gekommen ist, hat seinen Traum von der traditionellen biologischen Familie aufgeben müssen – ebenso wie die Illusion von der Beziehung, die zu zweit ohne frühere Bindungen beginnt. Die Erwachsenen haben diese Hindernisse überwunden. Sie sind verliebt, motiviert und überaus optimistisch, daß alles gut gehen wird. Die Kinder dagegen sind nicht verliebt, und optimistisch sind sie schon gar nicht – sie haben keine andere Wahl. Die meisten Kinder wünschen sich, daß Papa und Mama immer zusammenbleiben. Selbst wenn sie einsehen müssen, daß die Ehe gescheitert ist, geben sie die Hoffnung auf eine Wiedervereinigung nicht ohne weiteres auf. Besonders Söhne, die eine Zeitlang allein mit der Mutter gelebt und die Rolle als Mann im Hause übernommen haben, treten diese Position nicht ohne weiteres ab. Und Teenager beiderlei Geschlechts tun sich besonders schwer, den neuen Partner zu akzeptieren. Schließlich sind Vater und Mutter doch viel zu alt für eine neue Liebesbeziehung! Besuchsregelung, Sorgerecht, Kontakte mit dem oder der Ex, mehrere argwöhnische Großelternpaare verschärfen das Problem. Aber es gibt trotzdem Hoffnung. Die Psychologen sprechen von dem sogenannten Zwei-Jahre-Syndrom, das in Stieffamilien überwunden werden muß. So lange, sagen die Experten, dauert es im Durchschnitt, bis die Kinder sich an den neuen Partner gewöhnt haben, den Kampf einstellen und ihn (meistens) akzeptieren – es kann aber auch viel, viel länger dauern. In dieser Zeit kann man allenfalls die Weichen für eine bessere Zukunft stellen. Und dafür brauchen alle Seiten eine Menge guten Willen und viel Takt. Die folgenden Tips mögen helfen.

Was tun?

• Für Ihr Kind wird immer die Beziehung zu dem Elternteil wichtig bleiben, der nun nicht mehr mit der Familie zusammenlebt – was auch immer die Gründe dafür sein mögen. Diese Loyalität kann dazu beitragen, daß die neue Familie von Anfang an miserable Karten hat. Schlucken Sie deshalb Ihren Stolz herunter und versuchen Sie, mit dem geschiedenen Partner und der Ex-Verwandtschaft (wieder) ein friedliches Verhältnis aufzubauen. Das ist nicht nur gut für die Seele Ihres Kindes – es kann auch für Sie in Krisenzeiten sehr nützlich sein, wenn im Notfall noch eine erweiterte Großfamilie einspringen kann.

• So wichtig die Bedürfnisse der Kinder auch sein mögen – von der Beziehung zwischen den neuen Partnern hängt es ab, wie gut die Stieffamilie funktioniert. Das heißt: Die beiden Partner brauchen viel Zeit füreinander – und zwar ohne Kinder –, damit sie nicht vergessen, warum sie geheiratet haben. Kinder neigen dazu, dieses Bedürfnis nach Kräften zu sabotieren, und vor allem Mütter bemühen sich, im Interesse des Familienfriedens dafür zu sorgen, daß die Kinder bloß nicht zu kurz kommen. Dann fühlt sich der Stiefvater zurückgesetzt, neue Spannungen entstehen – und damit ist auch den Kindern nicht geholfen.

• Auch wenn der Platz in der alten Wohnung für alle reicht – der Start ins neue Familienleben fällt leichter, wenn er in einem neuen Haus oder einer neuen Wohnung beginnt. Dann kann das Territorium neu aufgeteilt werden, niemand hat »alte Rechte«, und es können neue Regeln fürs Zusammenleben aufgestellt werden, die für alle gelten.

• Erwarten Sie nicht, daß Ihr Partner Ihre Kinder so liebt wie Sie –

oder als ob es seine eigenen wären. Zunächst will Ihr Partner nur Sie. Es braucht Zeit, bis er zu den Kindern eine eigene Beziehung aufgebaut hat – und die Kinder zu ihm. Auch wenn alle nur Ihretwegen zusammenleben (müssen): Versuchen Sie, nicht ständig als Vermittler zwischen den Fronten zu operieren. Lassen Sie allen Zeit, unabhängig von Ihnen miteinander vertraut zu werden.

• Wenn es zu Spannungen zwischen Kind und Stiefelternteil kommt – seien Sie sich immer bewußt, daß Ihr Kind Sie damit testen will: Liebt mich mein Vater, meine Mutter immer noch so wie früher? Zu wem wird er/sie halten, wenn ich mit ihrem neuen Mann/seiner neuen Frau Krach habe? Halten Sie zu oft zum Kind, wird es daraus den Schluß ziehen, daß die neue Beziehung sowieso nicht so toll ist, und es wird nun erst recht versuchen, einen Keil zwischen Sie und Ihren Partner zu treiben. Halten Sie zum Partner, so wird Ihr Kind glauben, daß Sie es nicht mehr liebhaben. Ihre (schwere) Aufgabe wird es sein, Ihrem Kind zu zeigen, daß Ihre Liebe zu ihm so groß ist wie früher – aber daß Sie deshalb nicht unbedingt in jedem Fall auf seiner Seite stehen müssen.

• Machen Sie sich und Ihrem Kind immer klar, daß Stieffamilien auch Vorteile haben. Alle haben eine neue Chance, zu erleben, daß eine Beziehung auch gutgehen kann, wenn alle sich um Toleranz bemühen.

• Geben Sie nicht zu schnell auf. Es dauert meist viel länger als erwartet, bis sich eine Stieffamilie zusammengerauft hat. Vor allem dann, wenn die Kinder schon größer sind. Wenn Ihnen in dieser schwierigen Zeit die Probleme über den Kopf wachsen, suchen Sie Hilfe von außen. Erziehungs- und Familienberatungsstellen können Ihnen kostenlos zur Seite stehen. Außerdem gibt es in vielen Städten Selbsthilfegruppen für Stiefeltern.

Über die folgenden Adressen können Sie Kontakt zu anderen Stiefeltern aufnehmen:

Martin Schmidt
Neue Hegelstraße 24
90409 Nürnberg
Tel. 0911/357990

Ilse Rapp
Darmstädter Straße 40
63179 Obertshausen
Tel. 06104/72414

Traudl Dusolt
Ehrwalder Straße 74
81377 München
Tel. 089/141942

Bloß nicht: Versuchen Sie, nicht vorschnell und übereifrig in die Rolle des neuen Vaters, der neuen Mutter zu schlüpfen. Seien Sie als neuer Stiefvater überaus vorsichtig, wenn es um Autorität, Regeln, Strafen, Befehle etc. geht. Das äußerste, was Sie zunächst erwarten dürfen, ist eine freundschaftlich-kameradschaftliche Beziehung. Als neue Stiefmutter sollten Sie den Fehler vermeiden, allzu mütterlich, fürsorglich und bemüht zu sein. So gern Sie die Kinder auch mögen – drängen Sie ihnen keine Zärtlichkeiten und keine körperliche Nähe auf, bis das Bedürfnis dazu vom Kind ausgeht.

• Wenn es nicht auf Anhieb klappt, suchen Sie nicht sofort die Schuld bei sich. Viele neigen zu diesem Verhalten, weil sie ja schon das Trauma einer gescheiterten Ehe hinter sich haben. Deshalb wollen sie, daß es diesmal klappt, und merken nicht, daß ein großer Teil der Probleme nur auf allzu überhöhte Hoffnungen und Erwartungen zurückzuführen ist. Viele der Probleme haben gar nichts mit ihnen persönlich zu tun, sondern nur mit der überaus komplexen Situation.

Straßensuche

»Das muß hier ganz in der Nähe sein!«

Susanne, 24, Programmiererin: Ich dreh nochmal durch! Warum ist dieser Mensch unfähig, jemanden nach dem Weg zu fragen? Da sind für acht Uhr zum Essen eingeladen, bei Leuten, wo wir noch nie waren. Kein Problem, sagt Fred, ich weiß genau, wo das ist. Um zehn vor neun irren wir immer noch durch den Stadtteil und suchen die Straße, die »ganz in der Nähe« sein muß. Fred sitzt mit wilder Entschlossenheit hinterm Steuer und ich, mit heruntergedrehter Scheibe, fragebereit auf dem Beifahrersitz, aber er bremst einfach nicht. »Laß uns doch mal fragen, wo es ist«, schlage ich vor, aber er hört überhaupt nicht zu. Statt dessen beharrt er: »Ich weiß genau, wo wir sind. Das muß ganz hier in der Nähe sein.« Und fährt weiter. »Schau, Fred«, sage ich sanft, obgleich ich fast platze, »da geht eine Frau mit ihrem Hund spazieren, die wohnt sicher in der Gegend. Soll ich die nicht mal fragen?« – »Was weiß die schon?« knurrt er mich an und gibt Gas. Solange, bis wir schließlich per Zufall das gesuchte Straßenschild entdecken. »Ich hab doch gleich gewußt, daß es hier sein muß«, bemerkt er selbstzufrieden. Was macht es schon, daß es mittlerweile neun ist, unsere Bekannten stinksauer, das Essen verkocht, ich vor Wut fast platze und wir den Rest des Abends kein Wort mehr miteinander reden? Warum, um alles in der Welt, kann er nicht einfach nach dem Weg fragen, wenn er schon keinen gescheiten Stadtplan dabei hat?

Fred, 34, Studienrat: Normalerweise habe ich einen sehr guten Orientierungssinn. Schließlich bin ich als Student Taxi gefahren. Selbst wenn ich mal die richtige Straße nicht auf Anhieb finde und ein wenig suchen muß, geht das immer noch hundertmal schneller, als wenn ich jemanden nach dem Weg frage. Die Chancen sind groß, daß der es auch nicht weiß. Und selbst wenn ich zufällig einen finde, der sich auskennt – dieses blöde »rechts, links, dann wieder rechts, und dann hinter der grünen Tanne nach links einbiegen«, und du weißt genau, die Tanne ist keine Tanne, sondern eine Fichte – da bin ich doch selbst viel schneller am Ziel. Aber Susanne glaubt natürlich immer, alle anderen wissen den Weg besser als ich, und ich bin der komplette Trottel und nicht fähig, sie irgendwohin zu bringen.

Daran liegt's: Der Satz »Wo geht es bitte nach...« kommt im Wortschatz vieler Männer nicht vor. Lieber beißen sie sich die Zunge ab, kurven stundenlang durch unbekannte Gegenden und fahren den Tank leer, als jemanden nach dem Weg zu fragen. Die Gefühle der Bekannten, die so lange mit dem Essen warten müssen, das Risiko, daß der reservierte Tisch vergeben sein könnte – nichts ist ihm so wichtig, daß er deswegen sein Gesicht verlieren und einen dahergelaufenen Fremden nach dem Weg fragen würde. Warum Männer sich so seltsam benehmen? Für viele Männer ist es überaus wichtig, sich selbst zu beweisen, daß sie aus eigener Kraft ihr Ziel erreichen können. Probleme lösen, irgendwohin finden, Dinge reparieren – dazu brauchen sie doch keine fremde Hilfe! Die Feststellung, daß es mal nicht klappt, ist ein herber Schlag für ihr Selbstbewußtsein. Erst recht, wenn eine Frau danebensitzt, die doch, wie jeder (Mann) weiß, von Natur aus keinerlei Orientierungsgefühl hat. Das verstehen Sie nicht? Ist für Frauen auch nicht leicht. Um so wichtiger die Frage: Wie kommt man mit heiler Haut und intakter Beziehung aus einer solchen Situation heraus?

Was tun? Über dieses Problem haben schon Generationen entnervter Beifahrerinnen erfolglos nachgedacht. Wenn Sie glauben, es nicht mehr aushalten zu können, daß er noch länger in wilder Entschlossenheit ganze Stadtviertel abfährt, hilft nur eins:

- Machen Sie sich klar, daß er in seinem Stolz tief verletzt ist und daß er nun keine Kritik, sondern Ihre Hilfe braucht. Keinesfalls aber die praktische Art von Hilfe, die einer Frau völlig normal vorkommt (»Warum fragst du nicht einfach?«). Das macht die Sache nur noch schlimmer, selbst dann, wenn es ihr gelingt, den Vorschlag ohne gereizten Unterton vorzubringen. Was ein in seinem männlichen Selbstwertgefühl verletzter Mann in diesem Augenblick von einer Frau erwartet, ist kein ungebetener Ratschlag, sondern das ruhige und feste Vertrauen, daß er seinen Weg schon finden wird. Falls Sie das in diesem kritischen Moment schaffen, wird er Ihnen das bis an Ihr Lebensende nicht vergessen. Falls es Ihnen aber nicht gelingt, so über sich selbst hinauszuwachsen, zumindest nicht beim ersten Mal, helfen möglicherweise ein paar Tricks.

• Machen Sie ihm klar, daß Sie ganz dringend und auf der Stelle eine Toilette brauchen. Wenn er dann widerstrebend die nächste Tankstelle ansteuert, ziehen Sie sich für ein Weilchen zurück. Dann hat er die Gelegenheit, heimlich den Stadtplan oder die Karte zu studieren, die fast jeder Tankstellenbesitzer für solche Fälle ausgehängt hat.

• Erklären Sie ihm, daß Sie Ihre Gastgeber telefonisch auf die Verspätung vorbereiten müssen, peilen Sie die nächste Telefonzelle an – und fragen Sie die Gastgeber bei dieser Gelegenheit unauffällig nach dem Weg! Aber das ist wirklich nur die letzte Lösung. Denn dann kommen Sie zwar an, aber Sie haben den Weg gefunden, und das muß er erst mal verkraften.

Bloß nicht: So schwer es Ihnen auch fallen mag: Fragen Sie ihn niemals, wenn er richtungslos durch die Gegend fährt, wo denn eigentlich der Stadtplan ist, den er sonst immer im Handschuhfach hat. Das ist nämlich in dieser Situation eine offene Kriegserklärung.

Streiten

»Bei ihr fliegen gleich immer Teller!«

Thomas, 32, Elektroingenieur: Klar, Streit gibt's in jeder Ehe. Aber wenn Ilse wütend ist, schießt sie immer so übers Ziel hinaus. Sie verliert völlig die Kontrolle, schreit, tobt, wirft mit Tellern um sich und führt sich auf, als wäre sie in der Gosse aufgewachsen. Dann macht und sagt sie Dinge, die wirklich unter die Gürtellinie gehen. Diese Frau kann sich einfach nicht beherrschen – wahrscheinlich will sie es noch nicht einmal! Hinterher, wenn sie Dampf abgelassen hat, ist sie dann wie ausgewechselt. Heiter und fröhlich, als wäre nichts gewesen. Aber ich bin verletzt. Für mich ist das eine Niveaulosigkeit auf höchster Ebene. So kann man mit mir nicht umgehen. Das lasse ich mir nicht bieten!

Ilse, 27, Schauspielerin: Mit Thomas kannst du dich einfach nicht streiten. Es ist unmöglich, diesen Mann aus seiner Reserve zu locken. Es ist, als redest du gegen eine Wand. Ich kann sagen, was ich will, da kommt einfach nichts. Irgendwann dreh ich dann durch und schmeiße Teller. Ich hab auch schon mal ein ganzes Bücherregal umgeworfen und die Bücher zerfetzt, hinter denen er sich immer verkriecht.

Er sitzt immer nur schweigend da und schaut mich fassungslos und vorwurfsvoll an. Und so von oben herab – so als wäre ich ein Kind, das sich danebenbenommen hat.

Ich werd nochmal verrückt mit dem Mann!

Daran liegt's: Ein kluger Mensch hat mal gesagt: »Das Geheimnis einer langen Ehe besteht darin, sich nicht scheiden zu lassen. Auch dann nicht, wenn immer mal wieder die Fetzen fliegen.« Ohne Streit geht's wirklich nicht, und braucht es auch gar nicht. Ein handfester Krach zur rechten Zeit kann nämlich verhindern, daß sich Aggressionen so lange ansammeln, bis es schließlich zur Explosion kommt. (Zu solcher Eskalation tragen die chronisch hilflosen Schweiger übrigens nicht weniger bei als die hitzigen Kampfhähne, die ebenso schnell – und genußvoll – unter die Gürtellinie treten wie sie, wenn die Wut verraucht ist, auch wieder zur Versöhnung bereit sind.) Streiten kann man sich bekanntlich über alles. Natürlich sind die einzigen Dinge, deretwegen ein Streit lohnt, die, die man ändern kann. Aber auch davon gibt es ja genügend. Das Problem ist nur: Wie verhindert man, daß der Streit selbst zur Explosion wird? In den letzten Jahre haben sich jede Menge Fachleute mit dem Thema befaßt. Sie alle glauben, daß es doch möglich sein müßte, so konstruktiv zu streiten, daß bei jedem Streit auch wirklich etwas herauskommt. Auf diese Weise sind jede Menge Regeln für konstruktives Streiten entstanden. Bleibt die Frage: Wie geht man mit den kochenden Emotionen um, die so manchen Krach begleiten? Denn diese sind durch die Einhaltung der Regeln natürlich noch lange nicht aus der Welt geschafft. Aber Sie können die eine oder andere Streitregel ja mal ausprobieren.

Was tun?

- Vermeiden Sie Schimpfnamen. Sie sind eine sichere Methode, den anderen zu demütigen und ihn zu motivieren, es Ihnen mit gleicher Münze heimzuzahlen. Mit dem Finger an die Stirn oder sonstwohin zu tippen sowie andere Formen von aggressivem Verhalten sind nur Varianten dieser Aggression.
- Vermeiden Sie Verallgemeinerungen. Wörter wie »immer« und »nie« führen beim anderen nur zu Empörung – oft hat er nicht mal eine Ahnung, worum es Ihnen eigentlich geht. Sagen Sie klar und deutlich, worüber Sie diesmal sauer sind. Das ist zugegebenermaßen nicht einfach, weil, das behaupten zumindest die Psychologen, die Ursache des Streites so gut wie nie der Anlaß ist, sondern die Einstellung oder Meinung, die der eine hatte und die er nun durch diesen Anlaß bestätigt sieht.
- Vermeiden Sie alle Vergleiche, bei denen der Partner schlecht

wegkommt, so verlockend sie auch sein mögen (»Mein erster Mann hat immer im Haushalt geholfen« oder »Der Mann von Marianne verdient viel mehr als du, obgleich...«). Denken Sie daran, wie Sie sich gefühlt haben, wenn Ihre Mutter Ihnen die Leistung Ihres großes Bruders lobend vor Augen gehalten hat. Die Motivation war gleich null und das ehemals recht positive Gefühl für den Gepriesenen ebenfalls.

• Graben Sie, so schwer der Verzicht darauf auch fallen mag, keine alten Sünden aus – auch wenn Sie gerade noch so schön in Fahrt sind: »Und außerdem hast du damals schon...« Bleiben Sie beim aktuellen Thema – das allein ist meist mehr als genug.

• Lassen Sie den anderen ausreden, ohne ihn zu unterbrechen. Unterbrechungen führen nur zu Mißverständnissen und neuem Ärger.

• Sprechen Sie Ihre Gefühle aus, aber machen Sie den Partner nicht dafür verantwortlich. »Ich bin wütend« bringt immer mehr als »Du machst mich rasend.«

• Vergessen Sie nicht, was Sie mit dem Streit erreichen wollen. Viele Paare streiten sich und haben keine Ahnung mehr, worum es eigentlich ging und was sie damit erreichen wollten.

Bloß nicht:

• Befehlen: »Du wirst jetzt künftig...« oder »Ich bestehe drauf, daß...«

• Gewohnheitsmäßig warnen oder drohen: »Das war jetzt das letzte Mal...« oder »Wenn du das noch einmal tust...«

• Schulmeistern: »Ich werde dir jetzt mal erklären, warum das ein Fehler von dir war!«

• Psychoanalysieren: »In Wirklichkeit meinst du gar nicht mich, sondern deine Mutter...« oder »Du hast niemals gelernt, negative Gefühle zuzulassen...«

• Sarkasmen: »Nein, wie klug du mal wieder bist!«

• Verhören: »Erkläre mir bitte ganz genau, wo du gewesen bist« oder »Und wie kannst du das beweisen?«

• Verschieben: »Jetzt habe ich keine Zeit für diesen Unsinn.«

• Verschwommene Andeutungen: »Du weißt schon, was ich

meine« oder »Eines Tages wirst du noch verstehen...« Natürlich ist es Unsinn, zu erwarten, daß Sie diese Regeln jetzt alle auswendig lernen und beim nächsten Krach mit der Checkliste in der Hand vorgehen. Aber Sie können ja vielleicht den einen oder anderen Punkt mal ausprobieren und abwarten, wie er wirkt. Etwa sich den Satz mit »immer« oder »nie« verkneifen oder einmal nicht die alten Kamellen auf den Tisch bringen. Wenn die Versöhnung dann schneller stattfindet, sich die gegenseitigen Verletzungen in Grenzen halten, können Sie nach und nach mal die anderen Tips ausprobieren. Keine Angst, daß der Streit nun zu akademisch werden könnte. Es bleiben immer noch genügend scharfe Waffen übrig.

Streit um nichts

»Keine Ahnung, welche Laus ihm über die Leber gelaufen ist!«

Birgitta, 35, Krankengymnastin: Nichts, aber auch gar nichts war los. Ganz im Gegenteil: Alles lief super. In der Nacht davor war es sogar seit langem wieder einmal richtig toll im Bett gewesen. Und dann steht er am nächsten Morgen auf und fängt aus heiterem Himmel einen Krach über nichts und wieder nichts an: Er könnte sein blaues Hemd nicht finden. Dabei hängen 25 andere frisch gewaschen in seinem Schrank. Dann ging's weiter: Der Kaffee würde wie Spülwasser schmecken – dabei ist er derjenige, der immer dünnen Kaffee will, wegen seinem Blutdruck. Und dann meckert er mich noch an, daß die Kinder noch nicht angezogen sind – dabei sind sie nie angezogen, wenn er aus dem Haus geht. »Sag mal, spinnst du heute morgen?« habe ich da natürlich gefragt. Da ist er hochgegangen wie das HB-Männchen und wütend aus dem Haus gestürmt. Grad so, als ob er zuviel Harmonie nicht aushalten könnte!

Phillip, 39, Architekt: Keine Ahnung, warum ich morgens so grantig war. Hinterher hat's mir dann auch wieder leid getan. Wir haben uns in letzter Zeit wirklich besonders gut verstanden. Also hab ich ihr abends einen Strauß Blumen mitgebracht. Aber da war sie ja immer noch beleidigt! Sie hat mich angeschaut wie ein waidwundes Reh, die Blumen wortlos in die Vase gewürgt und den Rest des Abends kein Wort mehr mit mir gesprochen. Jetzt herrscht zwischen uns Funkstille.

Daran liegt's: Dieses Phänomen, der »Streit um nichts«, ist so weit verbreitet, daß es in der Eheberatung sogar einen Fachausdruck dafür gibt: Streit um die optimale Distanz. Solche Gefechte, sagen die Psychologen, sind gelegentlich notwendig, um die Nähe des Miteinanders erträglich zu halten. Sie geben beiden Partnern – übrigens ganz unbewußt und zu einem Zeitpunkt, an dem sie es sich leisten können, weil in der Beziehung ja alles gut läuft – die Gelegenheit, sich den Freiraum zu verschaffen, der notwendig ist, um sich vom anderen nicht verschlungen oder aufgefressen zu fühlen. Der Krach dient dazu, den notwendigen Abstand zum anderen einzuhalten oder wiederherzustellen. Jeder Mann, jede Frau benötigt einen solchen Freiraum, auch wenn das Bedürfnis danach längst nicht immer gleich groß ist. Die mysteriösen Kräche, die übrigens besonders häufig nach einer gelungenen Liebesnacht angezettelt werden, haben keine andere Funktion, als zu signalisieren: Ich liebe dich, ich bin dir nahe, aber trotzdem brauche ich ein wenig Luft! In unserer Beziehung wird es mir zu eng.

Was tun?

• Begreifen Sie, daß dieser Angriff nicht gegen Sie persönlich gerichtet ist, sondern ein unbewußter Versuch, die allzugroße Intimität auf ein Maß zu reduzieren, mit dem der Partner sich wohl fühlt. Mag sein, daß Sie selbst noch mehr Nähe vertragen könnten – aber Ihr Partner hat sein Limit erreicht und zieht die Notbremse. Den Krach fängt immer derjenige an, der den größeren Freiraum braucht.

• Verzichten Sie darauf, den Partner hinterher für sein Verhalten zu bestrafen – durch Schweigen, Liebesentzug oder Vorwürfe wie: »Jetzt haben wir eine so gute Zeit miteinander verbracht, und du mußt alles kaputtmachen. Warum hast du das gesagt? Warum bist du so lieblos und so gemein zu mir...« Die Chancen sind groß, daß Ihr Partner keine Ahnung hat, warum er das getan hat, und selbst wenn er es weiß, hilft Ihnen das auch nicht viel weiter. Mehr noch:

• Nehmen Sie ihn liebevoll auf, wenn er wieder aus seiner Grantlerecke auftaucht. Er wird das dankbar registrieren und deshalb doppelt bemüht sein, Ihnen zu zeigen, wieviel Sie ihm bedeuten.

• Es ist altmodischer ehefeindlicher, romantischer Unsinn zu glauben, daß Partner immer alles miteinander teilen müssen. Jeder hat das Recht, gelegentlich die Zugbrücke seiner Festung hochzuziehen und so lange niemandem Zugang zu gewähren, bis die Kräfte, die für das Leben zu zweit notwendig sind, wieder reaktiviert worden sind.

• Gestehen Sie sich selbst auch den Freiraum zu, den jeder benötigt, um seine Batterien wieder aufzuladen. Haben Sie kein schlechtes Gewissen, wenn Sie das Bedürfnis verspüren, sichtbare oder unsichtbare »Bitte nicht stören«-Schilder aufzuhängen und sich mit einem Buch, einer CD, einer Gesichtsmaske oder einem Schaumbad in Ihre innere Privatsphäre zurückzuziehen. Nur so ist es möglich, Intimität langfristig zu ertragen.

Bloß nicht: Seien Sie nicht neidisch, wenn Ihre Freundin Ihnen versichert, daß sie und ihr Mann immer ein Herz und eine Seele seien und stets alles gemeinsam machten. Selbst falls das stimmen sollte – dieser Zustand ist höchst ungesund und sollte vielmehr stutzig machen. Der ideale Abstand zwischen zwei Lebenspartnern ist das für beide optimale Gleichgewicht zwischen Nähe und Distanz. Natürlich hat jeder unterschiedliche Vorstellungen darüber, welcher Abstand ideal ist. Was für den einen optimale Nähe ist, in der er/sie sich wunderbar geborgen fühlt, bedeutet für den anderen möglicherweise unerträgliche Umklammerung. Aber solche unterschiedlichen Freiräume kann man aushandeln. Wichtig ist zu erkennen, daß der Streit um nichts immer dann ausbricht, wenn einer von beiden das Gefühl hat, daß ihm in der Beziehung zu eng wird.

Streß

»Wenn er gestreßt ist, bin ich an allem schuld!«

Marlies, 44, Hausfrau: Bei uns ist sein Streß Dauerthema. Ich halte es allmählich nicht mehr aus! Seit ihm der Arzt bei seiner letzten Untersuchung vor einem Jahr gesagt hat, er müßte etwas mehr auf seinen Cholesterinspiegel achten und überhaupt gehöre er in seinem Alter und bei seinem Beruf zur Risikogruppe für Herzinfarkte, muß sein angeblicher Streß für alles herhalten. In der Firma selbstverständlich nicht. Da ist er nach wie vor die Stärke in Person. Da powert er, was das Zeug hält. Schließlich ist er da unersetzlich. Für die Firma setzt er sich dreimal pro Woche ins Flugzeug und düst quer durch Europa. Zu Hause ist es ihm schon zuviel, wenn er samstags mal mit dem Fahrrad die Semmeln holen soll. Ist er hier im Büro, geht er mindestens zweimal in der Woche mit Geschäftspartnern von außerhalb essen. Leberwerte? Cholesterine? Was ist das? Aber zu Hause guckt er schon vorwurfsvoll, wenn ich zum Frühstück für die Kinder Butter auf den Tisch stelle. Weiß ich denn nicht, wie schädlich das für ihn ist? Wenn er aus dem Büro kommt, braucht er äußerste Schonung. Im Garten arbeiten? Um Gotteswillen! Abends mal mit mir ein Glas Wein trinken gehen? Ja, weiß ich denn nicht, was der Arzt zum Thema Alkohol gesagt hat? Sport treiben? Daß ich nicht lache! Das macht er alles rein theoretisch. Auf seinem Nachttisch liegen zwei Bücher über Jogging und Walking. Aber wenn ich ihn frage, wann er denn mit dem Laufen anfängt, entgegnet er entrüstet, daß er darüber erst mit seinem Arzt sprechen müsse. Im Berufsleben tut er so, als wäre er unsterblich. Seine Angst, seinen Frust, das lädt er alles bei mir ab. Ich bin plötzlich an allem schuld. Aber wenn ich ihm sage, er solle gesünder leben, mit dem Rauchen aufhören und etwas weniger arbeiten, ist er beleidigt und wirft mir vor, daß ich für seinen Beruf noch nie Verständnis gehabt hätte. Ich habe es satt, immer alles ausbaden zu müssen!

Berthold, 46, Management-Trainer: Marlies hat gut reden. Sie hat genügend Zeit, sich um ihre Gesundheit zu kümmern. Fitneß, Aerobic, Massage, Kurse in gesunder Ernährung, dazu relativ wenig Arbeit, seitdem die Kinder größer sind – kein Wunder, daß sie sich gut gehalten hat und körperlich topfit ist. Aber irgendwo muß das Geld für die Familie ja schließlich herkommen. In meiner Branche gibt's kein Pardon. Da wird geschuftet, bis man den Löffel abgibt. Da kann man sich keine Schwächen und Durchhänger leisten, sonst wird man gleich zum alten Eisen gerechnet. Aber man sollte doch meinen, wenigstens zu Hause hätte ich ein wenig Anspruch auf Schonung. Wo soll ich mich denn sonst erholen können? Sie bemüht sich ja auch, gesund zu kochen. Aber sonst höre ich nichts als Vorwürfe: »Wann fängst du denn nun endlich mit dem Joggen an?« oder »Warum kommst du nicht mal mit ins Fitneß-Studio?« oder »Gartenarbeit wäre gut für dich.« Sie nervt und nervt und begreift einfach nicht, daß ich bei meiner enormen beruflichen Überlastung wenigstens abends meine Ruhe haben will.

Daran liegt's: Die meisten Männer können mit ihrem beruflichen Streß ganz gut leben, weil sie irrigerweise Streß mit Erfolg gleichsetzen. Schließlich leiden unter Streß doch nur wichtige Leute, die, die eine gewisse Karriere gemacht, Leistung gezeigt, sich immer voll eingesetzt haben – oder? Er blüht in seinem Streß richtig auf – Streß setzt schließlich körpereigene Opiate frei – und liebt es, seinen Zustand zu dramatisieren. Nach außen hin. Innerlich dagegen zieht er sich meistens zurück und wird im privaten Bereich noch verschlossener. Denn in Wirklichkeit ist Streß nicht mit Erfolg verbunden, sondern mit der permanenten Angst vor Mißerfolg. Wirklich erfolgreiche Menschen leiden selten unter Streß. Etwas Streß ist zwar im Grunde gut für jeden von uns. Er treibt uns voran, steuert uns durch schwere Zeiten und Situationen und bringt uns zum Ziel. Zuviel davon kann jedoch, wie jedermann weiß, gefährlich werden. Das sind die ersten körperlichen Anzeichen: Zittern, unregelmäßiger Herzschlag, Pulsrasen, Übelkeit, Durchfall, starker Harndrang, Brustschmerz, Kopfschmerzen, Schlaflosigkeit, Schweißausbrüche. Seelische Symptome: Angst vor Ablehnung, Panikgefühle, Konzentrationsschwierigkeiten, Libidoprobleme, Impotenz, übermäßiger Alkohol- und Zigarettenkonsum, Zwangsverhalten, Ungeduld, Pessismismus und all die anderen »Beziehungskiller«. Und das ist die Ursache von Streß-Symptomen: Durch erhöhten Adrenalinausstoß fließt das Blut vom Gehirn weg in die Muskeln, in der irrigen Annahme, daß es dort gebraucht würde. In der Folge verengen sich die Arterien. Die Mediziner unterscheiden übrigens zwischen Streß von innen, der durch einen gestörten Biorhythmus, Mangel an Bewegung und eine veränderte Persönlichkeitsstruktur gekennzeichnet ist, und Streß von außen, der durch eine bevorstehende Veränderung, Scheidung, Todesfall, Ärger im Job, Geldsorgen etc. verursacht wird.

Was tun? Da ist guter Rat teuer. Theoretisch müßten Streßgeplagte natürlich im Berufsleben kürzer treten, und das Problem wäre erledigt. Aber das ist natürlich genau das, was die meisten Männer auf keinen Fall tun würden.

• Eine weitere Möglichkeit, den Streß in den Griff zu bekommen, besteht darin, seine Aggressionen im körperlichen Bereich auszuleben, am besten in wettbewerbsfreien Sportarten, in denen man nicht die Nummer eins sein muß.

• Nützlich sind Entspannungstechniken, aber wenn er sich nicht ohnehin dafür interessiert, wird er autogenes Training, Meditationsübungen oder Yoga als Unsinn ablehnen.

• Situationen und Menschen vermeiden, die zusätzlich Streß auslösen, klingt zwar vernünftig, ist aber ein frommer Rat. Das würde in der Praxis bedeuten, daß Sie, seine Partnerin, alles von ihm fernhalten müßten, was ihn neben seinem Job noch zusätzlich aufregen könnte, von den schlechten Schulnoten der Kinder bis hin zu der Neuigkeit, daß die Teenagertochter sich in einen grünhaarigen Punk verliebt hat und der Keller schon wieder unter Wasser steht, weil die Wasserpumpe zum drittenmal in dieser Woche ausgesetzt hat. Und das würde auf Dauer Ihren eigenen Streß-Level, von dem selbstverständlich niemals die Rede ist, ganz gewaltig in die Höhe treiben.

• Deshalb: Ziehen Sie sich seinen Schuh nicht an. Sein selbstverursachter Streß ist sein Problem, das er – mit Ihrer Unterstützung – selbst lösen muß. Am sensiblen Selbstwertgefühl arbeiten, auf Perfektionismus verzichten, am Ehrgeiz und dem Gefühl, unersetzlich zu sein, ein paar Abstriche machen, sich nicht immer mit Besseren und Erfolgreicheren vergleichen, lernen, auch mal nein zu sagen und dabei zu bleiben – diese Erkenntnisse dienen nicht nur der Streßminderung, sondern sind auch sonst sehr hilfreich. In aller Regel machen sie das Leben nicht nur leichter, sondern auch länger.

Bloß nicht: Seien Sie nicht einmal insgeheim stolz auf Ihren gestreßten Erfolgsmann. Denken Sie immer daran: Streß hat weniger mit Leistung und Erfolg zu tun als vielmehr mit Angst und geringem Selbstbewußtsein, das durch Erfolg und Ansehen nur mühsam kaschiert wird.

Theater-Abonnement

»Immer drückt er sich!«

Lena, 42, Hausfrau: Ich habe im letzten Herbst für uns ein Abo des Kulturvereins gebucht. Sechs Opern und zwei klassische Konzerte. Karl war zwar nicht sonderlich begeistert, aber er hat versprochen mitzukommen. Ich freue sich jedesmal auf den Abend. Wegen der Kultur, aber auch, weil das eine gute Gelegenheit ist, mich mal wieder so richtig schönzumachen, mit meinem Mann zusammen auszugehen und, wer weiß, vielleicht hinterher sogar irgendwo noch ein Glas Wein zu trinken. Und überhaupt: Alle wichtigen Leute aus dem Ort haben ein Abo. Die ersten beiden Male kam Robert auch ganz willig mit. Aber seitdem häufen sich die Ausflüchte: Ausgerechnet an diesem Abend hat er eine Verbandssitzung. Er kommt nicht rechtzeitig aus der Kanzlei raus. Und wenn er dann doch noch mitkommt, sitzt er so leidend neben mir, als würden ihm drei Weisheitszähne gezogen. Neulich ist er im dritten Akt von »Don Carlos« eingeschlafen.

Robert, 43, Anwalt: Lena weiß ganz genau, daß ich für Oper, Theater und Konzert nicht viel übrig habe. Mich langweilt das Zeug einfach. Aber sie hat so gedrängelt, daß ich ihr zuliebe mitkomme, da habe ich mich in einer schwachen Stunde breitschlagen lassen. Und das muß ich nun die ganze Saison hindurch büßen! Dabei weiß sie doch genau: Am liebsten bleibe ich an meinem wohlverdienten Feierabend ganz gemütlich zu Hause, beschäftige mich ein bißchen mit den Kindern, sitze vorm Fernsehe oder werkele im Garten rum. Statt dessen muß ich mich umzuziehen und in der Pause mit Leuten, die ich kaum kenne, Konversation machen, womöglich noch über Kulturelles! Das ganze Theater kann mir gestohlen bleiben. Soll sie doch mit ihrer Freundin gehen, die ist genauso kulturbeflissen!

Daran liegt's: Die meisten Frauen mögen Theaterveranstaltungen, und noch mehr mögen sie das Drumherum: sich schön anziehen, mit ihm gemeinsam ausgehen, Bekannte treffen, in der Pause ein Glas Sekt trinken, all das ist für sie der Inbegriff eines gelungenen Abends. Wenn er sich dann sträubt, ist sie enttäuscht und fühlt sich vernachlässigt: Sie tut alles für ihn, da könnte er doch ihr zuliebe wenigstens einmal im Monat mitkommen, und außerdem hat sie ihn ja vorher gefragt. Männer sind anders.

Zwar gibt es hier und da Männer, die Opern, Konzerte und Theateraufführungen genießen und die keine Mühe scheuen, Karten für eine bestimmte Inszenierung aufzutreiben. Es soll sogar Männer geben, die sich freiwillig ein Abonnement anschaffen. Aber die sind erstens überaus rar und zweitens grundsätzlich mit der Frau verheiratet, mit der sie immer ein bißchen in Konkurrenz steht. Die meisten Männer machen sich nicht allzuviel aus kulturellen Veranstaltungen. Aber ganz besonders verabscheuen sie es, verplant zu werden: Dienstagabend, ob sie wollen oder nicht, gibt's »La Traviata«. Sie langweilen sich. Sie hassen es, sich umziehen zu müssen. Und am meisten hassen sie die Vorstellung, daß sie in der Pause womöglich einen anderen Mann treffen, der sich in Sachen Musik besser auskennt als sie selbst und mit seinem Wissen auftrumpft: »Brillant, wie XY bei der großen Arie im zweiten Akt das hohe C getroffen hat. Verglichen mit der Inszenierung, die ich neulich in Hamburg gesehen habe...« Widerlich, wie der sich aufspielt! Und alle Frauen hängen fasziniert an seinen Lippen.

Männer lieben es, immer selbst der Experte zu sein. Die wenigsten können es ertragen, daß jemand ihnen auf einem Gebiet überlegen ist. Im Beruf läßt sich das nicht immer vermeiden, aber wenigstens in der schwer erkämpften Freizeit wollen sie keine Konkurrenz, sondern ihre Ruhe haben.

Er ärgert sich über sich selbst, daß er sich von ihr hat überrumpeln lassen, und erfindet trotzig eine Ausrede nach der anderen. Fazit: Mindestens einer ist regelmäßig beleidigt, meistens beide. Und am nächsten Donnerstag gibt's Beethovens Neunte!

Was tun?

- Sie: Akzeptieren, ohne zu resignieren. Akzeptieren Sie, daß er sich durch das Abo kulturell vergewaltigt fühlt, und gehen Sie künftig allein oder mit einer Freundin. Das erspart Ihnen das Drängeln, Nörgeln und den lustlosen, kulturresistenten Ehemann. Keine Angst: Sie sind längst nicht die einzige im Publikum mit diesem Problem. Im Foyer des Theaters wimmelt es von Frauen ohne Begleitung! Und warum sollen Sie, schöngemacht, wie Sie sind, anschließend nicht mit Ihrer besten Freundin ein Glas Wein trinken gehen und so richtig gemütlich miteinander plaudern? Meine Nachbarin Helga schwört auf diese Lösung. »Ich gehe immer allein. Mein Mann bleibt zu Hause. Der paßt so gut zu den Möbeln – wir sind altdeutsch eingerichtet. Ich habe jedesmal einen wunderschönen, entspannten Abend. Und er hat jedesmal doch einen Anflug von schlechtem Gewissen, weil er sich gedrückt hat, und bemüht sich anschließend, besonders nett zu sein.«
- Kompromisse aushandeln: Sie verzichten auf das Abo. Dafür erklärt er sich bereit, pro Saison vier (oder auch nur zwei, das ist Verhandlungssache) gemeinsam ausgewählte Veranstaltungen zu besuchen – und da gilt keine Ausrede!

• Überlisten: Sie akzeptieren, daß er »wegen seiner beruflichen Überlastung« abends keinen Nerv mehr fürs Theater hat – und besorgen Karten für die Sonntagnachmittag-Vorstellung!
• Neuorientieren: Sie wägen ab, was Ihnen wichtiger ist: das Theater oder gemeinsam mit ihm auszugehen. Die meisten Männer gehen ganz gern ins Kino, vor allem, wenn es sich um Action-Filme handelt. Da brauchen sie sich nicht umzuziehen, es gibt keine Pause, in denen sie mit anderen Menschen über Kultur reden müssen, und, ganz wichtig, man braucht sich nicht lange vorher festzulegen. Anruf an der Abendkasse genügt. Und wer weiß, wenn ihm der Film richtig gut gefallen hat, geht er hinterher mit Ihnen vielleicht sogar noch ein Glas Wein trinken!

Bloß nicht:
• Sie: Verzichten Sie darauf, das erreichen zu wollen, was schon seinem Deutsch- oder Musiklehrer seinerzeit nicht gelungen ist: ihm zwangsweise »Kultur« nahezubringen. Solche Versuche sind fast immer zum Scheitern verurteilt. Verkneifen Sie sich auch scherzhaft klingende (aber keineswegs so gemeinte!) Bezeichnungen wie »Kulturbanause« oder »kultureller Analphabet«. Und: vieldeutige Hinweise wie »Dr. Berger mit seiner großen Praxis hat noch mehr zu tun als du, und er ist trotzdem Mitglied im Kulturring!« erfüllen so gut wie nie ihren Zweck.
• Er: Verzichten Sie darauf, ein paarmal mitzugehen in der unverkennbaren Absicht, ihr das Stück madig zu machen, damit sie endlich für immer begreift, um welche Zeitverschwendung es sich dabei handelt. Gönnen Sie ihr das Vergnügen, bleiben Sie gemütlich zu Hause – aber erwarten Sie nicht, daß sie Ihnen vorher noch das Bier kaltstellt!

Unpünktlichkeit

»Kannst du nicht wenigstens anrufen?«

Gerda, 38, Lehrerin: Nie, aber niemals kommt er pünktlich! Er ruft an, er käme jetzt zum Essen – und erscheint zwei Stunden später, wenn alles kalt ist. Er kommt nicht pünktlich aus dem Büro, obgleich er das Auto hat und genau weiß, daß ich die Kinder zum Zahnarzt fahren muß. Und selbst am Wochenende, wenn er nicht arbeitet, sondern den ganzen Vormittag auf dem Tennisplatz herumhängt, erscheint er zwei Stunden später als geplant. Immer hat er irgend jemand ganz wichtigen getroffen. Was macht es da schon, daß er den Kindern versprochen hat, mit ihnen ins Kino zu gehen? Es gibt doch noch eine Vorstellung! Für mich ist das eine beispiellose Rücksichtslosigkeit, mit der ich mich im Leben nicht abfinden kann!

Thomas, 39, EDV-Fachmann: Ich weiß ja selbst, daß Pünktlichkeit nicht gerade meine Stärke ist. Ich geb mir wirklich Mühe, aber irgendwie kommt mir immer was dazwischen. Aber muß sie deshalb jedesmal gleich ausrasten? Wenn ich mal wieder zu spät komme, habe ich meist ein schlechtes Gewissen und zermartere mir das Hirn nach Ausreden, daß sie nicht sauer ist. Aber kaum bin ich da, überfällt sie mich auch schon mit Vorwürfen: »Wieso kommst du so spät? Du weißt doch genau...« »Warum hast du nicht wenigstens angerufen?« »Immer bist du zu spät, nie kann ich mich auf dich verlassen, du bist rücksichtslos, du denkst grundsätzlich nur an dich selbst...« und so geht das weiter. Klar, daß ich das nicht auf mir sitzen lassen kann. Ich lasse mich doch von ihr nicht abkanzeln wie ihre Drittkläßler, wenn sie zu spät zum Unterricht kommen! Und deshalb gibt es jedesmal Zoff.

Daran liegt's: Hier haben wir wieder einmal den klassischen Fall: Die Unpünktlichkeit ist nicht die Ursache des Problems, sondern nur ein Symptom. Worunter sie in Wirklichkeit am meisten leidet, ist nicht die Tatsache, daß das Essen kalt wird oder sie durch seine Schuld zu spät zu ihrem Termin kommt, sondern die offenkundige Mißachtung, die hinter seinem Verhalten steht. Wer ständig Schwierigkeiten hat, zum vereinbarten Zeitpunkt tatsächlich zu erscheinen – und es deshalb in der Regel auch gar nicht mehr versucht –, wer weder anruft noch sonstwie Bescheid gibt, wirkt in der Tat erstens rücksichtslos, zweitens unhöflich und kann drittens nicht verhindern, daß der oder die Wartende zu Recht das Gefühl hat, auf seiner Prioritäten-Liste ganz am Ende zu stehen.
Dabei können sich hinter seinem Verhalten durchaus liebevolle Gefühle verbergen: Sie wird zwar sauer sein, wenn ich zu spät komme. Aber trotzdem versteht sie mich, ich kann darauf bauen, sie wird mir schon wieder verzeihen. Auf ihrer Seite freilich kommt das keineswegs als Liebesbeweis an, sondern als das genaue Gegenteil: »Jemand, der sich so verhält, kann mich nicht lieben«, denkt sie. »Dem werd ich's zeigen, damit er endlich begreift, wie lieblos sein Verhalten ist.« Damit erreicht sie in der Regel freilich nur das Gegenteil. Merke: Wenn ein Mann sich im Unrecht glaubt, greift er an.

Was tun?

• Sie: Es ist fraglich, ob es Ihnen gelingt, etwas an der chronischen Unpünktlichkeit Ihres Mannes zu ändern. Wenn ihn diese Eigenschaft nicht wirklich stört, wird er Ihnen zwar wieder und wieder reuevoll Besserung versprechen – aber auch weiterhin nie oder höchstens sporadisch zum vereinbarten Termin erscheinen. Da Sie ihn also nicht ändern können, haben Sie nur zwei Möglichkeiten, Ihr drohendes Magengeschwür zu verhindern:

• Sie ändern etwas an der Situation.

• Sie ändern sich selber.

Beides ist nicht einfach. Fangen wir mit der Situation an. Ihren Mann, wenn Sie das Auto um sechs brauchen, um fünf herzubitten, das Abendbrot erst um acht auf dem Tisch zu haben, obgleich eigentlich sieben Uhr die vereinbarte und gewohnte Zeit ist (und die, zu der die Kinder Hunger haben), ihm zu erzählen, daß die Oper schon um sieben beginnt, wenn Sie sicher sind, daß Sie andernfalls erst zum zweiten Akt erscheinen, mag anfangs helfen. Vielleicht ist er Ihnen insgeheim sogar recht dankbar für den kleinen frommen Betrug. Aber da er ja ein notorischer Zuspätkommer ist, müssen Sie natürlich damit rechnen, daß er Ihnen auf die Schliche kommt – und dann automatisch die Stunde abzieht.

Langfristig am wirkungsvollsten ist es deshalb, Sie fangen mit dem Ändern bei sich selbst an. Das ist zwar auch alles andere als ein Kinderspiel, aber die Chancen auf Erfolg sind mit dieser Strategie wesentlich größer.

- Legen Sie die gewohnte Opferrolle ab (»Ich Arme, alle anderen sind für ihn wichtiger als ich, und ich muß immer bereit stehen, wenn er dann nach Hause zu kommen geruht!«) und schreiten Sie zur Tat: Reagieren Sie künftig nicht wie eine untergebene Frau, sondern wie ein Mann. Und das geht so:
- Bitten Sie ihn anzurufen, wenn er nicht pünktlich zum Essen kommen kann. Tut er es trotzdem nicht und kommt ohne Anruf zu spät: Lassen Sie das Essen stehen und machen Sie mit den Kindern oder dem Hund einen großen Spaziergang. Oder eine Radtour, oder gehen Sie joggen oder auf einen kleinen Plausch zur Nachbarin. Verkneifen Sie sich den Zettel: »Das Essen steht auf dem Tisch, zwei Minuten Mikrowelle, wir sind bald wieder da.« Tauchen Sie, wenn Sie sicher sein können, daß er zu Hause ist, fröhlich wieder auf – und ohne die Spur eines schlechten Gewissens oder Vorwurfs. »Du warst noch nicht da, deshalb haben wir noch ein bißchen was unternommen.«
- Wenn er versprochen hat, Ihnen rechtzeitig das Auto zu bringen, Sie aber wieder einmal vergeblich warten: Bestellen Sie ein Taxi. Falls er mit leichter Reue und großer Verspätung erscheint, bemerken Sie gelassen: »Macht nichts. Ich habe ein Taxi kommen lassen.« Seien Sie sicher: Er wird schlucken, und nicht nur wegen der zwanzig Mark, die das Taxi gekostet hat. Die Chancen stehen gut, daß er irgendwann begreift: In diesem Machtspiel droht er auf die Verliererseite zu geraten!

Bloß nicht: Keine falschen Hoffnungen, er wird niemals ein Musterbeispiel an Pünktlichkeit. Aber vielleicht ruft er in Zukunft öfter mal an, wenn er es nicht schafft. Und wenn nicht, macht Ihnen das auch nichts mehr aus. Mittlerweile haben Sie am Jogging, am Fitneß-Training oder was Sie auch immer in der Zeit nach dem offiziellen Abendessen unternehmen, sogar Spaß gefunden. Ihrer Figur tut's gut. Und Ihrem angekratzten Selbstbewußtsein allemal, wenn Sie ihn mit einem strahlenden »Bist du schon zu Hause, Liebling?« begrüßen...

Urlaub

»Die schönsten Wochen des Jahres – von wegen!«

Lola, 48, Versicherungskauffrau: Ich hasse Urlaube! Seit zwanzig Jahren sind wir verheiratet, und seit zwanzig Jahren haben wir das gleiche Theater. »Herbert«, sage ich im Frühling, »laß uns doch dieses Jahr mal woanders hin fahren. Mallorca soll so schön sein, sagen die Felsners.« – »Auf diese Putzfraueninsel kannst du allein fahren«, knurrt mein Ehemann. – »Was hältst du dann von der Türkei? Die Südwestküste muß traumhaft sein, und ganz billig.« – »Die sollen«, antwortet mein Gatte, »erst mal ihre Politik in Ordnung bringen, ehe ich mein Geld dort lasse.« – »Und wie denkst du«, frage ich, immer noch sanft, »über eine Fahrt mit dem Postschiff durch die norwegischen Fjorde – ins Land der Mitternachtssonne?« – »Du weißt doch, daß ich nachts auf einem Schiff kein Auge zutun kann!!« gibt Herbert vorwurfsvoll zurück. Und wie endet die Geschichte? Wir fahren, zum 19. Mal, ins Allgäu, in die Pension »Zur Sonne«, Zimmer mit Balkon und Halbpension. Herbert ist richtig glücklich da. Er kennt alles, und alle kennen ihn. Da kann er sich, sagt er, so erholen wie sonst nirgends auf der Welt. Ein einziges Mal, am Anfang unserer Ehe, habe ich gewonnen. Da sind wir nach Griechenland gefahren, das Land meiner Träume. Am zweiten Tag hat er einen Sonnenstich gekriegt und lag acht Tage lang krank im Hotel. Und wer war allem schuld? »Siehst du, im Allgäu wäre das nicht passiert!« Aber mir steht das Allgäu bis zum Hals! Ich kann keine Berge mehr sehen!

Herbert, 49, Prokurist: Im Urlaub will ich mich erholen. Das ist schließlich mein gutes Recht, nachdem ich das ganze Jahr lang hart arbeite. An meinem Urlaubsort, Oberstdorf, da weiß ich wenigstens, was ich habe. Da gehe ich keine Experimente ein. Essen, Quartier, Zimmer mit Südbalkon, alles stimmt. Griechenland, Italien, Frankreich, das ist doch sowieso völlig überlaufen. Und dann dieser Nepp dort, und man weiß nicht mal, wie das Hotel ist, in den Katalogen können die dir doch Gott weiß was vormachen. Lola meckert zwar jedes Jahr ein bißchen, aber sie erholt sich in Oberstdorf immer ganz hervorragend. Und das ist in unserem Alter ja schließlich auch nicht unwichtig. Außerdem kann sie sich nicht beschweren. Als ich im letzten Winter dienstlich zwei Tage nach London mußte, habe ich sie mitgenommen, und falls ich dieses Jahr nach Paris muß, was Gott verhüten möge, kann sie von mir aus auch mitkommen. So stur bin ich doch gar nicht!

Daran liegt's: Auch wenn niemand das gern wahrhaben möchte: Selbst wenn über das Ziel einheitliche Vorstellungen bestehen, ist ein gemeinsamer verbrachter Urlaub immer ein Risiko. Die meisten Menschen setzen völlig übersteigerte Erwartungen in die »schönsten Wochen des Jahres«. Harmonisch soll es sein, aufregend, sexy, lustig, interessant, und über all diesen Träumen vergißt man leicht, daß es selbst mit einem durchaus geliebten Menschen alles andere als einfach ist, 24 Stunden am Tag zusammen zu verbringen, ohne einander auf die Nerven zu gehen. Wenn dazu noch unterschiedliche Vorstellungen über das Urlaubsziel kommen, ist die Krise schon fast vorprogrammiert. So gesehen ist es ist es beinahe ein Wunder, daß die Tourismus-Industrie immer noch boomt.

In den Zeiten der guten alten Sommerfrische war das Urlaubsziel noch kein Thema, aber seit der Explosion des Fern-Tourismus tobt der Krieg über das Urlaubsziel in vielen Familien mit äußerster Heftigkeit. Immer an den gleichen Ort oder mal anderswohin, Meer oder Gebirge, Ferienwohnung oder Hotel, Norden oder Süden, Faulenzen oder Aktivurlaub – die Vorstellungen stimmen so gut wie nie überein. In vielen Fällen läuft es irgendwann auf einen Kompromiß hinaus: in diesem Jahr hier, im nächsten Jahr dort. Aber in vielen Familien siegt immer noch der Stärkere, sprich der, der den Urlaub bezahlt. Die Tatsache, daß er einmal nachgegeben hat und der Urlaub seiner Meinung nach in einem Fiasko endete, berechtigt ihn, in den folgenden Jahrzehnten seine Vorstellung durchzuboxen. Sie, die gelernt hat, daß man sich den Wünschen des Mannes zu fügen hat, kocht – und fährt mit. So lange, bis sie eines schönen Sommers überkocht.

Was tun? Neben dem traditionellen Familienurlaub einen zweiten nach eigenen Vorstellungen machen – mit Freundin, Kindern oder auch allein.

Bloß nicht: Versuchen Sie nicht, ihm seinen Urlaubsort madig zu machen. Wenn er jahrzehntelang ans gleiche Ziel reist, braucht er das ganz offensichtlich – aus welchen Gründen auch immer. Diese Entscheidung hat etwas mit seiner Persönlichkeitsstruktur zu tun, und daran kann – und sollte! – man nichts ändern.

Wehleidigkeit

»Wenn er sich doch bloß nicht so anstellen würde!«

Waltraud, 37, Krankenschwester: Du kennst doch Martin: ein Bär von einem Mann, sportlich, immer aktiv, kerngesund und meistens gut drauf. Aber wehe, er hat einen Schnupfen oder sonst irgendein Wehwehchen! Ich ahne schon Schreckliches, wenn er abends mit Leidensmiene nach Hause kommt und mit verendender Stimme ankündigt: »Wo ist das Fieberthermometer? Ich kriege eine Grippe!« Ich suche das Thermometer raus und geb es ihm, aber ablesen darf ich nicht. Vermutlich ist ihm das Ergebnis nicht eindrucksvoll genug. Aber natürlich leidet er intensivst weiter. Also verordne ich ihm zwei Aspirin, einen Tee mit Rum und ein Erkältungsbad. Daraufhin schläft er wie ein Stein. Am nächsten Morgen sagt er vorwurfsvoll, er fühle sich so schlecht und hätte die ganze Nacht kein Auge geschlossen. »Bleib im Bett und kuriere dich aus«, schlage ich ihm vor. Aber das kann sich der arme Vielbeschäftigte ja nicht leisten – also schleppt er sich in die Werkstatt. Von dort aus gibt er mir dann telefonisch mit matter Stimme alle zwei Stunden das Bulletin mit den Krankheitsstand durch. »Auweia«, sagen die Kinder nur, wenn sie das mitkriegen, und verdrücken sich rechtzeitig, ehe er nach Hause kommt. Und ich sitze dann da und spiele rund um die Uhr die barmherzige Samariterin. Fußbad, Papiertaschentücher, heißer Tee, Vitamine, Nasentropfen, aber das reicht ihm ja alles nicht! Er markiert weiterhin den sterbenden Schwan und erwartet ungefähr so viel Zuwendung, als läge er auf der Intensivstation. Zwei, drei Tage halte ich das aus und spiele mit. Aber ich habe schließlich auch noch etwas anderes zu tun, und irgendwann platzt mir der Kragen, und dann rutscht mir raus: »Stell dich doch nicht so an, anderen Leuten fehlt auch mal was!« Und dann ist er tief beleidigt und spricht tagelang kein Wort mit mir. Warum müssen Männer nur aus jedem Wehwehchen eine Staatsaktion machen?

Martin, 38, Schreiner: Staatsaktion? Daß ich nicht lache! Ich müßte schon einen Herzstillstand haben, damit mir meine Frau glaubt, daß ich mich krank fühle. Sie hat ungefähr so viel Mitgefühl wie ein Metzgerhund. Dabei ist sie gelernte Krankenschwester, wohlgemerkt. Wenn du von ihr als krank akzeptiert werden willst, mußt du ihr schon was bieten: Unter 40 Grad Fieber, Schüttelfrost und rasselnden Atemgeräuschen macht sie's nicht. Am liebsten hätte sie noch ein ärztliches Attest! Seit 18 Jahren bin ich ein treusorgendender Familienvater. Ist es da zuviel verlangt, daß mich meine Frau ein wenig betüttelt, wenn ich mich schlecht fühle?

Daran liegt's: Frauen sind, was den Umgang mit Krankheiten betrifft, wohl eindeutig das stärkere Geschlecht. Sie sind – in der Regel – härter im Nehmen, mehr gewohnt und pflegen eine engere Beziehung zu ihrem Körper – schließlich werden sie ja monatlich daran erinnert. Sie haben meist auch ein größeres Verständnis für die Zusammenhänge zwischen Körper und Seele und können es eher akzeptieren, wenn ihr Körper mal nicht so funktioniert. Männer sehen das anders. Sie erwarten von ihrem Körper, daß er sich verhält wie ein Auto: Bei regelmäßiger Inspektion und sorgsamer Wartung hat er zu funktionieren, und wenn er das mal nicht tut, nehmen sie es persönlich übel. Nach Phase eins – Schock und Entsetzen über die Unzuverlässigkeit seines Körpers – setzt Phase zwei ein: Selbstmitleid und die selbstverständliche Erwartung, daß die Umwelt, in erster Linie natürlich die Partnerin, sein Unbehagen mit der gebührenden Aufmerksamkeit zur Kenntnis nimmt. Und dann kommt die spannende Frage: Wie reagiert sie? Das hängt in der Regel davon ab, welches Paarmuster zwischen den beiden besteht:
Eine ganze Reihe Frauen fühlen sich wohl in der Rolle der Heilerin, sie spielen selbst dann mit, wenn sie innerlich davon überzeugt sind, daß er so krank eigentlich gar nicht ist. Sie Bedauern ihn, nehmen ihn und sein Befinden rund um die Uhr wichtig, genießen es, daß er in diesem Zustand von ihnen abhängig ist und sie ihn jetzt mal in der Hand haben. In solchen Beziehungen sind kranke Männer kein Problem. Aber leider besitzen nicht alle Frauen diese engelsgleiche Langmut: Sie erwarten von ihrem Partner, daß er mit seiner Krankheit genauso umgeht wie sie mit ihrer. Dann wird's kritisch. Denn nun ist das Risiko groß, daß er, weil unverstanden, kräftig übertreiben muß, um die Aufmerksamkeit zu bekommen, die ihm seiner Meinung nach zusteht. Dann wird er zum ebenso ungnädigen wie lästigen Haustyrannen, erwartet Rücksicht rund

um die Uhr – »Psst, Papa ist krank!« – und hält mit seinen Sonderwünschen die ganze Familie auf Trab: »Mach mir einen Tee!« »Wo bleibt meine Zeitung?« »Muß ich nicht schon seit langem meine Medizin einnehmen!?« Die Krise ist vorprogrammiert.

Was tun? Sie wissen mittlerweile schon: Männer stammen vom Mars. Von daher sind Sie es gewohnt, daß man sie wie ein rohes Ei behandelt, wenn sie sich krank fühlen, selbst dann, wenn es sich bei der Krankheit nur um einen Schnupfen handelt. Sie dürfen dort in solchen Phasen wieder »klein« sein und sich von Mama gesundpflegen lassen, ohne daß sich irgendjemand über sie lustig macht, und das scheint es genau zu sein, was sie auch brauchen. Also: Springen Sie über Ihren Schatten und spielen Sie mit. Akzeptieren Sie, daß jeder seine Schwächen hat, und verwöhnen Sie ihn so, wie er sich das vorstellt. Das kostet Nerven, sicher. Aber letzten Endes profitieren Sie auch selbst von Ihrer Tätigkeit als nimmermüde Krankenpflegerin: Einmal, weil er Ihnen diesen Liebesdienst, sobald er wiederhergestellt ist, hoch anrechnen wird. Und zweitens, weil es Ihnen die Phase zwei erspart – in der er als tyrannischer Hypochonder für sein Recht auf Aufmerksamkeit und Zuwendung kämpfen muß.

Bloß nicht: Es ist sehr genußvoll und absolut in Ordnung, wenn Sie mit Ihren Freundinnen ein wenig über die Wehleidigkeit der Männer lästern.

• Aber auch wenn die Versuchung noch so groß ist: Verkneifen Sie es sich, ihn in seiner Gegenwart bloßzustellen oder durch witzige Geschichten über den eingebildeten Kranken vor seinen Freunden zu blamieren. Das würde er Ihnen nämlich lange nicht verzeihen.

• Streichen Sie den Satz »Stell dich nicht so an« am besten ganz, zumindest aber vorübergehend aus Ihrem Vokabular.

Witze

»*Kennen Sie den? Kommt ein Mann in den Puff...*«

Friedel, 45, Hausfrau: Zu Hause kriegt er die Zähne nicht auseinander, da sagt er nur das Allernötigste. Aber kaum sind wir irgendwo eingeladen, dreht er auf. Ein Witz jagt den anderen, und die meisten Leute amüsieren sich prächtig. »Nein, ist Ihr Mann heute wieder komisch!« Aber ich muß mir das zum wer weiß wievielten Male anhören. »Ein Mann kommt in den Puff...« oder »Da stirbt einer und landet im Himmel. Sagt Petrus:...« Immer die gleichen Witze! Ewig dieselben alten Geschichten! Und wie er an den einschlägigen Stellen erwartungsvoll die Stimme hebt und eine Pause einlegt, damit die Zuhörer auch wissen, wann sie lachen sollen! Zugegeben, er kommt gut an, wir werden gern eingeladen, weil Hans so eine Stimmungskanone ist. Aber es gibt auch immer Leute, die seine Witzchen billig finden, und wenn er sich dann produziert wie ein Gockel, möchte ich mich am liebsten in ein Mauseloch verkriechen, so peinlich ist mir das.

Hans, 52, Verkaufsleiter: Friedel hat überhaupt keinen Sinn für Humor. Durch meinen Beruf bin ich viel unterwegs, und da hört man natürlich manchen guten Witz. Wo ein paar Männer zusammenkommen, werden immer Witze gerissen. Früher bin ich nach Hause gekommen und wollte ihr die neuesten Witze erzählen, aber dafür ist meine Frau ja viel zu fein. Schon wie sie die linke Augenbraue hebt, wenn ich nur sage: »Kennst du den? Da kommt einer zum Arzt...« Also halte ich zu Hause den Mund. Wenn wir eingeladen sind, ist das was anderes. Die Leute brennen ja förmlich drauf. Sie sitzen stocksteif rum, und kaum sind wir da, heißt es schon: »Hans, kennst du einen neuen Witz?« Naja, und dann fang ich eben an, und alle amüsieren sich wie Bolle. Nur Friedel sitzt da wie die Inhaberin eines Bestattungsinstituts und wirft mir beschwörende Blicke zu!

Daran liegt's: Zwei Dinge sind es, die Frauen von chronischen Witzeerzählern zur Verzweiflung bringen:

• Sie hat seine Witze schon tausendfach gehört und kann sie nicht mehr ertragen – und seine ewige Selbstdarstellung auch nicht.

• Sie ist wütend über die Tatsache, daß derselbe Mann, der zu Hause die Zähne nicht auseinanderkriegt, hier als der große Alleinunterhalter auftritt. Und zu allem Überfluß muß sie sich noch anhören, was für einen tollen, witzigen Mann sie hat!

Nur wenige Frauen erzählen gern Witze, und die wenigsten kämen auf die Idee, das vor einer größeren Gesellschaft zu tun, schon gar nicht vor einer gemischten. So wie sie überhaupt öffentlich oder vor einer größeren Menschenmenge ungern reden. Frauen geben einem persönlichen, vertrauten Gespräch im kleinen Kreis fast immer den Vorrang.

Nicht so die Männer. Männer reden niemals zu ihrem Vergnügen. Männer reden, um ein Ziel zu erreichen, und am liebsten reden sie vor Publikum. Da wollen sie glänzen! Gespräche dienen Männern zur Statusbestimmung: Wer den Mund aufmacht, hat was zu sagen. Am besten sind natürlich Aussagen von allgemeinem Interesse, aber reine Unterhaltung gilt auch noch. Andere zu unterhalten, Witze zu erzählen, ist unter Männern ein probates Mittel, Bindungen herzustellen und eine hervorragende Methode zur Selbstdarstellung: einer erzählt, alle lachen. Je größer der Kreis der Zuhörer, desto besser. Und je größer die Heiterkeit, desto mehr drehen sie auf, bis sie schließlich kaum noch zu stoppen sind. Daß sie dabei Gefahr laufen, sich von den anderen zu distanzieren, merken sie nicht. Die Partnerin, die jeden einzelnen Witz vorwärts und rückwärts kennt, spürt es um so eher und leidet um seinetwillen. Er sieht sich als erfolgreichen Entertainer. Sie sieht ihn als von allen belächelten Narren, der zu einem ernsten Gespräch gar nicht fähig ist. Und selbst wenn die anderen Gäste ihr zu ihrem brillanten, witzigen Partner gratulieren, spürt sie nur Langeweile und Resignation.

Was tun? Frauen haben häufig das unstillbare Bedürfnis, Männer zu ändern, damit sie so sind, wie sie sich das erhoffen. Hier und da, allerdings selten, haben sie damit Erfolg. Aber in den wenigsten Fällen führen solche Bemühungen zu einer Verbesserung der Beziehung. Die entscheidende Frage lautet immer: Lohnt sich in diesem Fall der Aufwand? Falls Sie zu dem Schluß kommen, er lohnt sich nicht, sollten Sie ihn so lassen, wie er ist. Seine fatale Neigung zu Witzen, auch wenn sie Ihnen noch so große Übelkeit verursacht, ist vermutlich eine der Schwächen, die Sie ihm nicht nehmen sollten. Einerseits ist diese Eigenart zu sehr Teil seiner Identität, und andererseits einfach nicht wichtig genug. Warum dann also nicht gleich eine Kehrtwendung?

• Zollen Sie ihm die Aufmerksamkeit, die Bewunderung, die letzten Endes das Motiv dafür ist, daß er sich in einer Gesellschaft ein Bein ausreißt, um die anderen zum Lachen zu bringen. Lachen Sie herzlich mit, auch wenn es Ihnen noch so schwerfällt. Er wird sich in Ihrer Bewunderung sonnen. Endlich haben Sie erkannt, was für ein toller Kerl er ist! Die Chancen sind gar nicht so schlecht, daß er sich mit der Frau, die ihn so bewundert, die ihm seinen Erfolg in der Öffentlichkeit aus vollem Herzen gönnt, auch privat gern unterhält – zumindest gelegentlich.

Bloß nicht: Vermutlich kennen Sie alle die Ehefrau, die bei den Witzen ihres Mannes gequält die Augen verdreht, verzweifelt versucht, ihn zu stoppen (»Ach Hans, den hast du doch schon beim letzten Mal erzählt!«) oder, noch schlimmer, ihm die Pointe zu verderben. Dann wissen Sie wahrscheinlich auch, daß diese Frauen nicht nur die Loyalität ihres Partners aufs Spiel setzen, sondern auch die Sympathie der anderen Gäste...

Wochenende

»Da muß der Arme sich doch erholen!«

Gerda, 42, Hausfrau: Die ganze Woche hocke ich mit den Kindern allein zu Haus. Hans arbeitet jeden Abend bis gegen acht, warum, verstehe ich bis heute noch nicht, aber er behauptet, er hätte eben soviel zu tun. Wenn er dann nach Hause kommt, essen wir, und danach schläft er vorm Fernseher ein. Meine einzige Chance, etwas gemeinsam mit ihm zu unternehmen, einkaufen zu gehen, im Garten ein paar Dinge zu machen oder womöglich sogar mal wegzufahren, ist am Wochenende.

Aber das sieht dann so aus: Natürlich muß er sich samstags mal richtig ausschlafen, das sehe ich ja noch ein. Beim Frühstück sehe ich nur seine Hand, die hinter der Zeitung hervor nach der Kaffeetasse greift. Dann geht er Tennisspielen. Mittagessen, Mittagsschlaf. Dann besuchen wir manchmal seine Mutter zum Tee. Um sechs gibt's die Sportschau, um sieben Abendessen, und danach sitzt er vorm Fernseher.

Sonntags ist es noch schlimmer. Nur spielt er da nicht Tennis, sondern Squash. Und ich kann's nicht abwarten, bis wieder Montag ist. Da sitze ich wenigstens nicht neben ihm und habe die Illusion, er könnte vielleicht doch mal auf die Idee kommen, etwas mit uns zu unternehmen. Einkaufen, bummeln, ausgehen, Feste feiern, Freunde besuchen, Ausflüge machen?

Um Gotteswillen, der Arme muß sich doch am Wochenende erholen!

Hans, 45, Geschäftsführer: Die ganze Woche schufte ich wie ein Kuli. Das Häuschen im Grünen, das sie unbedingt haben wollte, der Zweitwagen, den sie dringend gebraucht hat, der Urlaub, die Markenklamotten für die Kinder – das muß schließlich alles irgendwo herkommen. Da freut man sich die ganze Woche darauf, sich am Wochenende ein wenig auszuruhen. Die Kinder sind ja nun schon so groß, daß die meist allein unterwegs sind. Und dann kommt sie und verplant mich total. Nicht mal die Zeitung darf ich morgens in Ruhe lesen – da will sie mit mir über das Wochenendprogramm reden. Theater, Kino, Einladungen, eine Bergwanderung, dann ist da noch das Kinderzimmer, das mal wieder neu gestrichen werden müßte. Aber das sagt sie mir nicht etwa rechtzeitig, damit platzt sie dann immer am Samstag heraus... Das Tennisspielen gestattet sie mir gerade noch, obwohl sie es am liebsten hätte, ich ginge mit ihr Schaufenster angucken und einkaufen. Aber schon den Mittagsschlaf – wann kann man sich so was unter der Woche schon mal leisten? – nimmt sie mir übel. Und wenn wir danach ab und zu bei meiner Mutter vorbeifahren, ist sie regelmäßig sauer. Wann soll ich die alte Dame denn sonst besuchen? Gerda telefoniert ja auch ständig mit ihren Eltern, da sage ich ja auch nichts. Wenn wir zurückkommen, verschwindet sie in der Küche und macht Abendessen. Also sehe ich mir die Sportschau an. Aber das ist ihr dann auch wieder nicht recht. Warum läßt sie mich nicht mal am Wochenende in Ruhe?

Daran liegt's: Von Montag bis Freitag leben Mann und Frau in verschiedenen Welten. Am Wochenende treffen sie sich – mit völlig konträren Erwartungen. Für ihn ist das Wochenende seine Insel, seine wohlverdiente Ruhepause im großen Existenzkampf draußen an der Front. Die möchte er zwar einerseits gern im Kreis seiner Lieben verbringen – aber nach Möglichkeit ganz nach seinen Vorstellungen, ungestört und ohne jeden Aufwand. »Am liebsten wäre mir«, sagte träumerisch ein Freund, »sie führe mit den Kindern zum Baden und ich mache es mir zu Hause gemütlich.« Sie dagegen erwartet von ihm, daß er »auf Familie macht«: In ihrem Wunschbild ist da der Partner, der sich so liebevoll um Frau, Kinder und Haus kümmert, daß sie fast glauben könnte, er täte es auch unter der Woche gern – wenn er nur die Zeit dazu hätte. Die bedauerliche Tatsache ist: Seine und ihre Vorstellungen von einem gelungenen Wochenende decken sich so gut wie nie. Einer muß immer zurückstecken, und je nachdem, wie die Machtverhältnisse in der Familie verteilt sind, ist es häufig immer einunddieselbe.

Was tun? Da ist ein Kompromiß fällig, oder, wie die Psychologen sagen würden, eine Annäherung der unterschiedlichen Interessenslagen.

• Sie: Versuchen Sie, nicht alles, was sich im Laufe der Zeit an Projekten für ihn und Sie gemeinsam angesammelt hat, auf einmal erledigen zu wollen. Suchen Sie etwas aus, das Ihnen wirklich wichtig ist, und dann gehen Sie ganz gezielt vor:

• Anstelle vager Hoffnungen und dunkler Andeutungen (»Vielleicht können wir am Wochenende ja mal essen gehen!«) sollten Sie konkret und rechtzeitig ein Programm vorschlagen: »Am Samstagabend möchte ich mit dir und den Kindern chinesisch essen gehen. Es gibt da ein neues Restaurant, ich habe die Telefonnummer. Möchtest du reservieren, oder soll ich das machen?« Er wird beeindruckt sein von Ihrer sicheren, klaren Forderung – so würde ein Mann handeln! – und entsprechend reagieren. Nicht mit »Warten wir's mal ab«, wie sonst immer, sondern mit einer klaren Aussage: »Am Samstagabend gibt es im Fernsehen eine Sportübertragung, die ich mir gern ansehen will.« Und jetzt kommt der wichtige Punkt: Sie dürfen nun keinesfalls gekränkt aufgeben (»Nie gehst du mit mir aus«); statt dessen akzeptieren Sie sein Nein für Samstagabend und fragen ihn, ob ihm dann Freitag oder Sonntag lieber ist. Er sieht ein, daß ihm keine andere Wahl bleibt – und Sie haben gewonnen.

Bloß nicht: Warten Sie nicht darauf, daß er von sich aus mit Vorschlägen zur Wochenendgestaltung kommt. Falls er die wirklich haben sollte, kommen Sie und die Kinder darin möglicherweise gar nicht vor. Planen Sie für ihn mit, aber verplanen Sie ihn keinesfalls – dann schaltet er nämlich auf stur.

Wohnungseinrichtung

»Was Neues? Wieso, das tut's doch noch!«

Helga, 49, Telefonistin mit Halbtagsjob: Wir bräuchten unbedingt neue Vorhänge fürs Schlafzimmer. Die alten sind völlig verblichen, außerdem passen sie farblich überhaupt nicht mehr zu meiner neuen Bettwäsche. Aber jedesmal, wenn ich was Neues für die Wohnung anschaffen will, gibt's Zoff. Denn Herbert ist grundsätzlich gegen Neuanschaffungen. »Wozu denn?« fragt er verständnislos. »Die alten sind doch noch ganz gut.« Und damit ist für ihn der Fall erledigt. Nun könnte ich die Vorhänge natürlich von meinem eigenen Geld kaufen. Aber ich denke doch nicht dran. Schließlich wohnt er auch hier! Aber wenn es nach ihm ginge, sähe es in unserer Wohnung noch genauso aus wie vor zwanzig Jahren, als wir geheiratet haben. Gestern Abend war er richtig gut darauf. Also denke ich, der Zeitpunkt ist günstig, und weil ich nicht mit der Tür ins Haus fallen will, sage ich: »Sieh mal, wie schmutzig und gelb die Vorhänge geworden sind, sieht das nicht unmöglich aus?« Und was antwortet er, ohne überhaupt hinzuschauen: »Wieso, die sind doch in Ordnung!« Und teilt mir bei dieser Gelegenheit fast beiläufig mit, daß er gerade einen neuen Motorrasenmäher bestellt hat!

Herbert, 51, Finanzbeamter: Ich habe keine Ahnung, was ich jetzt schon wieder falsch gemacht habe. Gestern abend sitze ich gemütlich im Wohnzimmer vorm Fernseher, da kommt sie plötzlich daher und fragt mich, ob ich die Schlafzimmer-Gardinen auch so häßlich finde. Ich habe ihr meine Meinung gesagt: Die Gardinen sind doch noch völlig in Ordnung. Und weil ich bei dem Film sowieso schon den Faden verloren hatte, habe ich ihr bei der Gelegenheit erzählt, daß ich den neuen Rasenmäher bestellt habe, den wir unbedingt haben müssen. Ein phantastisches Ding, technisch völlig ausgereift, kein Vergleich mit unserem vorsintflutlichen Gerät, das immer kaputt ist, wenn ich den Rasen mähen will. Und dann bricht sie plötzlich in Tränen aus und schreit, ich wäre egoistisch und lieblos und geizig und was sonst noch alles. Woher soll ich denn wissen, daß sie neue Gardinen will? Sie hat mich doch nur gefragt, wie ich die alten finde!

Daran liegt's: Für diesen klassischen Konflikt ist, wieder einmal, das unterschiedliche Strickmuster von Männern und Frauen verantwortlich. Wenn sie etwas Neues für die Wohnung anschaffen möchte, mag sie das nicht allein entscheiden, sondern in Absprache mit ihm: Schließlich geht das ja beide an. Er hat ja auch etwas davon, also muß es ihn auch interessieren. Einerseits möchte sie seine Zustimmung haben, aber ihre Gardinen (oder ihr Sofa, oder was auch immer) will sie mindestens genauso, und dazu am besten noch ein gutes Gespräch. Sie mag es, mit ihm über gemeinsame Anschaffungen zu reden. Für sie sind solche Unterhaltungen ein Ausdruck von Verbundenheit. Aber sie will auch nicht mit der Tür ins Haus fallen und geht davon aus: Er versteht schon, worauf ich hinaus will, wenn ich mich über die häßlichen alten Gardinen beklage. Tut er aber nicht. Er versteht nur, daß ihr die Vorhänge aus unerfindlichen Gründen nicht mehr gefallen und daß sie ihn (aus ebenso unerfindlichen Gründen) um seine Meinung fragt. Also sagt er ihr klipp und klar, was er denkt: »Die Gardinen sind doch völlig in Ordnung.« Und damit ist das Thema für ihn erledigt. Für sie keineswegs, jetzt geht's erst richtig los: Gardinen, zweite Klappe. Und weil ihn solche Gespräche langweilen, fällt ihm der Rasenmäher (oder der Schwingschleifer, oder was auch immer) ein.
Männer brauchen diese Art von Verbundenheit nicht, die sich Frauen von einem Gespräch über Gardinen, Sitzgarnituren oder Sofakissen erhoffen. Worauf Männer aber in dieser wie in fast jeder anderen Situation Wert legen, ist die Demonstration ihrer Unabhängigkeit. Ihr Status als freier Mann verlangt, daß sie vor einer Anschaffung möglichst niemanden um Erlaubnis bitten müssen, auch nicht ihre Partnerin. Dabei sehen sie notfalls noch ein, daß es bei größeren Projekten unvermeidlich ist, nachzufragen, ob sie einverstanden ist. Aber sie kommen meist nicht im Traum darauf, ihre Partnerin vorher um ihre Meinung zu fragen – zumindest nicht bei Gegenständen, von denen sie ihrer Meinung nach ohnehin nichts versteht. (Wenn es um Geschmacksfragen geht, ist die Sache ein bißchen anders. Da sind sie bisweilen großzügig. Da dürfen Frauen schon mal ihre Meinung äußern. (Nach der Devise: Ich entscheide, daß wir ein neues Auto brauchen, du darfst die Farbe aussuchen.) Den Rasenmäher jedenfalls kauft er ohne sie – und hat keine Ahnung, daß sie das Geld im Geiste schon für neue Gardinen ausgegeben hat.

Was tun? Damit solche klassischen Szenen einer Ehe nicht lebenslänglich ein Streit-Thema bleiben, hilft ein kleiner Sprachkurs:
• Für Männer: Wenn Frauen fragen, ob Sie die Gardinen (das Sofa, den Küchentisch) häßlich oder unpraktisch, zu klein oder unhygienisch finden, bedeutet das nicht, daß sie Ihre Meinung dazu hören wollen. Es heißt vielmehr soviel wie: »Ich hätte gern neue Gardinen (ein neues Sofa, einen neuen Küchentisch). Bist du damit einverstanden? Und wenn es finanziell geht, können wir dann mal drüber reden, ob das, was ich mir vorstelle, dir auch gefällt?« Die erwünschte Antwort lautet: ja.
• Für Frauen: Gehen Sie davon aus, daß diplomatische Umwege Ihrem Partner in die falsche Kehle geraten. Je wörtlicher und klarer Sie eine Frage formulieren, desto dankbarer ist er – und desto größeren Erfolg haben Sie. Er stellt sich nicht dumm, er hat wirklich keine Ahnung, worauf Sie hinauswollen. Und wenn Sie dann endlich doch die Katze aus dem Sack lassen, denkt er nur überrascht: Warum sagt sie nicht klipp und klar, daß sie neue Gardinen will?
• Sie: Wenn er verstanden hat, worauf es Ihnen ankommt, er sich aber trotzdem mit Händen und Füßen gegen jegliche Änderung im Wohnzimmer sträubt: Laden Sie seinen Chef – oder einen anderen »wichtigen« Menschen zum Essen ein und erwähnen Sie vorher (aber rechtzeitig!), daß Ihnen die alten Gardinen oder das zerschlissene Sofa direkt peinlich sind... Bei meiner Freundin Sabine hat's jedenfalls Wunder gewirkt.

Bloß nicht:
• Er: Hoffen Sie nicht, sie vom Thema ablenken zu können, indem Sie das Gespräch auf einen anderen Punkt bringen, der Ihnen viel interessanter vorkommt. Sie ist dann nämlich gezwungen, mit Phase zwei zu beginnen – und die ist Ihnen am meisten von allen verhaßt: die Nörgelphase (»Ich kann diese Gardinen nicht mehr sehen. Wenn meine Mutter demnächst zu Besuch kommt, muß ich mich ja schämen!«).

• Sie: Chronisches Nörgeln und auf einem Thema herumreiten führt mit Sicherheit dazu, daß er nun erst recht auf stur schaltet. Ein freier Mann wie er läßt sich doch nicht unter Druck setzen! Also wird er bei Ihrem Drängeln so lange abschalten, bis er eines Tages (aber das kann dauern!) von sich aus beschließt, daß dringend neue Gardinen ins Haus müssen. Aber das war dann bitteschön seine Idee!

Zahnpastatube

»Warum schraubt er niemals den verdammten Deckel zu?«

Elli, 28, Krankenschwester: Ich weiß, es ist eine Kleinigkeit. Mag auch sein, daß ich zu pingelig bin. Aber ich ärgere mich jedes Mal schwarz. Jahrelang habe ich morgens klaglos den Deckel wieder auf die Tube geschraubt. Aber neuerdings muß ich eher aus dem Haus als Fred, und deshalb ist er auch als letzter im Bad. Wenn ich dann nachmittags aus der Klinik komme und mir die Zähne putzen will, muß ich erst mit der Bohrmaschine die eingetrocknete Tube öffnen. Es ist doch wirklich nicht zuviel verlangt, daß er morgens den Deckel wieder zuschraubt.

Fred, 28, Gärtner: Ich geb's ja zu: Manchmal vergesse ich es wirklich, oder ich bin zu sehr in Eile. Aber offengestanden geht mir das Theater, das sie wegen der albernen Zahnpasta macht, so auf den Geist, daß ich den Deckel meistens mit Absicht nicht zuschraube. Wie kann ein Mensch nur so kleinkariert sein? Daß ich morgens Frühstück für sie mache, während sie noch im Bad ist, zählt überhaupt nicht: Der Deckel muß zugeschraubt sein. Lächerlich! Dabei kann man die Kruste mühelos mit einer kleinen Nadel anstechen, wenn wirklich mal keine Zahnpasta rauskommt.

Daran liegt's: Mittlerweile sind Sie bei Z angekommen, und da ahnen Sie vermutlich schon, weshalb der Zahnpastadeckel zu den klassischen Schlachtfeldern im Kampf der Geschlechter zählt. Gegensätze, wie wir alle wissen, ziehen sich an, und bedauerlicherweise sind es längst nicht immer nur die positiven Eigenschaften, die den anderen für uns so interessant machen, sondern eben das, was uns fehlt. Der Schweizer Psychoanalytiker C.G. Jung hat das, was uns fehlt, als unseren Schatten bezeichnet. Und der Schatten eines peniblen, gründlichen Menschen ist oft genug der Chaot, der, so Jung, in unser Leben tritt, um uns auf das uns Fehlende aufmerksam zu machen.

Was tun? Es gibt sicher viele Ebenen, auf denen die Auseinandersetzung mit unserem Schatten für unsere persönliche Entwicklung nützlich ist. Aber ohne Zweifel gibt es sinnvollere Lernebenen als die Zahnpastatube. Insofern hat die Erfindung des Zahnpastaspenders das Problem des nicht geschlossenen Deckels zwar nicht ganz aus der Welt geschafft, aber zumindest entschärft. Die Autorin (= Chaot) kann aus persönlicher Erfahrung bestätigen, daß besagte Spender zwar auch nicht ganz zuverlässig vor dem Eintrocknen schützen, aber der Vorgang dauert auf alle Fälle länger. Es lebe die Technik! Und noch einfacher: Kaufen Sie sich ihre eigene Tube!

Bloß nicht: Verzichten Sie darauf, mittels Spurensicherung den Partner von seiner Rücksichtslosigkeit überzeugen zu wollen. Er wird die ostentativ im Bad stehende eingetrocknete Tube gar nicht bemerken – und bereuen schon gar nicht. Stattdessen macht er einfach eine neue Packung Zahnpasta auf.

Zuhören

»Du hörst mir ja gar nicht zu!«

Marianne, 41, Verkäuferin: Es ist völlig unmöglich, mit Achim zu reden, wenn ich ein Problem habe. Er hört mir einfach nicht zu. »Wie war's im Geschäft?« fragt er abends, aber glaub bloß nicht, er will wirklich eine Antwort hören. Ich sage dann zum Beispiel: »Furchtbar! Heute ging's zu wie im Schlußverkauf, ich hatte nicht mal Zeit, mittags einen Kaffee zu trinken. Dabei hatte ich den ganzen Tag wahnsinnige Kopfschmerzen, und mein Chef hat eine neue Geliebte und ließ sich den ganzen Nachmittag nicht blicken. Karin, die Aushilfe, ist schwanger. Alles muß ich allein machen, ich bin fix und fertig.« – »Dann kündige eben«, sagt mein Mann und dreht den Fernseher an. Damit ist für ihn die Sache erledigt. Lächerlich! Als ob wir uns das leisten könnten! Außerdem will ich nicht kündigen. Ich mag meine Arbeit. Und ich mag verdammt nochmal, daß er mir zuhört, wenn er mich schon fragt!

Achim, 44, kaufmännischer Angestellter: Seit Jahren muß ich mir das Gerede darüber anhören, wieviel Ärger sie im Geschäft hat. Ihr Chef mit seinen ewigen Weibergeschichten, die Kundschaft, die sich eine halbe Stunde lang beraten läßt und dann sagt: »Vielen Dank, ich überleg's mir noch!« Das Theater mit den Aushilfen, die nie da sind, wenn man sie braucht. Aber wenn ich ihr dann sage, sie soll doch kündigen, ist sie beleidigt und meint, ich höre ihr sowieso nie zu, und ohne ihr Gehalt könnten wir gar nicht leben. Lächerlich, die paar Mark, die sie bei dem Laden verdient!

Daran liegt's: »Er hört mir gar nicht zu« – das ist die zweithäufigste, wenn nicht sogar die häufigste Klage zahlloser Ehefrauen. (Bei Männern heißt das entsprechende Problem »Meine Frau versteht mich nicht«.) Wenn Frauen sagen, er hört ihnen nicht zu, dann meinen sie damit meistens: Er versteht das, was sie sagt, ganz anders, als es gemeint war. Und: Er reagiert nicht so, wie sie sich das erhofft hat. Das ist der Grund:
Wenn eine Frau von einem Problem erzählt, dann ist sie meist gar nicht so sehr daran interessiert, eine Lösung zu finden. Viel wichti-

ger ist für sie das Gefühl, daß jemand ihr geduldig zuhört und Verständnis für sie zeigt, so wie sie das im entgegengesetzten Fall auch tun würde. Alle Frauen, die sie kennt, würden so reagieren. Nur ihr eigener Mann unterbricht sie bereits nach wenigen Minuten, macht einen gutgemeinten, aber ihrer Meinung nach völlig absurden Verbesserungsvorschlag, und dann ist für ihn die Sache erledigt. Er begreift einfach nicht, daß sie auf seine klugen Ideen leicht verzichten kann – nicht aber auf das Gefühl, von ihm verstanden und getröstet zu werden. Wie alle Frauen hat sie das Bedürfnis, sich die Dinge, die sie bewegen, von der Seele zu reden. Für Frauen ist das Gespräch der Kitt, der eine Beziehung zusammenhält.

Männer sind anders. Männer reden nur dann mit jemand über ihre Probleme, wenn sie sie allein nicht lösen können. Wenn ein Mann von einem Problem berichtet, ist das ein großer Vertrauensbeweis und zugleich eine Aufforderung: Hilf mir bitte, eine Lösung zu finden. Deshalb reagieren sie auf das Problem ihrer Partnerin genauso, wie sie sich das selbst erhoffen würden: Nicht lange um den heißen Brei herumreden, sondern nachdenken, eine Lösung finden, erledigt. Wenn eine Frau das nicht dankbar akzeptiert, sondern unwillig reagiert, sind sie ratlos und werden ungeduldig: »Mach dir doch nicht so viele Gedanken.« »Vergiß es doch einfach.« »Wenn es dich ärgert, dann laß es doch einfach.«

Was tun? Was Frauen von ihrem Partner in einer solchen Situation erwarten, ist nicht mehr und nicht weniger, als daß er geduldig und verständnisvoll zuhört. Oft reicht eine liebevolle Umarmung, ein mitfühlendes »Ich weiß ja, wie schwer das alles für dich ist!«, und schon geht es ihnen besser. Sie hassen es, wenn sie sich ihre Gefühle von der Seele reden möchte, und er unterbricht sie mitten im schönsten Redefluß und mit einem gutgemeinten, ihrer Meinung nach aber völlig unpassenden Ratschlag. Was sie will, ist Verständnis und Mitgefühl. Was sie bekommt, ist ihrer Meinung nach selbst dann oft Besserwisserei, wenn er es seiner Meinung nach doch nur gut gemeint hat.

• Er: Bitte sehen Sie ein, daß eine Frau nicht ist wie ein Mann. Respektieren Sie, daß Frauen sich besser fühlen, wenn sie lange, ausführlich und unter den verschiedensten Aspekten über ein Thema reden können – so unbegreiflich Ihnen das auch vorkommen mag. Zeigen Sie Verständnis und Mitgefühl: »Du Arme! Hat er das tatsächlich gesagt? Die wissen einfach nicht, was sie an dir haben.« Und am besten nehmen Sie sie dann noch liebevoll in den Arm. Sie werden sich anfangs komisch dabei vorkommen. Aber die Reaktion Ihrer für soviel Verständnis dankbaren Partnerin wird Ihnen beweisen, daß Sie auf dem richtigen Weg sind.

Bloß nicht: Er: Selbst wenn Sie eine phantastische Lösung für das Problem Ihrer Partnerin parat haben: Sprechen Sie sie um Gottes willen nicht gleich aus. Warten Sie damit mindestens ein halbe Stunde. Es geht ihr nicht in erster Linie um Ihren klugen Kopf. Es geht ihr um Ihr Mitgefühl und Ihre Wärme.

Zurück in den Beruf

»Mir fällt die Decke auf den Kopf!«

Anne, 34, medizinisch-technische Assistentin: Es ist eine reine Frage der Zeit, bis die Decke herunterkracht, die mir schon seit einigen Jahren immer bedrohlicher auf den Kopf zu fallen droht. Die Zwillinge sind nun sieben – und ich habe das Leben als Hausfrau und Mutter total satt. Ich fühle mich nutzlos, abhängig, und auch die Rolle der perfekten Mutter, die ich einige Jahre lang mit Begeisterung gespielt habe, füllt mich nicht mehr aus. Es reicht mir nicht mehr, immer nur die Mutter dieser »reizenden blonden Zwillinge« zu sein. Vom Ergebnis meiner Bemühungen ganz zu schweigen: Die Zwillinge sind nette Kinder mit durchschnittlichen Schulnoten und mittelprächtigen Manieren, gelegentlich ziemlich frech und deutlich stärker an Skateboards, Rollerblades und Fußbällen interessiert als an Klavierunterricht, Ordnung im Kinderzimmer und meinem Anliegen, daß sie bei den Großeltern einen guten Eindruck machen. Ich bin unzufrieden. Ich möchte gern wieder arbeiten. Aber wenn ich mit Werner darüber reden will, hilft er mir auch nicht weiter. Alles, was er sagt, ist: »Das mußt du selbst entscheiden. Aber erwarte bitte nicht von mir, daß ich dir dann mehr als bisher im Haushalt helfe. Du weißt, daß ich beruflich sehr stark eingespannt bin. Wenn du wieder arbeiten gehst, mußt du dir also vorher überlegen, wie du das organisierst. Willst du das wirklich auf dich nehmen? Warum nutzt du die Zeit, die du jetzt endlich hast, nicht und tust etwas für dich?«

Werner, 39, Chemiker: Anne ist zur Zeit völlig unzufrieden. Sie möchte wieder arbeiten, aber sie hat keine Ahnung, was sie gern tun möchte, und wo, und wie. Also fragt sie mich und erwartet, daß ich ihr die Entscheidung abnehme. Aber ich werde mich hüten. Denn ich habe mittlerweile kapiert: Alles, was ich ihr rate, ist sowieso falsch. Sage ich: »Genieße es doch, daß du jetzt ein wenig mehr Zeit für dich hast«, dann hat sie das Gefühl, ich behandele sie von oben herab. Sage ich: »Mir wäre es am liebsten, du bleibst zu Hause und kümmerst dich um die Familie«, dann hat sie das Gefühl, daß ich über sie bestimme und sie in ihren Wünschen nicht ernst nehme. Sage ich: »Das ist eine gute Idee, wann fängst du an, dir einen Job zu suchen?«, beschwert sie sich darüber, daß ich ihre bisherige Leistung und Arbeit nicht würdige, und fängt mit der Leier an: Was glaubst du eigentlich, wieviel Arbeit dieses Haus macht... Also halte ich doch lieber gleich den Mund. Aber das ist ihr auch wieder nicht recht.

Daran liegt's: Wenn eine Frau nach einigen Jahren Babypause wieder mit dem Gedanken spielt, ins Berufsleben zurückzukehren, hat sie dafür in der Regel gute Gründe:

• Geld. Selbst wenn das Extraeinkommen nicht unbedingt notwendig ist, fällt es vielen Frauen schwer, länger als unbedingt notwendig finanziell abhängig von ihrem Partner zu sein. Auch wenn sie es ist, die das Familieneinkommen verwaltet, so muß sie doch Rechenschaft über den Verbleib abgeben. Und ihm von seinem eigenen Geld ein Geburtstagsgeschenk zu kaufen, ist für manche Frau auch nach Jahren noch ein Problem.

• Langeweile. Die Kinder brauchen sie immer weniger, sie fühlt sich nicht mehr ausgelastet.

• Anerkennung. Auch wenn immer behauptet wird, daß Mutter zu sein eine ehrenvolle Tätigkeit ist, scheint doch niemand so recht daran zu glauben. Die Erfahrung, jahrelang als »die Frau von dem Möller, der bei Siemens arbeitet« oder »die Mutter von den blonden Zwillingen« identifiziert zu werden, läßt wenig Raum für persönliche Identität und Selbstwertgefühl. Das hat auch Auswirkungen auf die Machtverteilung in der Partnerschaft, und sie sieht die Arbeit als Chance, neues Selbstbewußtsein zu gewinnen und nicht von »ihm« völlig untergebuttert zu werden.

Bei ihrer Familie stößt sie mit diesem Wunsch in der Regel

auf wenig Verständnis. Alle sind dagegen, daß sie wieder arbeitet:

• Die Kinder, weil sie es gewöhnt ist, daß Mama immer da ist, wenn man sie braucht, weil sie befürchten, womöglich mehr im Haushalt helfen zu müssen, weniger Freizeit zu haben und mit dem Fahrrad zum Zahnarzt fahren zu müssen, weil Mama jetzt keine Zeit mehr hat, sie durch die Gegend zu chauffieren. Kinder sind von Haus aus Egoisten, und woher das Geld kommt, interessiert sie wenig, solange für ihre Bedürfnisse genügend da ist.

• Der Partner: Er hat ebenfalls Angst, daß sie jetzt von ihm verlangt, einen Teil der Haushaltspflichten zu übernehmen. Das ist nicht nur lästig, sondern auch ungemütlich: Ständiger Kleinkrieg über Hausarbeit schafft dicke Luft. Aber auch aus anderen Gründen sind viele Männer dagegen, daß ihre Frau in den Beruf zurückkehrt – selbst dann, wenn sie sich nach außen hin liberal geben. Sie haben Angst vor den Veränderungen und fühlen sich in ihrer Rolle als Familienvorstand und Alleinernährer bedroht. Sie haben die Befürchtung, daß sie sich ändert, selbstbewußter wird, zuviel von ihm verlangt. Vor allem dann, wenn er selbst gerade einen Karriereknick hat und ihm dämmert, daß er wohl doch nie zur Spitze vorstoßen wird. Fällt seine Unzufriedenheit dann zeitlich mit ihrem neuen Schwung und ihren Anfangserfolgen zusammen, wächst sein Unbehagen... Möglicherweise hat er sogar insgeheim Angst, daß die Ehe auseinandergeht. Die Befürchtung, daß sie ihre neue Berufstätigkeit als Gelegenheit betrachtet, sich innerlich abzuseilen, neue Kontakte zu knüpfen, ist besonders naheliegend, wenn die Beziehung zu diesem Zeitpunkt ohnehin nicht so rosig ist – und es eigentlich auch schon seit langem nicht mehr war.

Lauter gute Gründe dafür, daß eine Frau mit ihrem Wunsch, ins Berufsleben zurückzukehren, zu Hause auf wenig Enthusiasmus stößt. Das ändert nichts daran, daß es viele Frauen mit ungebrochenem Optimismus immer wieder aufs neue versuchen. Und wenn sie die gröbsten Fehler vermeiden, stehen die Chancen, daß es gut geht, auch gar nicht so schlecht.

Was tun?

• Sprechen Sie mit Ihrem Partner erst dann über Ihre Pläne, wenn Sie Ihrer Sache selbst ganz sicher sind. Männer machen ihrer Frau in dieser Hinsicht gern den Vorwurf, keine Ahnung zu haben, was sie eigentlich wollen, oder sie fegen ihre Argumente gleich vom Tisch.

• Warten Sie nach Möglichkeit, bis die Kinder aus dem Gröbsten heraus sind. Selbst wenn Sie eine ausgezeichnete, liebevolle Tagesmutter finden, ist die Belastung enorm. Wissenschaftler haben herausgefunden, daß berufstätige Mütter mit kleinen Kindern bei der Frage, ob sie mir ihrem Leben glücklich sind, ganz weit unten auf der Zufriedenheitsskala rangieren.

• Überstürzen Sie nichts, kehren Sie nach Möglichkeit schrittweise ins Berufsleben zurück. Dann haben alle die Gelegenheit, sich daran zu gewöhnen, daß Sie nicht immer da sind. Vielleicht beginnen Sie zunächst mit zusätzlichen Kursen etc. Dann fühlen Sie sich auch gleich fitter und besser auf den Wiedereinstieg vorbereitet.

• Sprechen Sie mit Ihrer Familie (auch mit kleineren Kindern) rechtzeitig über Ihren Wunsch, wieder berufstätig zu sein. Besprechen Sie gemeinsam, welche Vor- und Nachteile das für jeden einzelnen hat.

• Legen Sie Ihr schlechtes Gewissen ab. Gestehen Sie sich das Recht auf einen eigenen Beruf zu. Heute ist es völlig normal, daß Frauen arbeiten, auch dann, wenn sie Kinder haben. Sie sind deshalb noch lange keine schlechten Mütter. Sie sind auch keine schlechten Ehefrauen, selbst wenn der Partner anfangs verschnupft reagiert. Die Zeiten sind vorbei, in denen die Frauen liebend parat standen, wenn er müde von der Arbeit kam.

• Machen Sie sich klar, daß Ihr Wunsch, wieder berufstätig zu sein, kein »Luxus« ist, der auf Kosten Ihrer Familie geht. Letzten Endes profitieren alle von der veränderten Situation, auch wenn es anfangs nicht jedes Familienmitglied so sieht.

• Je besser Sie die Kinderbetreuung während Ihrer Arbeitszeit organisieren, desto ruhiger und konzentrierter werden Sie an Ihrem Arbeitsplatz sein. Die unvermeidlich auftretenden Krisen – ein krankes Kind, ein Sturz vom Dreirad oder ein Kindergeburtstag am arbeitsreichsten Tag der Woche – lassen sich viel souveräner meistern, wenn man weiß, daß solche Kriseneinsätze die Ausnahme sind.

• Auch wenn sich alle Familiemitglieder unverstanden fühlen, weil sie jetzt mehr im Haushalt tun müssen: Sie sind nicht mehr die Mama vom Dienst. Machen Sie sich und den anderen klar, daß der Haushalt künftig eine Gemeinschaftsangelegenheit ist und keineswegs mehr Ihr Exklusivbereich. Aber Vorsicht: Nicht die neuen Pflichten einfach an die Familienmitglieder verteilen, sondern die

Entscheidung, wer künftig welche Aufgaben übernimmt, demokratisch regeln. Das funktioniert zwar auch nicht reibungslos, hinterläßt aber bei allen Beteiligten ein besseres Gefühl.

• Planen Sie und Ihr Partner ganz gezielt Zeit füreinander ein, auch wenn es mühsam ist. Sie brauchen Zeit, um Probleme zu besprechen, aber auch Zeit, um den Kontakt zueinander nicht zu verlieren. Engagieren Sie einen Babysitter und gehen Sie künftig öfters miteinander aus. Kultivieren Sie die Zweisamkeit – nun erst recht!

• Nehmen Sie die Einwände Ihres Partners ernst. Je ablehnender er sich verhält, desto größer ist vermutlich seine Angst, daß Sie sich ihm entfremden könnten. Solche Ängste, auch wenn er sie niemals zugeben würde, können nur durch viele Gespräche entkräftet werden. Er braucht das Vertrauen, daß Sie ihn verstehen.

Bloß nicht: Vermeiden Sie den größten Fehler aller berufstätigen Mütter: Arbeiten Sie nun nicht doppelt so hart. Im Gegenteil: Tun Sie sich nun erst recht häufiger etwas Gutes. Zu Hause sind berufstätige Mütter oft so damit beschäftigt, andere glücklich zu machen oder zufriedenzustellen, daß für sie selbst nichts übrigbleibt. Laufen Sie nicht in diese Falle. Wenn Sie dafür sorgen, daß es Ihnen selbst in Ihrer neuen Situation gut geht, geht es auch den anderen gut. Mit der Märtyrerin (»Ich tue ja alles für euch!«), so bequem das auch sein mag, fühlt sich niemand so recht wohl.